RONNY WAGNER

VOM SILBERBOOM PROFITIEREN

RONNY WAGNER

Vom SILBERBOOM profitieren

Alles, was Sie über Silber wissen müssen

Bibliografische Information der Deutschen Nationalbibliothek
Die Deutsche Nationalbibliothek verzeichnet diese Publikation in der Deutschen Nationalbibliografie; detaillierte bibliografische Daten sind im Internet über dnb.dnb.de abrufbar.

Wir freuen uns auf eure Anregungen und Fragen
info@deutscherwirtschaftsbuchverlag.com

Wichtiger Hinweis
Die im Buch veröffentlichten Empfehlungen wurden von Verfasser und Verlag erarbeitet und geprüft. Der Inhalt dieses Buches beruht ausschließlich auf den persönlichen Erfahrungen des Autors und erhebt keinen wissenschaftlichen Anspruch. Die benutzten Begrifflichkeiten sind wertfrei. Eine Garantie kann dennoch nicht übernommen werden. Ebenso ist die Haftung des Verfassers bzw. des Verlages und seiner Beauftragten für Personen-, Sach- und Vermögensschäden ausgeschlossen.

Originalausgabe
1. Auflage 2026

Deutscher Wirtschaftsbuch Verlag GmbH,
Christoph-Rodt-Straße 11, 86476 Neuburg an der Kammel
www.deutscherwirtschaftsbuchverlag.com

Auch wenn eine gendergerechte Sprache wünschenswert ist, gibt es aus Sicht des Verlages bisher keine befriedigende, gut lesbare Lösung. Für eine bessere Lesbarkeit haben wir des Öfteren von der Doppelung männlicher und weiblicher Formen Abstand genommen. Selbstverständlich liegt es uns fern, dadurch einen Teil der Bevölkerung zu diskriminieren.

Redaktion: Judith Engst
Satz: Daniel Förster
Korrektorat: Manuela Kahle
Cover- und Umschlaggestaltung: www.b3k-design.de, © 2026 Andrea Schneider & diceindustries
Illustration: © MIKE MANIATIS / shutterstock.com
Druck: DZS Grafik, Slowenien
Printed in the EU
ISBN Print: 978-3-69066-093-8
ISBN E-Book (PDF): 978-3-69066-095-2
ISBN E-Book (EPUB, Mobi): 978-3-69066-094-5

»Gewidmet allen, die echte Werte suchen –
und bereit sind,
unter der glänzenden Oberfläche tiefer zu graben.«

Inhalt

Einleitung

Silber wird oft als der »kleine Bruder des Goldes« bezeichnet. Das ist durchaus treffend, denn er ist längst nicht so präsent in der Berichterstattung und findet auch weniger Beachtung bei den Anlegern. Zu Unrecht, wie ich finde, deshalb beginnt dieses Buch mit einem Plädoyer zugunsten des Silbers.

Der »kleine Bruder des Goldes« und seine unterschätzte Kraft

»Silber? Warum Silber? Ist Gold nicht die bessere Wahl?« – Fragen wie diese höre ich immer wieder, seitdem ich mein Buch *Vom Goldboom profitieren* veröffentlicht habe. Es stimmt: Gold glänzt mehr, macht Schlagzeilen, hat etwas Magisches – Silber dagegen wirkt unscheinbarer. Doch genau diese Unscheinbarkeit täuscht.

Während die meisten Anleger noch immer den schimmernden Glanz des Goldes bestaunen, bahnt sich hinter den Kulissen still und heimlich ein gewaltiger Boom beim »kleinen Bruder« Silber an – ein Boom, dessen Tragweite noch völlig unterschätzt wird.

Ich selbst bin seit vielen Jahren ein leidenschaftlicher Silberfan. Lange bevor das Edelmetall stärker in den Fokus der breiten Öffentlichkeit rückte, habe ich begonnen, regelmäßig Silber zu kaufen. Es war nicht immer leicht, konsequent dabeizubleiben.

Silber ist volatil, es schwankt stärker als Gold und verlangt deshalb von seinen Anlegern eine Tugend, die heute selten geworden ist: Geduld.

»Man braucht einen sehr langen Atem.« Dieser Satz begleitet mich seit Beginn meiner Reise als Silberinvestor. Meine Überzeugung basiert nicht auf kurzfristigen Spekulationen, sondern auf der Erkenntnis, dass Silber langfristig eine einzigartige Rolle bei der Vermögensbildung spielt. Als Gründer der Noble Metal Factory beschäftige ich mich täglich mit Edelmetallen und erlebe unmittelbar, wie wertvoll ein strategisch aufgebauter Silberbestand gerade in turbulenten Zeiten sein kann. Unsere Kunden profitieren dabei nicht nur von der langfristigen Wertsteigerung, sondern auch von der Sicherheit und Antifragilität, die Silber als physische Anlage bietet, sprich von seiner Fähigkeit, unvorhersehbare und möglicherweise bedrohliche Situationen nicht nur unbeschadet zu überstehen, sondern sogar mit einer Wertsteigerung davon zu profitieren.

Ich möchte ehrlich zu Ihnen sein: Silber ist keine einfache Geldanlage. Es erfordert Geduld, gute Nerven und das Wissen um Marktdynamiken, die deutlich komplexer sind als bei seinem großen Bruder Gold. Doch genau diese Komplexität bietet enorme Chancen, vor allem für Anleger, die das Wesen von Marktzyklen und monetären Systemen verstehen. Wer einmal erkannt hat, wie die Mechanismen des Silbermarktes funktionieren, dem eröffnet sich eine völlig neue Perspektive auf eine der vielleicht spannendsten Investmentmöglichkeiten der nächsten Jahrzehnte.

In diesem Buch, der Fortsetzung meines erfolgreichen Werkes *Vom Goldboom profitieren*, möchte ich Sie deshalb auf eine Reise mitnehmen. Eine Reise in eine Welt, in der Silber mehr ist als ein Metall. Silber ist der Inbegriff von Geschichte, Geld, Industrie, Innovation – und in Krisenzeiten oft ein entscheidender Faktor zur Vermögenssicherung. Silber verbindet zwei Welten, wie es kaum ein anderes Investment kann: Es ist sowohl industrieller Rohstoff als auch monetäre Absicherung. Genau darin liegt die explosive Kraft des Silberbooms. Dieser Boom hat bereits begonnen und seine wahre Dimension beginnt gerade erst, sich zu entfalten.

Warum gerade jetzt ein Buch über Silber?

Werfen wir einen kurzen Blick auf die aktuelle Lage: Noch nie zuvor in der Geschichte war Silber derart stark in industriellen Anwendungen verankert. Egal ob Elektromobilität, Solarenergie, Elektronik oder Zukunftstechnologien – ohne Silber geht kaum etwas. Gleichzeitig wächst weltweit das Misstrauen gegenüber staatlichen Währungen, deren Wert durch Inflation und ausufernde Verschuldung zunehmend erodiert wird. Silber, historisch gesehen immer auch Geldmetall, gewinnt daher erneut an Bedeutung als sichere Anlageklasse.

Doch warum merkt dies kaum jemand? Ganz einfach: Silber steht immer noch im Schatten von Gold. Während Gold die Aufmerksamkeit institutioneller Investoren und Medien bindet, entwickelt sich beim Silber – beinahe unbemerkt – eine kritische Knappheit. Angebot und Nachfrage driften bereits seit Jahren auseinander. Der Silberpreis wird dadurch anfällig für explosive Bewegungen nach oben, sobald sich das Bewusstsein für diese Knappheit verbreitet.

Für wen ist dieses Buch geschrieben?

Dieses Buch richtet sich nicht nur an erfahrene Investoren, sondern an jeden, der sein Vermögen erhalten und sinnvoll vermehren möchte. Es richtet sich an Anleger, die mehr wissen wollen – mehr über Märkte, über Antifragilität, über strategische Geldanlage und über sich selbst. Wenn Sie verstehen möchten, warum Silber in den nächsten Jahren eine entscheidende Rolle spielen könnte, und wenn Sie lernen möchten, wie Sie aus diesem Wissen Kapital schlagen, dann sind Sie hier genau richtig.

Was Sie in diesem Buch konkret erwartet:

- Sie lernen, warum Silber systematisch unterbewertet ist und wie Sie von diesem Umstand profitieren können.
- Sie erhalten fundiertes Wissen über die Besonderheiten des Silbermarktes und die wesentlichen Faktoren, die den Silberpreis beeinflussen.
- Ich zeige Ihnen praxisnah, wie Sie Silber strategisch in Ihre persönliche Investmentstrategie integrieren – sowohl physisch als auch mit Derivaten oder Minenaktien.
- Sie erhalten Einblick in die Prinzipien der Antifragilität, um Silber optimal in Ihrem Vermögensportfolio einzusetzen und damit nicht nur Vermögen zu sichern, sondern auch aktiv Chancen zu nutzen.
- Sie profitieren von Praxisbeispielen erfolgreicher Silberinvestments, die Ihnen helfen, typische Fehler zu vermeiden und kluge Entscheidungen zu treffen.

Mein Versprechen an Sie: Nach der Lektüre dieses Buches wissen Sie nicht nur, warum Silber in jedes Portfolio gehört – sondern auch in allen Einzelheiten, wie Sie Silber strategisch, intelligent und langfristig profitabel einsetzen können.

Nutzen Sie dieses Wissen für sich. Profitieren Sie vom Silberboom.

Ihr
Ronny Wagner

KAPITEL 1

Die Geschichte des Silbers – Silber als Geld im Laufe der Geschichte

Silber gehört zu den ältesten vom Menschen verarbeiteten Metallen. Schon um 3000 v. Chr. nutzten die Sumerer es in Mesopotamien als Tausch- und Zahlungsmittel – damit zählt es zu den frühesten Formen von Geld.[1] In Mesopotamien entwickelte sich Silber in Form standardisierter Einheiten (zum Beispiel Silberbarren oder -ringe) zu einer verlässlichen Wertbasis, da es haltbar, teilbar und relativ knapp war. Bereits im alten Ägypten maßen die Menschen dem Silber zeitweise einen höheren Wert bei als dem Gold – nicht zuletzt, weil gediegenes Silber seltener in der Natur vorkam.[2] So wurde Silber in Ägypten dem Mond zugeordnet und als kostbares Tributmetall gehandelt, sprich als Abgabe an den Pharao.[3]

Mit dem Aufkommen geprägter Münzen gewann Silber weiter an Bedeutung. Die ersten Münzen wurden im 7. Jahrhundert v. Chr. in Kleinasien geprägt – aus Elektron (einer Gold-Silber-Legierung) im lydischen Königreich – doch schon bald prägten die Griechen reines Silber zu Drachmen und Geldmünzen.[4] In der gesamten griechischen Welt waren Silbermünzen (etwa die attische Drachme oder der Tetradrachmon) das Rückgrat des Handels. Berühmt sind die reichen Silberminen von Laurion bei Athen, die im 5. Jahrhundert v. Chr. große Mengen an Silber lieferten. Schätzungen zufolge erreichte die jährliche Silberproduktion der Laurion-Minen in ihrer Blütezeit bis zu etwa 20 Tonnen[5] – ein Schatz, der es dem antiken Stadtstaat Athen ermöglichte, eine schlagkräftige Flotte zu finanzieren und so seine Vormachtstellung im antiken Griechenland auszubauen.

Im Römischen Reich wurde die Wirtschaft maßgeblich von Silber geprägt: Der Denar, eine Silbermünze, war über Jahrhunderte das Leitgeld des Imperiums. Dort erreichte die Silberzirkulation in der Kaiserzeit ein beispielloses Ausmaß. Archäometallurgische Studien zeigen, dass in der Antike gewaltige Mengen Silber in Umlauf waren – ein Niveau, das erst mit den Entdeckungen und Edelmetallströmen aus der Neuen Welt wieder übertroffen wurde. Diese gewaltigen Bestände zeigen, wie zentral Silber als Währungsmetall in der Antike war. Allerdings führten Kriege und wirtschaftliche Krisen auch zu Münzverschlechterungen: Schon die Römer mischten unedle Metalle bei. Ein Beispiel ist der späte Antoninian, eine vermeintliche Silbermünze mit immer geringerem Feingehalt. Das entwertete schleichend den realen Wert der Währung.[6]

Im Mittelalter blieb Silber das wichtigste Umlaufgeld, insbesondere in Europa. Nachdem Gold durch Völkerwanderung und Wirtschaftsabschwung knapp geworden war, prägte man ab der karolingischen Münzreform Karls des Großen (8./9. Jahrhundert) fast ausschließlich Silberpfennige als offizielles Geld.[7] Die regionale Vielfalt war groß – so gab es etwa den deutschen Pfennig, den englischen Penny oder den französischen Denier. Letztlich basierten all diese Münzsysteme auf dem Silberpfund.[8] Große Silbervorkommen in Mitteleuropa (etwa in Sachsen, Böhmen oder im Harz) ermöglichten die Versorgung mit Münzmetall.[9] In der islamischen Welt etablierte sich parallel der Dirham aus Silber, der von Spanien bis Zentralasien verbreitet war.[10] Trotz dieser weiten Verbreitung blieb Silber knapp; Münzstätten mussten immer wieder den Feingehalt reduzieren (Debasement), um den Geldumlauf aufrechtzuerhalten.

Erst am Vorabend der Neuzeit änderte sich dies grundlegend: Neue Silberquellen fluteten den Markt.

Die Entdeckung Amerikas Ende des 15. Jahrhunderts läutete ein Zeitalter ungeahnten Silberreichtums ein. Spanische Konquistadoren stießen in Mexiko und Peru auf gewaltige Lagerstätten – allen voran den legendären Berg von Potosí in den Anden. Dieser »Cerro Rico« (»Reicher Berg«) in Bolivien lieferte ab 1545 Silber in bislang ungekannter Menge. In den beiden Jahrhunderten nach seiner Entdeckung produzierte allein Potosí etwa 40.000 Tonnen Silber[11], was Spanien zu einer Weltmacht aufsteigen ließ.

Die Spanier prägten aus dem amerikanischen Silber den Peso de a ocho (Stück von Acht), eine Silbermünze im Wert von acht Reales, die dank ihres einheitlichen Feingehalts zum ersten globalen Handelsgeld wurde.[12]

Tatsächlich war der spanische Silberdollar (auch Staatstaler genannt) vom 16. bis ins 19. Jahrhundert nahezu weltweit im Umlauf – sogar die jungen Vereinigten Staaten von Amerika erkannten ihn bis 1857 als gültiges Zahlungsmittel an.[13] Silber strömte nun in gewaltigen Mengen über den Atlantik nach Europa und weiter über den Pazifik nach Asien (mit den spanischen Manila-Galeonen). »Silber ging rund um die Welt und brachte die Welt in Schwung«, beschrieb ein Historiker diese erste Phase der Globalisierung.[14]

Vor allem China sog Silber auf wie ein Schwamm, weil es dort als bevorzugtes Zahlungsmittel diente – die Kaufkraft des Silbers war in Ming-China doppelt so hoch wie in Europa, was einen ständigen Zufluss begünstigte.[15] Europäische Händler kauften mit amerikanischem Silber in Asien Gewürze, Seide und Porzellan, und das Edelmetall landete endgültig in den Truhen chinesischer Kaufleute. Gleichzeitig finanzierte der Silberrausch die Machtpolitik Spaniens: Historiker betonen, dass die Minen der Neuen Welt das Rückgrat des spanischen Imperiums bildeten.[16]

Doch die Kehrseite der Medaille hieß Inflation: Die plötzliche Vermehrung der Geldmenge löste in Europa die sogenannte Preisrevolution des 16. Jahrhunderts aus: Preise für Waren stiegen teils um ein Vielfaches, weil das viele Silber den Wert jeder einzelnen Münze verwässerte.[17]

Im 19. Jahrhundert verlagerte sich die Primärproduktion von Silber nochmals, diesmal nach Nordamerika.[18] Große Funde wie der Comstock Lode in Nevada (1859) oder neue Minen in Mexiko und Kanada ließen die Weltförderung abermals ansteigen. Doch ausgerechnet jetzt begann Silber seine monetäre Vormachtstellung zu verlieren. Viele Industriestaaten kehrten dem Silber als Währungsgrundlage den Rücken und wandten sich dem Gold zu.

Großbritannien hatte faktisch schon seit 1821 den Goldstandard eingeführt;[19] das Deutsche Kaiserreich folgte 1871/73, als es nach dem Sieg über Frankreich die Mark auf Goldbasis stellte.[20] Dieses »Ende des Silberstandards« griff rasch um sich: In den folgenden Jahrzehnten stellten fast alle Länder auf den Goldstandard um, so dass um 1900 herum das Silber seinen Status als offizielles Geldmetall weitgehend verloren hatte. Die Folge war ein drastischer Verfall des Silberpreises – eine Feinunze Silber, die jahrhundertelang im Verhältnis 15 : 1 zu Gold gehandelt worden war, verlor massiv an Wert.[21] Eine Feinunze, oder kurz Unze, ist das klassische Gewichtsmaß für Edelmetalle und entspricht rund 31,103 Gramm (g).

In den USA etwa entstand das Free Silver Movement, das in den 1890er-Jahren eine freie, unbegrenzte Münzprägung von Silber forderte, um die Geldmenge zu erhöhen und der Deflation entgegenzuwirken.[22] Die Befürworter – oft Bauern und verschuldete Bürger – nannten Silber das »Geld des Volkes« und hofften, durch Bimetallismus (einen Währungsstandard, der parallel aus Gold und Silber im festen Umtauschverhältnis 16:1 bestand) wirtschaftliche Erleichterung zu erreichen.[23] Ihre Gegner – Banken, Industrielle und Anhänger des reinen Goldstandards – warnten jedoch, billiges Silbergeld würde das Gold aus dem Umlauf drängen und die Finanzstabilität untergraben.[24] Der Umstand, dass bei zwei Parallelwährungen die Weichwährung die Hartwährung allmählich verdrängt, wird auch als Greshamsches Gesetz bezeichnet. Der Konflikt kulminierte in der berühmten Rede »Kreuz des Goldes« (1896) von William J. Bryan, eines US-Politikers und Anführers einer populistischen Bewegung, der sich glühend gegen Gold als Währungsstandard aussprach, weil das die Menschheit an einem Kreuz aus Gold festnageln würde.[25] Doch letztlich setzte sich doch der Goldstandard durch; die USA blieben bei Goldwährung, und auch international dominierte fortan das Gold. China, das lange am Silber festgehalten hatte, musste 1935 ebenfalls kapitulieren und seine Silberwährung aufgeben.[26]

Im 20. Jahrhundert verschwand Silber dann endgültig aus dem Alltag des Geldes. Zwar prägten viele Länder bis in die Mitte des 20. Jahrhunderts noch Umlaufmünzen aus Silber (in den USA etwa waren Vierteldollars und halbe Dollars bis 1964 zu 90 Prozent in Silber geprägt),[27] doch mit steigenden Preisen wurde das Silber nach und nach durch unedle Metalle ersetzt.

Heutige Münzen enthalten meist kein Silber mehr; es findet sich fast nur noch in Anlagemünzen (Bullion Coins) oder Gedenkprägungen für Sammler.[28] Damit hat Silber seine jahrtausendelange Rolle als alltägliches Geldmittel eingebüßt. Nichtsdestotrotz bleibt es ein wichtiger Wertspeicher und strategischer Rohstoff – Anlagebarren und Silbermünzen dienen weiterhin als Vermögensbausteine, und an den Rohstoffbörsen ist Silber neben Gold ein fester Bestandteil des Edelmetallhandels.

KAPITEL 2

Physikalische Eigenschaften und Besonderheiten

Silber ist mehr als nur ein Edelmetall – es ist ein physikalisches Ausnahmemetall. Seine beeindruckenden Eigenschaften, von der höchsten elektrischen Leitfähigkeit aller Elemente über seine optischen Qualitäten bis hin zur chemischen Reaktionsträgheit, machen es zu einem multifunktionalen Rohstoff in Industrie, Technologie, Medizin und Investment. Dieses Kapitel beleuchtet, warum Silber physikalisch und chemisch einzigartig ist – und welche praktischen Konsequenzen das für Verarbeitung, Lagerung und Verwendung hat.

Physikalische Eigenschaften

Silber (chemisches Symbol: Ag, Ordnungszahl 47) gehört zur Gruppe der Übergangsmetalle. Es kristallisiert in einem kubisch-flächenzentrierten Gitter.[29] Das ist eine Kristallstruktur, bei der acht Atome so angeordnet sind, dass sie jeweils die Ecken eines Würfels bilden. Weitere sechs Atome sitzen auf der Mitte einer jeden Würfelfläche und bilden einen Oktaeder, wenn man sie miteinander verbindet. Silber besitzt eine Dichte von 10,49 g/cm³, einen Schmelzpunkt von 961,8 °C und einen Siedepunkt von circa 2162 °C.[30] Damit zählt es zu den klassischen Schwer- und Edelmetallen.

Elektrische und thermische Leitfähigkeit: Silber weist die höchste elektrische Leitfähigkeit aller Elemente auf.[31] Bei 20 °C liegt sie bei circa 62 MS/m – etwa 6 Prozent höher als bei Kupfer. Auch thermisch ist Silber Spitzenreiter mit 429 W/(m·K) – es leitet Wärme besser als Kupfer oder Gold.[32]

Farbe und Glanz: Silber besitzt den weißesten metallischen Glanz aller Metalle. Es reflektiert über 99,5 Prozent des sichtbaren Lichts und wird daher für Spiegel, optische Geräte und für sonstige reflektierende Beschichtungen eingesetzt.[33]

Härte und Verformbarkeit: Auf der Mohs-Skala erreicht Silber eine Härte von 2,5 bis 3.[34] Es ist weicher als Kupfer, aber härter als Gold und extrem duktil, also sehr gut verformbar, ohne zu brechen: 1 g Silber lässt sich zu einem 2 km langen Draht ziehen.[35]

Weitere Besonderheiten: Silber ist nicht magnetisch (diamagnetisch)[36] und hat im geschmolzenen Zustand die Fähigkeit, Sauerstoff aufzunehmen, was beim Erstarren zu sogenanntem Spratzen führen kann; einer porösen, blasenartigen und unregelmäßigen Struktur im Inneren und an der Oberfläche, die dadurch zustandekommt, dass der Sauerstoff beim Entweichen Reste des flüssigen Silbers mit nach oben reißt.[37] Dieses Verhalten ist für Gießprozesse relevant.

Chemische Eigenschaften

Silber gehört zu den edlen Metallen – es ist korrosionsbeständig und läuft an der Luft nicht an, weil es etwa unter Einwirkung von Sauerstoff oder Wasser nicht einfach oxidiert.[38]

Anlaufen durch Schwefel: Typisch ist jedoch das Anlaufen durch die Bildung von Schwefelverbindungen, vor allem Schwefelwasserstoff (H_2S) in der Luft. Dabei bildet sich Silbersulfid (Ag_2S), das als schwarzer Belag sichtbar wird.[39]

Verhalten in Verbindung mit Säuren: In Salzsäure oder verdünnter Schwefelsäure ist Silber nahezu unlöslich. In konzentrierter Salpetersäure löst es sich hingegen unter Bildung von Silbernitrat ($AgNO_3$) auf.[40]

Antibakterielle Wirkung: Silberionen wirken antibakteriell – ein Effekt, der seit der Antike genutzt wird. Silber zerstört Enzyme in Mikroorganismen und hemmt deren Zellatmung, was dieses Edelmetall auch für medizinische Zwecke interessant macht.[41]

Technologische und industrielle Anwendungen

Aufgrund der oben genannten Eigenschaften wird Silber heute erfolgreich in verschiedensten Industrieprozessen eingesetzt.

Elektronik und Elektrotechnik: Wegen seiner Leitfähigkeit ist Silber unverzichtbar bei elektrischen Kontakten, Leiterbahnen und Loten (Lötmaterialien) in der Elektronikindustrie.[42]

Photovoltaik: In Solarzellen wird Silber in Form von silberhaltigen Leitpasten eingesetzt, die die Kontaktbahnen bilden und den erzeugten Strom ableiten. Die Photovoltaikbranche zählt heute zu den größten Silberverbrauchern weltweit.[43]

Schmuck und Münzen: Silber wird zumeist mit Kupfer zu Sterlingsilber (92,5 Prozent) legiert und für Schmuck, Besteck und Anlagemünzen verwendet. Es verbindet edlen Glanz mit akzeptabler Härte.[44]

Medizin und Hygiene: Silber wird in Wundauflagen, Beschichtungen von Kathetern und OP-Textilien eingesetzt. Es wirkt bakterizid, ist aber für den Menschen in kleinen Dosen ungefährlich.[45]

Fotografie: Früher dominierte Silber in der analogen Fotografie. Silberhalogenide machen Schwarz-Weiß-Filme und Fotopapier lichtempfindlich. Wenn Licht darauf fällt, werden sie zu elementarem Silber reduziert, das dann die betreffende Stelle schwärzt. Auf diese Weise entstehen sichtbare Bilder.[46]

Spiegelherstellung und Optik: Wegen seiner Reflexionskraft wird Silber für Hochleistungsspiegel und optische Teleskope eingesetzt.[47]

Chemische Industrie: In der Katalyse wird Silber unter anderem zur Herstellung von Formaldehyd oder Ethylenoxid verwendet.[48]

Vergleich mit anderen Metallen

Silber ist leitfähiger als Kupfer, besitzt ein besseres optisches Reflektionsverhalten als Aluminium und eine höhere chemische Reaktionsfähigkeit als Gold, weswegen es im Alltag im Gegensatz zum Gold früher oder später anläuft.[49] Im Vergleich zu Platin oder Palladium ist Silber preisgünstiger, aber weicher und chemisch weniger inert, sprich reaktionsträge.[50]

Verarbeitung, Pflege und Recycling

Bei der Verarbeitung bereitet Silber keine Probleme, allenfalls der Hang zum Anlaufen erfordert bei der Lagerung eine gewisse Sorgfalt. Hier kommen die konkreten Einzelheiten.

Verarbeitung: Silber lässt sich hervorragend gießen, löten, walzen, schmieden und ziehen. Weil es im geschmolzenen Zustand gern Sauerstoff aufnimmt, werden oft Legierungen verwendet.[51]

Lagerung und Pflege: Silber läuft an – daher sollte es luftdicht und trocken gelagert werden. Reinigung erfolgt mit Silberpoliertüchern, chemischen Tauchbädern oder elektrochemisch mit Alufolie und Salzbad.[52]

Recycling: Silber ist nahezu verlustfrei recycelbar. Etwa 20 Prozent der Weltproduktion stammen heute aus Recycling.[53] Die Aufarbeitung ist wirtschaftlich wie ökologisch sinnvoll.

Fazit

Silber ist ein Material mit einzigartigem Eigenschaftsprofil: Es vereint höchste elektrische und thermische Leitfähigkeit mit optischem Glanz und chemischer Beständigkeit. Seine Vielseitigkeit macht es zum technologischen Schlüsselmetall – und zu einem strategischen Edelmetall für Investoren, die nicht nur auf Wert, sondern auch auf Funktionalität setzen.

KAPITEL 3

Silber als Geld – von den Römern bis zur Abschaffung der Silberstandards

In Kapitel 1 habe ich schon einen kleinen Abriss über die Geschichte des Silbers und seine Funktion als Zahlungsmittel gegeben. Hier nun werde ich auf diesen Aspekt genauer eingehen. Denn für Anleger ist er durchaus relevant.

Silber als offizielles Geld im Römischen Reich

Silber etablierte sich im römischen Reich früh als zentrales Zahlungsmittel. Im Jahr 211 v. Chr. führte Rom den Denar ein – eine Silbermünze mit einem Gewichtsanteil von circa 4,5 g Feinsilber.[54] Der Denar wurde zur maßgeblichen Währung der Republik und frühen Kaiserzeit. Über fast fünf Jahrhunderte blieb der Silberdenar das Leitgeld im gesamten Imperium.[55] Seine Einführung bedeutete, dass fortan im riesigen Reich von Hispanien bis Kleinasien mit einheitlichem Geld gezahlt werden konnte. Tatsächlich konnte man um 120 n. Chr. von Britannien bis Nordafrika reisen, ohne jemals Geld wechseln zu müssen.[56]

Der römische Denar stand für wirtschaftliche Stabilität: Er war fast überall im Reich als gesetzliches Zahlungsmittel akzeptiert und wurde sowohl an Soldaten ausgezahlt als auch im Fernhandel genutzt.[57] Die Römer ordneten dem Denar anfangs zehn bronzene Assen zu, später 16, und schufen so ein dezimales Münzsystem (1 Denar = 4 Sesterzen = 16 Asse).[58] Der Denar war das Bargeld des Alltags, während Goldmünzen (Aurei) für größere Transaktionen eingesetzt wurden. Seine Reinheit (anfangs ~95 Prozent Silber) schuf Vertrauen.[59]

Die wirtschaftliche Integration funktionierte dank Silbergeld: Provinzen zahlten Steuern in Denar, das Geld ging als Sold an Legionäre und zirkulierte erneut lokal. Erst im 3. Jahrhundert n. Chr. – als eine Entwertung des Denar einsetzte – begann der Vertrauensverlust.[60]

Silbermünzen im mittelalterlichen Europa

Nach dem Untergang Westroms blieb Silber die Basis des europäischen Geldwesens. Die fränkischen Merowinger prägten Denare, doch Karl der Große standardisierte um 794 das Münzsystem: Aus einem Pfund Silber wurden 240 Pfennige geprägt.[61] Dieser Silberpfennig wurde zur fast einzigen Umlaufmünze des Frühmittelalters.

Bis ins 11. Jahrhundert prägte man fast ausschließlich Silberpfennige.[62] Regionalhandel und einfache Alltagsgeschäfte wurden mit diesen Münzen bestritten. Neue Silberminen – etwa im Harz und in Böhmen – sorgten für mehr Umlaufgeld.[63] Selbst Wikinger und Slawen nutzten Silberpfennige oder Hacksilber im Fernhandel. Hacksilber sind ungeprägte Silberstücke, oft zerkleinerte Gebrauchsgegenstände aus Silber, die zur Wertbestimmung allerdings erst gewogen werden mussten.[64]

Im Hochmittelalter zersplitterte das Münzwesen: Lokale Fürsten, Bischöfe und Städte prägten eigene Münzen mit teils reduziertem Silbergehalt. Dennoch blieb Silber dominierend. Ab dem 13. Jahrhundert kamen Münzen mit größerem Nominalwert auf, zum Beispiel der Groschen oder später der Guldiner.[65] Um 1500 entstand daraus der Taler, der schließlich Namensgeber des »Dollars« wurde.[66]

Weltwährung Silber: Globale Bedeutung ab dem 16. Jahrhundert

Im 16. Jahrhundert begann die Hochphase des Silbers im Welthandel. Die Eroberung Amerikas brachte die Entdeckung und Erschließung gewaltiger Lagerstätten mit sich – insbesondere am Cerro Rico von Potosí (Bolivien), entdeckt 1545.[67] Bis 1800 stammten rund 85 Prozent der Weltproduktion aus spanischen Kolonien in Amerika.[68]

Spanien prägte daraus den Peso de a ocho (»Stück von Acht«) – eine Münze mit 27 g Feinsilber, die als erste Weltleitwährung diente.[69] Dieses auch als spanischer Real bezeichnete Geldstück wurde weltweit akzeptiert: in Europa, Amerika, Afrika und besonders in Asien.[70] Viele Länder überstempelten ihn und verwendeten ihn lokal – auch China, Japan und die USA.[71]

Ein erheblicher Teil des Silbers gelangte über die Manila-Galeonen nach China, wo Silber als einziges akzeptiertes Zahlungsmittel diente. Die Folge war ein globaler Kreislauf: Silber floss von Amerika nach Asien, die Warenströme flossen hingegen von Asien nach Europa.

Diese globale Monetarisierung führte in Europa zur »Preisrevolution« – einem starken Preisanstieg durch die Silberflut.[72] Dennoch war Silber vom 16. bis ins 18. Jahrhundert das Rückgrat des internationalen Handels.

Bimetallismus und der Niedergang des Silbers im 19. Jahrhundert

Im 19. Jahrhundert setzte ein Paradigmenwechsel ein: Gold verdrängte Silber zunehmend als Geldbasis. Großbritannien etablierte 1816 den Goldstandard.[73] Der eigentliche Bruch kam aber 1871: Nach dem Krieg gegen Frankreich stellte Deutschland auf die Goldmark um und stieß große Silberbestände ab.[74]

Andere Länder folgten: Die Lateinische Münzunion (Frankreich, Belgien, Schweiz und andere) stoppte 1873 die Silberprägung.[75] In den USA wurde die freie Silberprägung mit dem Coinage Act von 1873 beendet, was von Kritikern als »Crime of '73« verurteilt wurde.[76]

Das Free Silver Movement forderte in den 1890er-Jahren die Rückkehr zur freien Silberprägung, um die Deflation zu bekämpfen.[77] 1896 hielt William J. Bryan die bereits in Kapitel 1 erwähnte legendäre »Cross-of-Gold«-Rede.[78] Doch die Bewegung scheiterte: 1900 erklärten die USA Gold zum alleinigen Standard.[79] Um 1900 war Silber als Leitwährung de facto entthront.

Abschaffung der Silberstandards im 20. Jahrhundert

Im 20. Jahrhundert verschwanden auch die letzten Silberstandards. Indien stellte die Silberrupie bereits 1893 um.[80] China gab 1935 sein silberbasiertes System auf und führte Papiergeld ein.[81] Die Schweiz entzog 1967 ihren Silbermünzen den gesetzlichen Status.[82]

Die USA ersetzten 1965 alle Umlaufmünzen aus Silber (Dime, Quarter, Half Dollar) durch Münzen aus einer Kupfer-Nickel-Legierung.[83] 1971 endete auch die Ära des Halbdollers mit einem letzten Silberanteil.[84] Damit war Silber endgültig aus dem Geldsystem verdrängt.

Seither ist Silber kein gesetzliches Zahlungsmittel mehr – sondern Industriemetall, Anlageform und Erinnerung an vergangene Geldepochen. Seine Geschichte als offizielles Geld begann mit den Römern – und endete in der Ära der Fiatwährungen.

KAPITEL 4

Angebot und Nachfrage auf dem Silbermarkt

Globale Silberminenproduktion

Die weltweite Silberminenförderung wird von wenigen Ländern dominiert. Mexiko ist mit Abstand der größte Produzent; im Jahr 2023 förderte Mexiko rund 6400 Tonnen Silber (circa 205 Millionen Unzen) und stellte damit etwa ein Viertel der globalen Minenausbeute. Weitere bedeutende Förderländer sind China und Peru mit jeweils über 3000 Tonnen Jahresproduktion, gefolgt von Ländern wie Chile, Australien, Polen, Russland, Bolivien und den USA. Zusammen entfällt auf die Top-10-Förderländer über 80 Prozent der Weltproduktion.[85]

Charakteristisch für den Silberbergbau ist, dass Silber zu großen Teilen als Beiprodukt gewonnen wird. Rund zwei Drittel des Silberangebots stammen aus Minen, deren Hauptförderprodukte andere Metalle wie Blei, Zink oder Kupfer sind; nur etwa 28 Prozent der jährlichen Fördermenge werden in primären Silberminen gewonnen. Diese Struktur bedeutet, dass selbst bei steigenden Silberpreisen das Minenangebot relativ unelastisch ist – es lässt sich nur nennenswert steigern, wenn auch die Förderung der Basis- und Edelmetalle, bei deren Abbau Silber mitgewonnen wird, ausgeweitet wird.

Die globale Jahresförderung an Silber hat sich im Laufe der vergangenen Jahrzehnte beträchtlich erhöht, erreichte jedoch Mitte der 2010er-Jahre ein Plateau. In den letzten Jahren pendelte die Weltminenproduktion um etwa 25.000 bis 26.000 Tonnen Silber pro Jahr (circa 800 bis 850 Millionen Unzen).[86] 2022 wurden rund 822 Millionen Unzen Silber aus Minen gefördert – ein leichter Rückgang gegenüber dem Vorjahr, bedingt vor allem durch die geringere Ausbeute in einigen Blei- und Zinkminen in China und Peru.[87] Im Jahr 2023 stieg die Minenproduktion wieder leicht auf etwa 830,5 Millionen Unzen an.[88] Allerdings gab es regionale Verschiebungen: So musste in Mexiko – dem führenden Förderland – eine große Mine infolge eines Streiks monatelang den Betrieb einstellen, was einen Rückgang der landesweiten Produktion von etwa 5 Prozent zur Folge hatte.[89] Gleichzeitig verzeichnete Chile Zuwächse, unter anderem durch neue Projekte, während Länder wie Argentinien, Australien und Russland leichte Rückgänge verbuchten.[90] Trotz dieser Schwankungen blieb die Gesamtförderung nahezu auf dem Niveau des Vorjahres.

Langfristig verfügt die Silberindustrie nach wie vor über erhebliches Potenzial: Allein Peru besitzt die weltweit größten Silberreserven von geschätzt rund 98.000 Tonnen.[91] Nichtsdestotrotz hat sich in den letzten Jahren das Förderwachstum merklich verlangsamt. Experten weisen darauf hin, dass das globale Silberangebot auf längere Sicht relativ stabil bis rückläufig ist, während die Nachfrage tendenziell wächst. Dieses Auseinanderklaffen von

Angebot und Nachfrage bildet die Grundlage für die in jüngerer Zeit beobachteten Marktdefizite.

Recycling von Silber

Neben dem Minenangebot trägt das Recycling erheblich zur Silberversorgung bei. Im Jahr 2023 stammten rund 18 Prozent des verfügbaren Silberangebots aus recycelten Materialien. Das Recyclingvolumen erreichte dabei mit circa 179 Millionen Unzen einen der höchsten Werte der letzten Dekade.[92] Bereits 2022 war das Silberrecycling auf etwa 180,6 Millionen Unzen gestiegen – den höchsten Stand seit zehn Jahren – angetrieben vor allem durch verstärkte Rückgewinnung aus industriellen Abfällen.[93]

Die Quellen des Silberrecyclings sind vielfältig. Ein bedeutender Anteil kommt aus Industrieschrott, etwa aus der Wiederaufarbeitung von Katalysatoren (zum Beispiel aus der Ethylenoxid-Herstellung) und aus Elektronikabfällen. Daneben wird Silber aus alten Schmuckstücken und Silberwaren (Besteck, Gefäße et cetera) zurückgewonnen. Historisch spielte auch die Fotografie eine große Rolle: Aus verbrauchten fotografischen Filmen und Entwicklerlösungen wurde jahrzehntelang Silber recycelt, doch hat die Digitalisierung diesen Bereich stark schrumpfen lassen. Moderne Recyclingtechnologien – von chemischen Verfahren zur Silberausfällung bis hin zur Elektrolyse – ermöglichen heute eine effiziente Rückgewinnung des Metalls aus diesen sekundären Quellen. Wirtschaftlich ist das Recycling insbesondere bei hohen Silberpreisen attraktiv, weil dann mehr Altmaterial dem Kreislauf zugeführt wird. So kam es während der Preisrally 2010 bis 2011 zu einem sprunghaften Anstieg des Schmelzangebots alter Silberbestände.[94] Aktuell trägt das Recycling nicht nur zur Versorgungssicherheit bei, sondern stellt auch einen wichtigen Beitrag zur Nachhaltigkeit dar, weil es die Abhängigkeit von Primärminen verringert und die Kreislaufwirtschaft fördert.

Industrielle Nutzung von Silber

Der weitaus größte Anteil der Silbernachfrage entfällt auf industrielle Verwendungen. Im Jahr 2022 wurden weltweit 556,5 Millionen Unzen Silber in industriellen Anwendungen verbraucht – so viel wie nie zuvor. Damit machte die Industrie (inklusive Elektronik, Photovoltaik, Medizin- und Chemietechnik) rund 45 Prozent der Gesamtnachfrage aus. Ein weiterer wichtiger Bereich ist der Schmuck: Die Schmuckindustrie verbrauchte 2022 etwa 234 Millionen Unzen Silber (circa 19 Prozent der Gesamtnachfrage) und erreichte damit einen historischen Höchstwert. Auch die Nachfrage nach Silberwaren (zum Beispiel Tafelgeschirr und Besteck) schnellte 2022 auf ein Rekordniveau von rund 73,5 Millionen Unzen (etwa 6 Prozent der Nachfrage) empor. Die Investitionsnachfrage in Form von Münzen und Barren steuerte knapp 27 Prozent (circa 333 Millionen Unzen) zur Gesamtnachfrage bei.[95] Lediglich der fotografische Sektor, einst ein Hauptverbraucher von Silber, spielt heute mit deutlich unter 5 Prozent der Nachfrage eine nur noch untergeordnete Rolle.

Innerhalb der industriellen Nutzung sind die Elektronik und elektrische Energieanwendungen dominierend. Silber besitzt die höchste elektrische Leitfähigkeit aller Metalle und wird in Leiterbahnen, Kontakten, Lötlegierungen und anderen Komponenten moderner Elektronik eingesetzt. Ein besonders dynamisch wachsendes Feld ist die Photovoltaik: 2023 schoss der Silberbedarf für Solarzellen auf etwa 193,5 Millionen Unzen hoch – ein Zuwachs von 64 Prozent gegenüber dem Vorjahr. Photovoltaik allein machte damit fast ein Drittel des industriellen Silberverbrauchs aus. Hintergrund dieser Entwicklung ist der Boom der Solarindustrie: Immer effizientere Solarzellen erfordern zwar tendenziell weniger Silber pro Modul, doch das rasante Wachstum der weltweit installierten PV-Kapazitäten lässt den Gesamtverbrauch an Silber in diesem Sektor steigen. Neben der Solarenergie treiben auch andere »grüne« Technologien die Silbernachfrage an. Die Elektrifizierung des Automobilsektors (zum Beispiel in Elektrofahrzeugen und Ladeinfrastruktur) sowie Investitionen in den Ausbau von Stromnetzen und 5G-Kommunikationstechnologie sorgen für zusätzlichen Silberbedarf in der Elektronik und Elektrotechnik.[96]

Abseits der Energietechnologien findet Silber vielfältige industrielle Anwendungen. Etwa 8 bis 10 Prozent des industriellen Verbrauchs entfallen auf Lote und Lötmittel, die in der Elektronikfertigung und beim Fügen von Metallen (zum Beispiel in der Klimatechnik) genutzt werden. Ein weiterer Teil wird in Katalysatoren der chemischen Industrie (etwa bei der Ethylenoxid-Produktion) verbraucht. Diese Silbermengen werden nach Ablauf der Katalysator-Lebensdauer allerdings meist recycelt. Silber spielt ferner in der Medizintechnik eine Rolle: Dank seiner antibakteriellen Eigenschaften wird es in Beschichtungen medizinischer Geräte, in Wundauflagen und in der Wasseraufbereitung eingesetzt. Diese medizinischen und sonstigen Spezialanwendungen machen zwar mengenmäßig nur einen kleineren Anteil aus, unterstreichen aber die Vielseitigkeit des Metalls.

Die Nachfragestruktur hat sich im Laufe der Zeit gewandelt. Früher floss ein beträchtlicher Teil des Silbers in die analoge Fotografie (Film, Fotopapier und Fotochemie). Dieser Bedarf ist infolge der Digitalisierung seit den 2000er-Jahren drastisch eingebrochen. Dafür haben neue High-Tech-Anwendungen an Bedeutung gewonnen. Heute entfallen insgesamt etwa die Hälfte der Silbernachfrage auf industrielle Verwendungen (inklusive Elektronik und Photovoltaik), rund ein Viertel auf Investitionen (Barren und Münzen) und knapp ein Viertel auf Schmuck und Silberwaren, während Fotografie nur noch ein Nischensegment ist.

Entwicklung von Angebot und Nachfrage im Zeitverlauf

Betrachtet man die Entwicklung des Silbermarktes im Laufe der Zeit, so zeigt sich ein Wechsel von Überschussphasen hin zu Defizitphasen. In den 2010er-Jahren übertraf das Angebot (Minenproduktion plus Recycling) häufig die Nachfrage geringfügig, was zu Überschüssen und einem Aufbau von Lagerbeständen führte. Dieses Bild hat sich in den letzten Jahren grundlegend gewandelt. Seit 2021 befindet sich der Silbermarkt in einer Phase struktureller Unterversorgung: Die Nachfrage übersteigt kontinuierlich das Angebot. Bereits 2021 gab es ein Angebotsdefizit von rund 51 Millionen Unzen, dem 2022 ein massiver Fehlbetrag von 237,7 Millionen Unzen folgte.[97] Letzteres wurde vom Silver Institute als möglicherweise größtes Defizit in der modernen Geschichte bezeichnet. Diese beiden Defizitjahre haben die kumulierten Überschüsse der vorherigen Dekade praktisch vollständig ausgelöscht. Auch 2023 blieb der Markt in einem erheblichen Angebotsdefizit von geschätzt etwa 184 Millionen Unzen, und für 2024 wird sogar ein noch größeres Defizit von über 200 Millionen Unzen prognostiziert. Damit erlebt der Silbermarkt derzeit das ungewöhnliche Szenario mehrerer aufeinanderfolgender Jahre mit Unterversorgung.

Die Ursachen dafür liegen zum einen im stagnierenden oder nur schwach wachsenden Angebot (siehe oben), zum anderen im kräftigen Nachfrageanstieg nach der COVID-19-Pandemie. Ab 2021 erholte sich die industrielle Silbernachfrage stark und erreichte durch neue Anwendungen Rekordwerte, während die Minenproduktion nicht im gleichen Maße mithalten konnte.

Die anhaltenden Defizite werden bislang durch den Abbau vorhandener Lagerbestände ausgeglichen. Sichtbares Silberinventar (etwa an Warenterminbörsen) ist infolge der Defizite bereits rückläufig.[98] Allerdings existieren beträchtliche Bestände in Privatbesitz und in ETFs beziehungsweise ETCs, die in den Markt fließen können. ETFs sind Sondervermögen (mit eingebautem Schutz bei Insolvenz des Emittenten), allerdings sind diese Fonds in der EU nicht zum Vertrieb zugelassen, weil dort Fonds (respektive ETFs) in mehr als nur einen Vermögenswert investieren müssen. ETCs sind hingegen mit Silber hinterlegte Wertpapiere. Es sind börsengehandelte Zertifikate, deren Emittenten zumeist physisches Silber für die Anteilseigner in großen Tresorräumen einlagern. Tatsächlich konnten die hohen Entnahmen der letzten Jahre zu einem guten Teil durch das Einschmelzen von Silberbarren und -münzen aus Investorenbeständen aufgefangen werden. Dies erklärt, warum es trotz der physischen Knappheit bislang nicht zu akuten Versorgungsengpässen am Markt gekommen ist.

Gleichwohl deutet die Entwicklung eine Verknappung des verfügbaren Silberangebots an. Für Investoren ist dabei relevant, dass ein fortgesetztes Auseinanderklaffen von Nachfrage und Neuproduktion langfristig Druck auf die vorhandenen Bestände ausübt. Sollten die leicht verfügbaren Lagerbestände weiter schwinden, könnten die Fundamentaldaten (knappes Angebot bei hoher Nachfrage) künftig stärker auf den Silberpreis durchschlagen.

Auswirkungen auf den Silberpreis

Die fundamentale Entwicklung von Angebot und Nachfrage spiegelt sich langfristig im Silberpreis wider, wird kurzfristig jedoch von makroökonomischen Faktoren überlagert. Grundsätzlich übt eine anhaltende Unterversorgung des Marktes einen Aufwärtsdruck auf den Preis aus, da weniger Silber verfügbar ist, als nachgefragt wird. Seit 2020 hat sich dieser Effekt teilweise gezeigt: Infolge hoher Investmentnachfrage stieg der Silberpreis im Zuge der Pandemie-Erholung 2020/21 zeitweise bis auf knapp 30 US-Dollar pro Feinunze. Doch der anschließende Anstieg der Zinsen und eine Abkühlung der Investorennachfrage ließen den Preis 2022 wieder nachgeben – im Jahresdurchschnitt lag er bei rund 21,7 Dollar pro Feinunze. Trotz der großen physischen Defizite blieb der Preisanstieg zunächst moderat, da einerseits vorhandene Lagerbestände die Knappheit abfederten und andererseits das hohe Zinsniveau viele Anleger vom Engagement in zinslose Edelmetalle abhielt.[99] Im Jahr 2023 zog der Silberpreis dann erneut an: Der Durchschnittspreis stieg um etwa 7 Prozent gegenüber dem Vorjahr.[100] Ende 2023 lag der Silberpreis bei rund 23,80 US-Dollar pro Feinunze und bewegte sich im Dezember zwischen etwa 22,50 und 25,90 US-Dollar, was trotz kurzfristiger Schwankungen einem insgesamt stabilen Niveau entsprach.[101] Gegen Ende 2023 lag das Gold-Silber-Verhältnis bei rund 84 : 1, was auf eine weitgehend stabile, leicht zugunsten des Silbers tendierende Relation zwischen beiden Edelmetallen hindeutete.[102]

Für Investoren bedeutet die derzeitige Marktlage, dass Silber sowohl von der industriellen Nachfrage als auch von seiner Eigenschaft als Edelmetall profitieren kann. Die steigende Bedeutung von Silber in Zukunftsbranchen (erneuerbare Energien, Elektronik, Medizin) sorgt für robuste Nachfrage, während das begrenzte Angebot mittelfristig zu einem Engpass auf der Anbieterseite führen könnte. Sollten sich die Marktdefizite fortsetzen, ist tendenziell mit einer Unterstützung des Silberpreises zu rechnen. Allerdings bleibt Silber ein volatil reagierendes Anlagegut: In Phasen wirtschaftlicher Unsicherheit und finanzieller Anspannung neigen Anleger dazu, vermehrt in Silber (und Gold) zu flüchten, während in Zeiten steigender Zinsen oder eines starken US-Dollars die Investmentnachfrage nachlässt. Entsprechend können die Silberpreise zeitweise stark schwanken. Langfristig jedoch dürfte ein strukturell enger Markt – kombiniert mit einer anziehenden industriellen Nutzung – eine solide Grundlage für höhere Silberpreise bieten, sofern nicht unerwartet große neue Quellen erschlossen oder in größerem Umfang günstige Substitute für Silber in Schlüsselanwendungen gefunden werden.

KAPITEL 5

Die Rolle von Zentralbanken und großen Investoren

Silber war über viele Jahrhunderte fester Bestandteil staatlicher Währungssysteme – vom römischen Denar über mittelalterliche Pfennige bis zum Peso de a ocho der Spanier. Dennoch spielt es heute im Vergleich zu Gold kaum eine Rolle in den Tresoren der Zentralbanken. Stattdessen sind es zunehmend private und institutionelle Großanleger, die den Silbermarkt prägen. Dieses Kapitel beleuchtet die historische Abkehr der Notenbanken von Silber, die Bedeutung von Silber-ETCs, den Einfluss von Hedgefonds und Family Offices – und die Frage, wie diese Akteure Angebot, Nachfrage und Preisgestaltung mitbestimmen.

Silber und Zentralbanken: ein Rückzug mit Ansage

Noch im 19. Jahrhundert basierten viele nationale Währungen auf Silber – entweder im Rahmen eines reinen Silberstandards (zum Beispiel China, Indien) oder eines Bimetallstandards, der

Silber und Gold als gleichwertige Zahlungsmittel anerkannte.[103] Der Bruch kam mit dem Vormarsch des Goldstandards ab 1871, als Deutschland nach dem Sieg über Frankreich seine Währung auf Goldbasis umstellte und große Silbermengen auf den Markt warf.[104] In der Folge verloren Zentralbanken weltweit das Interesse an Silberreserven. Großbritannien (ab 1816), Frankreich (spätestens ab 1873) und die USA (ab 1900) konzentrierten sich ebenfalls zunehmend auf Gold.[105]

Bis zur Mitte des 20. Jahrhunderts verschwand Silber weitgehend aus den offiziellen Reserven der Notenbanken. Während Gold bis heute ein wesentlicher Bestandteil vieler Währungsreserven ist – aktuell über 35.000 Tonnen weltweit –, wird Silber von Zentralbanken heute kaum noch aktiv gehalten oder bilanziert.[106] Die Bank für Internationalen Zahlungsausgleich (BIZ) listet keine nennenswerten Bestände mehr auf, und auch der IWF führt Silber nicht als Bestandteil der offiziellen Währungsreserven.[107]

Die Gründe für diese Entwicklung sind struktureller Natur: Silber wird im Gegensatz zu Gold industriell verbraucht, unterliegt stärkeren Preisschwankungen und lässt sich nicht mit der gleichen Wertstabilität lagern. Zudem spielt Gold in der internationalen Währungsordnung (zum Beispiel als Sicherheit bei Notkrediten oder im Kontext von Sonderziehungsrechten, einer Art Reserveguthaben, das als Währungsersatz dient) weiterhin eine Rolle, während Silber von keiner zentralen Instanz mehr als strategisches Reservemetall betrachtet wird.[108]

Kurzum: Zentralbanken haben sich institutionell aus dem Silbermarkt zurückgezogen. Das bedeutet jedoch nicht, dass der Markt schwächer geworden wäre – im Gegenteil: Seit Anfang der 2000er-Jahre ist der Einfluss privater Großakteure massiv gestiegen.

ETFs/ETCs, Hedgefonds und Family Offices: Neue Machtzentren im Silbermarkt

Anders als im Goldmarkt – wo auch Zentralbanken als Käufer auftreten – wird der moderne Silbermarkt heute weitgehend von privaten Investoren dominiert. Die wichtigsten Akteure sind:

a) Silber-ETFs und ETCs

Die größte Veränderung der letzten 20 Jahre war die Einführung börsengehandelter und zumeist mit physischem Edelmetall besicherter Silberfonds (ETFs, Exchange Traded Funds) und Silberzertifikate (ETCs, Exchange Traded Commodities, börsengehandelte Rohstoffe). Allen voran der 2006 in den USA gestartete iShares Silver Trust (SLV), der heute mit über 14.000 Tonnen verwaltetem Silber (Stand 2024) der größte physisch gedeckte Silber-ETF der Welt ist.[109] Zusammen mit anderen ETFs und ETCs (zum Beispiel iShares Physical Silver ETC, Xtrackers Physical Silver ETC, Sprott Physical Silver Trust) halten diese Produkte teils über 25.000 Tonnen Silber – das entspricht rund 30 Prozent der weltweiten oberirdischen Lagerbestände.[110]

Silber-ETFs und ETCs haben mehrere Effekte:

- Sie machen den physischen Silbermarkt liquider und transparenter.
- Sie ermöglichen institutionellen Anlegern den Einstieg in Silber, ohne physisch lagern zu müssen.
- Sie wirken als stabilisierender oder verstärkender Faktor in Auf- und Abschwungphasen.

Ein markantes Beispiel war das Jahr 2020: Inmitten der Pandemie floss binnen weniger Monate der Gegenwert von über 330 Millionen Unzen in physisch hinterlegte Silber-ETFs und ETCs, und entsprechend viel Silber musste von den Emittenten gekauft werden. Das war ein absoluter Rekord und eine der Hauptursachen für den Preisanstieg von 12 auf zeitweise über 29 US-Dollar pro Unze.[111]

b) Hedgefonds und Spekulanten

Hedgefonds, Commodity-Trader und andere kurzfristige Marktteilnehmer betätigen sich meist an den Terminbörsen (zum Beispiel die COMEX in New York) oder außerbörsliche Handelsplätze (zum Beispiel die LBMA in London). Dort spekulieren sie auf Kursentwicklungen von Silber, teils durch direkte Käufe und Verkäufe, teils aber auch über Futures, Optionen und andere Derivate. Sie beeinflussen den Markt durch

- Long-Positionen, wenn sie auf steigende Kurse setzen,
- Short-Positionen, wenn sie auf fallende Preise wetten.

In der Vergangenheit kam es regelmäßig zu spekulativen Übertreibungen. Ein bekanntes Beispiel ist der Fall der Hunt-Brüder (1979/80), die versuchten, den Silbermarkt durch massive Long-Käufe zu kontrollieren – der Preis stieg auf über 50 US-Dollar je Unze, bevor es zum Crash kam.[112]

Aktuell spielen Hedgefonds eine wichtige Rolle bei der kurzfristigen Volatilität (Schwankungsanfälligkeit) des Silberpreises. Daten der US-Regulierungsbehörde CFTC zeigen, dass Non-Commercial Traders unterm Strich oft im Milliardenumfang entweder long oder short in Silber positioniert sind.[113]

c) Family Offices und vermögende Privatpersonen

Neben institutionellen Fonds sind es zunehmend Family Offices und Superreiche, die physisches Silber akkumulieren – teils anonym über Tresore, Offshore-Vehikel oder Metallkonten. Ihr Motiv ist häufig Krisenabsicherung, Inflationsschutz oder die Diversifikation, um sich vom traditionellen Finanzsystem unabhängig zu machen.[114]

Silber wird in diesen Kreisen oft nicht als kurzfristiges Investment, sondern als langfristige Wertreserve betrachtet – ähnlich wie Gold, jedoch mit höherem Aufwärtspotenzial, was die Renditeerwartungen angeht.

Strategien großer Investoren

Größere Investoren verfolgen mit Silber unterschiedliche Ziele:

- Spekulation auf Kursgewinne (über Futures, Optionen, CFDs),
- physische Lagerung zur Krisenvorsorge und Wertsicherung,
- Absicherung für industriell benötigte Mengen (zum Beispiel Unternehmen mit hohem Silberbedarf, die Preisschwankungen nutzen, um zu hedgen).

Einige Marktbeobachter verweisen auf sogenannte industrielle Schattenkäufer: Unternehmen, die nicht im Rohstoffsektor tätig sind, aber dennoch strategische Silberreserven aufbauen – zum Beispiel Batteriehersteller, Solarfirmen oder Tech-Konzerne.

Öffentlich dokumentiert sind solche Käufe selten, doch die Annahme liegt nahe: Wer in eine silberintensive Zukunftstechnologie investiert, sichert sich frühzeitig den Zugang zum Rohstoff.

Markteinfluss, Liquidität und Preisbildung

Große Investoren prägen den Silbermarkt auf vielfältige Weise:

- Geldzu- oder -abflüsse bei ETCs können kurzfristig mehrere hundert Millionen Unzen physisch binden oder freigeben – und so das Angebot verknappen oder den Markt entspannen.
- Termingeschäfte an der COMEX beeinflussen Preisbewegungen durch Momentum-Strategien, algorithmischen Handel oder Short Squeezes, also Käufe in großem Umfang, die Leerverkäufer tätigen müssen, wenn die Preisentwicklung des leerverkauften Silbers nicht ihren Erwartungen entsprach.
- Großkäufe physischer Ware durch Family Offices können lokale Knappheiten auslösen, vor allem beim Angebot kleinerer Barren oder Münzen.

Bemerkenswert ist: Trotz der physischen Knappheit seit 2022 (Marktdefizit), blieb der Preis lange relativ gedämpft – weil viele Investoren aus Gold- und Silber-ETCs ausgestiegen waren. Erst ab Ende 2023 zeigten neue Nettozuflüsse in ETCs und physische Lagerbewegungen, dass das Kapital institutioneller Anleger allmählich zurückkehrt.[115]

Fazit

Während Zentralbanken sich institutionell vom Silbermarkt verabschiedet haben, haben private und institutionelle Großanleger seine Rolle übernommen. Sie beeinflussen heute entscheidend die Nachfrage, Liquidität und Preisbildung von Silber. In einem Umfeld wachsender globaler Unsicherheit, wachsender Industriesektoren (zum Beispiel Photovoltaik, E-Mobilität) und langfristiger Angebotsverknappung könnte die Rolle dieser Investoren weiter zunehmen. Silber ist längst kein »vergessenes Metall« mehr – es ist ein strategisches Gut für Kapital, das nach Sicherheit, Unabhängigkeit und Substanz sucht.

KAPITEL 6

Preisentwicklung und Marktzyklen

Wovon hängt der Silberpreis ab und wie entwickelt er sich im Laufe der Zeit? Diesen Fragen wenden wir uns im aktuellen Kapitel zu.

Historische Preisentwicklung von Silber

Silber hat als Edelmetall eine bewegte Preisgeschichte hinter sich, geprägt von Phasen monetärer Nutzung und freier Preisbildung am Markt. In früheren Jahrhunderten diente Silber als Währungsmetall – etwa zu Zeiten des Silberstandards, bei dem Währungen durch Silber gedeckt waren.[116] In Deutschland etwa dominierte bis 1871 der Silberstandard, bevor mit der Reichsgründung der Goldstandard eingeführt wurde.[117] Mit dem Übergang zu reinen Goldwährungen und schließlich zu ungedecktem Papiergeld (Fiatgeld) verlor Silber sukzessive seine geldpolitische Rolle. Zentralbanken halten heute fast ausschließlich Gold (weltweit circa 35.000 Tonnen), während Silber in offiziellen Währungsreserven praktisch keine Rolle mehr spielt.[118]

Preislich verharrte Silber lange Zeit auf relativ niedrigem Niveau, bevor es nach dem Ende der festen Wechselkurse (Bretton-Woods-System) frei gehandelt wurde. In den 1970er-Jahren, geprägt von hoher Inflation und wirtschaftlicher Unsicherheit, erlebte Silber seine erste große Hausse: Der Preis stieg von rund 1,50 US-Dollar Anfang der 1970er-Jahre binnen eines Jahrzehnts beträchtlich an.[119] Dieser explosive Anstieg kulminierte im Januar 1980, als im Londoner Silber-Fixing Kurse von knapp 50 Dollar erreicht wurden.[120] Nach diesem Hochpunkt folgte ein jahrzehntelanger Bärenmarkt: Die 1980er- und 1990er-Jahre waren von fallenden beziehungsweise seitwärts laufenden Silberpreisen geprägt, mit Tiefstständen unter 5 Dollar pro Feinunze um 1991. Erst ab Anfang der 2000er-Jahre, im Zuge eines allgemeinen Rohstoff-Booms, drehte der Trend wieder nach oben. Silber stieg von etwa 4 Dollar (2001) auf erneut fast 50 Dollar im April 2011.[121] Dieses 2011er-Hoch markierte den höchsten Silberpreis seit 1980 und resultierte aus einer starken Investorennachfrage nach der Finanzkrise. Allerdings fiel der Preis kurz darauf wieder deutlich: Bereits Ende 2011 notierte Silber unter 30 Dollar je Unze. In den folgenden Jahren pendelte der Kurs überwiegend zwischen 15 und 25 Dollar, bis 2020 eine neue Aufwärtsbewegung einsetzte. Im August 2020 erreichte Silber zwischenzeitlich rund 30 Dollar, begünstigt durch die Kombination aus Angebotsengpässen und einem sprunghaften Nachfrageanstieg nach dem Corona-Crash.[122] Im Oktober 2024 markierte Silber mit etwa 35 Dollar pro Feinunze ein Zwölf-Jahres-Hoch, der höchste Stand seit 2012.[123] Aktuell notiert Silber bei rund 33 US-Dollar je Feinunze (Juli 2025).[124]

Einflussfaktoren auf die Preisbildung

Die Preisbildung beim Silber wird von einer Reihe von Angebots- und Nachfragefaktoren beeinflusst. Die wichtigsten Einflussgrößen werden im Folgenden aufgeführt.

Zins- und Inflationsniveau: Silber wirft keine laufenden Erträge ab, daher schmälern steigende Zinsen tendenziell seine Attraktivität im Vergleich zu verzinsten Anlagen. In Phasen steigender Leitzinsen – wie ab 2022 – gerieten Silberpreise unter Druck, weil Anleger vermehrt in zinsbringende Wertpapiere umschichteten.[125] Umgekehrt suchen Investoren in Zeiten hoher Inflation und niedriger Realzinsen oft Zuflucht in Edelmetallen wie Silber und nutzen diese als Wertaufbewahrungsmittel, was die Nachfrage steigern kann. Historisch trieben Inflationsängste etwa in den 1970er-Jahren den Silberkauf der Anleger an (darauf spekulierten auch die Hunt-Brüder im Jahr 1980).[126]

Industrielle Nachfrage: Anders als Gold hat Silber umfangreiche industrielle Anwendungen. Über die Hälfte der jährlichen Silbernachfrage stammt aus der Industrie (Elektronik, Solarenergie, Medizin et cetera).[127] Steigende industrielle Nachfrage kann den Silberpreis wesentlich stützen. So führte der Boom bei Photovoltaik und Elektronik in den letzten Jahren zu einer Rekordnachfrage: 2022 erreichte die weltweite Gesamtnachfrage circa 1,24 Milliarden Unzen – ein Allzeithoch.[128] Wachstum in Branchen wie Solarenergie, E-Mobilität und 5G-Technologie treibt den Bedarf weiter an. Die Prognosen gehen mehrheitlich von weiterhin robustem industriellem Silberverbrauch aus, da neue Technologien immer mehr Silber benötigen.[129]

Angebotssituation (Minenproduktion und Recycling): Die weltweite Silberförderung stammt zu großen Teilen aus Bergwerken, teils als Nebenprodukt in Buntmetall-Minen. Das Minenangebot wächst jedoch nur begrenzt. Neue große Silberfunde sind selten, und einige traditionelle Lagerstätten sind inzwischen nahezu vollständig ausgebeutet. Ein weiterer Angebotsfaktor ist das Recycling: Bei hohen Silberpreisen gelangt mehr Altmetall (zum Beispiel alte Schmuckstücke, Silberbesteck, Elektronikschrott) auf den Markt, was preisdämpfend wirken kann.[130] Insgesamt war der Silbermarkt in den letzten Jahren durch Angebotsdefizite gekennzeichnet: Die Nachfrage überstieg das Angebot deutlich. 2021 und 2022 gab es weltweit ein physisches Silberdefizit (zum Beispiel 2022 etwa 237 Millionen Unzen), wodurch die Überschüsse der vorigen Dekade wieder ausgeglichen wurden.[131] Solche strukturellen Defizite signalisieren Knappheit und können langfristig für einen Preisauftrieb sorgen, zumal leicht verfügbare Lagerbestände dadurch abgebaut werden.

Geopolitische Krisen und wirtschaftliche Unsicherheit: In Krisenzeiten fungiert Silber ähnlich wie Gold als »sicherer Hafen«. Geopolitische Konflikte, Finanzkrisen oder Währungsturbulenzen können Investoren zum Kauf von Edelmetallen bewegen und so den Silberkurs beflügeln. Ein Beispiel hierfür war die kurzfristig starke Silbernachfrage während der globalen Bankenkrise im Frühjahr 2023, als Anleger zur Absicherung vermehrt Silber kauften.[132] Allerdings reagiert Silber wegen seines industriellen Charakters auch empfindlich auf konjunkturelle Abschwünge: Eine Rezession kann die industrielle Nachfrage einbrechen lassen und somit den Silberpreis belasten. Insgesamt hängt der Silberpreis also sowohl von der Angst der Anleger als auch vom industriellen Konjunkturzyklus ab.

Diese Faktoren wirken oft gleichzeitig auf den Markt ein. Für Privatanleger ist es wichtig, das Zusammenspiel zu verstehen: Beispielsweise können eine expansive Geldpolitik und Niedrigzinsen bei gleichzeitig steigender Industrie-Nachfrage einen perfekten Nährboden für steigende Silberpreise schaffen. Umgekehrt können hohe Zinsen bei schwacher Industriekonjunktur auch längere Phasen stagnierender oder fallender Silberpreise verursachen.

Typische Marktzyklen und Volatilität

Silber durchläuft – wie viele Rohstoffe – ausgeprägte Marktzyklen aus mehrjährigen Hausse- und Baissephasen. Historisch folgten auf Boomphasen mit euphorischer Nachfrage häufig längere Korrekturen, in denen Überschüsse abgebaut und Übertreibungen bereinigt wurden.[133] So endete etwa die gewaltige Rally 1979/80 mit einem scharfen Einbruch, dem eine fast 20-jährige Baisse folgte, bevor um die Jahrtausendwende ein neuer Bullenmarkt startete.

Ähnlich verlief der Zyklus nach 2011: Auf den steilen Anstieg bis knapp 50 US-Dollar pro Feinunze folgte ein jahrelanger Abwärtstrend bis 2020, ehe wieder ein Aufschwung einsetzte.[134] Solche Rohstoffzyklen werden von fundamentalen Entwicklungen getrieben – etwa Phasen von Unterangebot (Knappheit) gefolgt von Phasen von Überangebot. Sie können sich über Jahrzehnte erstrecken.[135] Für Anleger bedeutet dies, dass Timing eine Herausforderung ist: Wer nahe am Zyklus-Peak kauft, muss unter Umständen lange Durststrecken bis zur nächsten Hausse überstehen.

Neben den langfristigen Zyklen ist Silber für seine hohe Volatilität bekannt. Kaum ein anderes Edelmetall schwankt preislich so stark wie Silber.[136] Tagesbewegungen von mehreren Prozent sind nicht ungewöhnlich, und kurzfristig kann es zu zweistelligen Kurssprüngen oder -verlusten kommen. Beispielsweise verzeichnete Silber im Jahr 2020 innerhalb weniger Monate sowohl einen Absturz um über 30 Prozent als auch einen Anstieg um über 140 Prozent (vom Corona-Tief im März bei rund 12 US-Dollar auf etwa 30 Dollar im August).[137] Auch im Jahr 2024, als Silber deutlich anzog, betrug die Handelsspanne über das Jahr mehr als 50 Prozent.[138] Diese hohe Schwankungsbreite übertrifft diejenige von Gold deutlich und unterstreicht den Charakter von Silber als spekulatives Anlagegut.

Die Volatilität bietet Chancen, erfordert aber starken Risikoappetit und Disziplin. Privatanleger sollten sich nicht von schnellen Ausschlägen verunsichern lassen: In Aufwärtsphasen kann Silber innerhalb kurzer Zeit enorme Gewinne verzeichnen, während in Korrekturphasen ebenso heftige Rückschläge möglich sind. Es empfiehlt sich daher, Positionsgrößen und Anlagehorizont an die hohe Schwankungsintensität anzupassen. Ein langer Atem – idealerweise über vollständige Zyklen hinweg – kann dabei helfen, die Chancen der Hausse zu nutzen, ohne von temporären Einbrüchen zu Panikverkäufen verleitet zu werden.

Analyse großer Preissprünge und Einbrüche

Einige Ereignisse in der Silbergeschichte stechen hervor, weil sie extreme Preissprünge oder dramatische Einbrüche verursacht haben. Sie sind lehrreich, weil sie zeigen, wie verschiedene Faktoren plötzlich kulminieren können.

a) Die Hunt-Blase und Silver Thursday (1980)

Ende der 1970er-Jahre versuchten die texanischen Brüder Hunt, am Silbermarkt für eine extreme Verknappung zu sorgen. Durch den Aufkauf eines Großteils des Angebots wollten sie die Preise in die Höhe treiben. Verstärkt durch inflationäre Ängste trieben spekulative Käufe den Silberpreis innerhalb kurzer Zeit auf ein Rekordhoch von knapp 50 US-Dollar je Unze im Januar 1980. Bei ihrem Peak kontrollierten die Hunts geschätzt ein Drittel des weltweit verfügbaren privaten Silberbestands. Doch die Blase platzte abrupt: Als Börsen und Regulierer einschritten (unter anderem durch erhöhte Margin-Anforderungen) kam es am 27. März 1980 zum berüchtigten Silver Thursday. An diesem Tag brach der Silberpreis kaskadenartig ein – innerhalb weniger Stunden verlor Silber über 50 Prozent an Wert, weil die Hunt-Brüder ihre Positionen nicht mehr halten konnten.[139] Der Preissturz löste Turbulenzen am Terminmarkt aus und führte zu erheblichen Verlusten bei Brokern und Banken. Dieses Ereignis machte deutlich, wie eine künstlich hochgetriebene Rally in einem engen Markt schlagartig in einen Crash umschlagen kann. Für Anleger ist der Silver Thursday eine Mahnung, dass parabolische Preisbewegungen oft nicht nachhaltig sind und spekulative Blasen ein abruptes Ende finden können.

b) Das Hoch 2011 und der Einbruch danach

Eine weitere außergewöhnliche Preisrally ereignete sich 2010 bis 2011. Im Zuge der Nachwehen der Finanzkrise 2008 und der expansiven Geldpolitik der Zentralbanken (Niedrigzinsen, Quantitative Easing) strömte viel Anlegerkapital in Edelmetalle. Silber, oft als »Gold des kleinen Mannes« bezeichnet, profitierte von dieser Stimmung: Innerhalb von weniger als zwei Jahren schoss der Kurs von rund 18 US-Dollar (2010) auf fast 50 Dollar im April 2011.[140] Dieser Anstieg wurde begünstigt durch einen schwachen US-Dollar, Inflationssorgen und eine starke Nachfrage nach physischem Silber und ETC-Anteilen. Im Frühjahr 2011 erreichte die spekulative Euphorie ihren Höhepunkt – Silber notierte kurzzeitig nahe dem alten Rekord. Doch ähnlich wie 1980 folgte eine heftige Korrektur: Als die US-Notenbank über ein Ende der lockeren Geldpolitik nachdachte und einige Großspekulanten Kasse machten, fiel der Silberpreis bis Jahresende 2011 unter 30 US-Dollar je Unze. In den folgenden Jahren setzte sich dieser Abwärtstrend fort, und bis 2015 sank Silber zeitweise sogar unter 15 Dollar. Viele spät eingestiegene Anleger erlitten empfindliche Verluste. Die Episode 2011 zeigt, dass auch eine fundamentale Nachfrage (durch Investoren, die sich gegen Krisen und Inflation absichern) irgendwann an Grenzen stößt und dass allzu schnelle Aufwärtsbewegungen korrekturbedürftig sind. Die Lehre für Investoren bestand darin, Gewinnmitnahmen nicht zu verpassen und die Signalwirkung von extremen Stimmungsindikatoren ernst zu nehmen (zum Beispiel ein sehr hohes spekulatives Open Interest am Terminmarkt, also eine hohe Gesamtzahl offener Terminkontrakte, die von Marktteilnehmern am Ende des Tages gehalten werden).

c) COVID-Crash und rasche Erholung 2020

Ein jüngeres Beispiel für extreme Volatilität lieferte das Jahr 2020. Zu Beginn der COVID-19-Pandemie im März 2020 kam es panikartig zu Liquidationen in nahezu allen Anlageklassen. Auch Silber wurde in der Markthektik massiv abverkauft. Der Spotpreis stürzte binnen weniger Tage von rund 18 auf unter 12 US-Dollar je

Feinunze, den tiefsten Stand seit 2009.[141] Doch ebenso beeindruckend war die anschließende Kehrtwende: Dank umfangreicher Stimulus-Maßnahmen der Notenbanken sowie Unterbrechungen in der Minenproduktion drehte der Silbermarkt ab April 2020 ins Positive. Bis August 2020 hatte Silber nicht nur Vorkrisenniveau erreicht, sondern mit rund 30 Dollar pro Feinunze den höchsten Preis seit sieben Jahren markiert.[142]

Die Rally 2020 wurde außerdem angeheizt von Rekordzuflüssen in Silber-ETCs und physischen Käufen, was die knappe Marktlage weiter verschärfte. Zwar pendelte sich der Kurs danach wieder auf etwas tieferem Stand ein, aber die schnelle Erholung nach dem Corona-Einbruch unterstrich die Krisenresistenz und den Safe-Haven-Status, den Silber in Ausnahmezuständen genießt. Gleichzeitig offenbarte der März-2020-Crash die kurzfristige Anfälligkeit: In einer Liquiditätskrise bleibt auch Silber nicht verschont, bevor es im späteren Verlauf seine Stärke ausspielen kann.

Diese Beispiele – 1980, 2011, 2020 – verdeutlichen die außergewöhnliche Volatilität von Silber. Für Anleger ist es wichtig, über solche historischen Extremphasen Bescheid zu wissen. Diese zeigen, dass der Silberpreis sowohl dramatische Übertreibungen nach oben als auch nach unten erleben kann. Wer die Ursachen versteht (Verknappungs-Versuch 1980, spekulative Blase 2011, exogener Schock 2020), kann zukünftige Marktbewegungen besser einordnen. Ein vorsichtiger Ansatz besteht darin, in Hausse-Phasen schrittweise Gewinne zu sichern und in Crash-Phasen besonnen zu bleiben – stets mit Blick auf die langfristigen Fundamentaldaten.

Die Bedeutung von ETCs, Terminmärkten und Lagerbeständen

Moderne Finanzinstrumente und Marktplätze haben den Silberhandel in den letzten Jahrzehnten stark verändert und beeinflussen die Preisbildung maßgeblich:

a) ETCs (Exchange Traded Commodities)

Mit dem Aufkommen börsengehandelter Silber-ETCs ab Mitte der 2000er-Jahre wurde der Zugang für Anleger deutlich erleichtert. ETCs wie der iShares Silver Trust (SLV) kaufen physisches Silber und geben Anteile aus, die als besicherte Zertifikate an der Börse handelbar sind. Dadurch kann große Investorennachfrage schnell in physischen Silberkauf umschlagen. In Boomzeiten führen ETC-Zuflüsse zu erheblichem zusätzlichem Bedarf: 2020 beispielsweise stiegen die Bestände der Silber-ETCs auf ein Rekordhoch – die globalen ETC-Holdings wuchsen um über 10.000 Tonnen in einem Jahr, mehr als doppelt so viel wie der bisherige Rekordzuwachs.[143] Diese Entwicklung von der Krise (März 2020) zu Rekordnachfrage verdeutlicht, wie stark die ETC-Zuflüsse den Markt beeinflussen können.

ETCs erhöhen aber auch die Liquidität: In Baissemärkten kann es zu schnellen Abflüssen kommen, wenn Anleger Anteile verkaufen, wodurch dann Silber auf den Markt zurückgeworfen wird. Insgesamt haben ETCs die Investorennachfrage zu einer beweglichen Größe gemacht, die kurzfristig das Verhältnis von Angebot und Nachfrage verzerren kann. Für Privatanleger sind Silber-ETCs ein einfaches Vehikel, um an der Preisentwicklung von Silber zu partizipieren. Man sollte jedoch im Blick behalten, dass große ETC-Bewegungen den Spotpreis des Edelmetalls mitbestimmen.

b) Terminmärkte (Futures und Derivate)

Der Großteil der Preisbildung für Silber findet heute an den Warenterminbörsen statt, insbesondere an der COMEX in New York. Über Terminkontrakte (Futures) handeln Marktteilnehmer in standardisierten Verträgen große Silbermengen mit Hebelwirkung. Hier treffen Hedger (Marktakteure mit Absicherungsinteressen, zum Beispiel Minenunternehmen, die zukünftige Produktion vorverkaufen, oder Industriebetriebe, die ihren Materialeinkauf absichern) und Spekulanten (Investmentfonds, Trader) aufeinander. Die CFTC, die US-Terminmarktaufsicht, veröffentlicht regelmäßig Berichte zur Positionierung am Silbermarkt.[144] Daraus geht zum Beispiel hervor, wie viel Netto-Long-Positionen spekulative Anleger halten oder wie stark kommerzielle Händler auf fallende Preise setzen. Extrempositionen in diesen Commitment-of-Traders-Daten (CoT-Daten) können Vorlaufindikatoren für Trendwechsel sein – etwa wenn Spekulanten ungewöhnlich bullish oder bearish positioniert sind.

Die Terminmärkte erlauben zudem Leerverkäufe (Short Selling) in großem Stil, was manchmal in der Diskussion um Preismanipulation auftaucht. Tatsächlich können einzelne Ereignisse am Futures-Markt kurzzeitig starke Preisbewegungen auslösen (zum Beispiel Margin-Änderungen am Silver Thursday 1980). Insgesamt sorgt der Terminmarkt aber für Liquidität und eine Vereinheitlichung des Weltmarktpreises. Als Privatanleger sollten Sie sich klarmachen, dass der Spotpreis, den Sie täglich sehen, maßgeblich an der Börse festgelegt wird. Physische Knappheit schlägt sich oft erst mit Verzögerung im Preis nieder, solange der Papiermarkt ausreichend Deckung bietet.

c) Lagerbestände und physische Reserven

Die Entwicklung der physischen Silberbestände in den Tresoren großer Handelsplätze ist ein weiterer wichtiger Indikator. Silber wird in Lagerstätten wie den LBMA-Vaults in London oder den COMEX-Warenhäusern in New York gelagert. Veränderungen dieser Bestände spiegeln oft Markttrends wider: Bei hoher Nachfrage sinken die leicht verfügbaren Lagerreserven, bei Überschüssen steigen sie an. In den vergangenen Jahren sind zum Beispiel die in London eingelagerten Silberbestände deutlich zurückgegangen.

2020 wurde berichtet, dass riesige Mengen Silber nach London transferiert wurden, um die ETC-Nachfrage zu decken – anschließend sanken die dortigen Lagerbestände wieder, als Defizite die Entnahme erforderten. Laut LBMA-Daten waren Ende 2024 die Silbervorräte in den Londoner Tresoren auf den niedrigsten Stand seit Jahren gefallen.[145] Ein solcher Abbau von Lagerbeständen kann den Markt enger machen: Wenn immer weniger Puffer vorhanden ist, reagieren die Preise sensibler auf Nachfrageschocks. Auch die COMEX-Bestände werden vom Markt genau beobachtet; ein starker Rückgang im frei verfügbaren Lagerbestand (»registered silver inventories«) wird mitunter als Zeichen für potenzielle Lieferengpässe gewertet.

Insgesamt gilt: Schrumpfende Lagerbestände an den Handelsplätzen und bei ETCs deuten auf einen physischen Engpass hin, sind aber auch ein Resultat der zuvor erwähnten Defizite. Für Anleger, die in Münzen und Barren investieren, können knappe Bestände zudem zu Prämienaufschlägen führen. Entspannung bringt meist entweder eine Beruhigung der Nachfrage oder ein Preisanstieg, der durch Gewinnmitnahmen wieder mehr Altmaterial auf den Markt bringt und so die Lager auffüllt.

Zusammenfassung

Diese Marktplätze und Indikatoren haben die Transparenz und Handelbarkeit von Silber erhöht, aber auch eine neue Dynamik geschaffen. Als Privatanleger sollten Sie die Rolle der großen Akteure (ETCs, Futures) nicht unterschätzen – sie bestimmen kurzfristig oft den Preis. Dennoch bleibt mittel- bis langfristig die fundamentale Knappheit oder Fülle an physischem Silber der ultimative Faktor, der sich über kurz oder lang auch auf diesen Märkten durchsetzt.

Prognoseaspekte: Preisentwicklung und strukturelle Trends

Wie könnte es mit dem Silberpreis perspektivisch weitergehen? Diese Frage beschäftigt sowohl Analysten als auch Privatanleger, zumal Silber sich an der Schnittstelle von Währungsmetall und Industriematerial befindet. Prognosen sind naturgemäß unsicher, doch lassen sich einige strukturelle Trends und Szenarien herausarbeiten:

a) Angebotsdefizite und Nachfragetrends

Die vielleicht wichtigste aktuelle Entwicklung ist das bereits erwähnte strukturelle Angebotsdefizit. Seit 2021 konsumiert die Welt mehr Silber, als neu produziert wird – Tendenz anhaltend.

Das Silver Institute geht davon aus, dass der Markt auch 2025 ein beträchtliches Defizit aufweisen wird (voraussichtlich rund 150 Millionen Unzen; das wäre das fünfte Defizitjahr in Folge). Obwohl eine leichte Ausweitung der Minenproduktion erwartet wird (zum Beispiel durch neue Projekte in Nord- und Südamerika), kann dies die hohe Nachfrage nur teilweise decken.[146] Die Knappheitslage sorgt für einen Preisdruck nach oben: Mittelfristig könnten sinkende Lagerbestände und der Zwang, die hohe Nachfrage durch höherpreisige Angebote zu drosseln, den Silberpreis unterstützen. Bereits 2024 war ein enormes Defizit zu beobachten – laut Berichten das größte in mehr als einem Jahrzehnt. Sollte dieser Trend einer Nachfrage, die über dem Angebot liegt, anhalten, spricht das fundamental für erhebliches Kurspotenzial.

b) Industrielle Revolution 2.0

Silber steht auch aus technologischer Sicht vor spannenden Zeiten. Die anhaltende Energiewende und Digitalisierung sorgen für neue, wachsende Einsatzgebiete. Allen voran ist hier die Photovoltaik zu nennen: Schon 2023 floss rund ein Fünftel des weltweit verfügbaren Silbers in Solarmodule, und diese Tendenz ist steigend.[147] Prognosen sagen, dass dieser Anteil weiter wachsen wird, da jährlich neue Rekordmengen an Solarleistung installiert werden. Ähnlich verhält es sich im Automobilsektor: Elektrofahrzeuge und generell der Trend zu immer mehr Elektronik im Auto (Assistenzsysteme, Sensorik) erhöhen den Silberbedarf pro Fahrzeug. Bis 2030 dürfte Silber zur Verwendung in Elektroautos, Ladestationen und Stromnetzen einen erheblichen Nachfrageblock bilden.

Auch die Halbleiterindustrie, 5G-Infrastruktur und Medizintechnik nutzen Silber in teils kritischen Mengen. Summa summarum erwarten viele Experten eine strukturell steigende industrielle Nachfrage in den kommenden Jahren.[148] Diese wirkt langfristig preistreibend, zumal industrielle Abnehmer weniger preissensitiv sind – in einigen Anwendungen gibt es schlichtweg keine einfachen Substitute für Silber. Sollte es sogar bahnbrechende neue Technologien geben (etwa in Batterien oder im Vereich der Wasserstoff-Elektrolyse), könnte dies einen zusätzlichen Nachfrageschub auslösen. Für die Preisentwicklung bedeutet das: Selbst ohne Nachfrage aus dem Investmentbereich erfreut sich Silber eines soliden Basiskonsums, der das vorhandene Angebot verringert.

c) Makroökonomische Rahmenbedingungen

Kurz- bis mittelfristig spielen die allgemeinen Wirtschafts- und Geldtrends eine Rolle. Ein Szenario ist etwa eine Rezession in wichtigen Industrienationen – sie könnte temporär die industrielle Silbernachfrage dämpfen (verringerte Produktion von Autos, Elektronik et cetera) und so den Preis trotz des verknappten Silberangebots etwas bremsen.

Andererseits könnte eine Rezession die Notenbanken wieder zu Zinssenkungen und Liquiditätsspritzen veranlassen, was die Investmentnachfrage nach Silber anheizen würde. Viele Beobachter blicken auch auf die Inflationsentwicklung: Bleibt die Inflation erhöht, dürfte dies Anleger in Sachwerte treiben und Silber als Inflationsschutz attraktiv halten.

Kommt es hingegen zu einer Phase stabiler Preise und steigender Zinsen (ähnlich wie in den späten 1980er-Jahren), könnte Silber zeitweilig an Glanz verlieren. Die Weltbank prognostiziert in ihrem Rohstoffausblick vorsichtig moderate Silberpreise und sieht den Durchschnittspreis 2025 etwa bei 25 US-Dollar je Unze.[149] Solche offiziellen Ausblicke basieren jedoch oft auf dem Status quo und gehen von keiner dramatischen Verschärfung der Knappheit aus.

Demgegenüber argumentieren Silber-Bullen, dass die aktuellen Preise die Fundamentaldaten nicht widerspiegeln – sie verweisen auf die anhaltende Angebotsverknappung und die Tatsache, dass Silber noch immer deutlich unter früheren Hochs notiert. So liegt der Preis 2025 real (inflationsbereinigt) weit unter dem Hoch von 1980: Die rund 50 US-Dollar von damals entsprächen heute einem Vielfachen, je nach Inflationsmaß über 100 Dollar.[150] Auch das 2011er-Hoch wurde bisher nicht nachhaltig überschritten. Bullishe Analysten halten daher dreistellige Silberpreise in den kommenden Jahren für möglich, sofern sowohl industrielle als auch monetäre Nachfrage zusammenkommen und das Angebot limitiert bleibt.

Einige Marktbeobachter verweisen darauf, dass in einem Szenario anhaltender Verknappung selbst die umfangreichen privaten Silberbestände (Münzen, Barren), die bisher als Reserven fungierten, irgendwann zur Neige gehen könnten – was einen Paradigmenwechsel am Markt bedeuten würde, da Preissteigerungen dann kaum noch durch Umlagerungen gedeckelt werden könnten.[151]

d) Technische Faktoren und Investorentrends

Neben Fundamentaldaten lohnt ein Blick auf die Marktstimmung und mögliche Trendverstärker. Die Jahre 2020 bis 2021 brachten eine Welle neuer privater Silberinvestoren (teilweise angestoßen durch Online-Communitys), was sich etwa im Silver-Squeeze-Versuch Anfang 2021 zeigte. Damals versuchten Privatanleger, koordiniert den Silbermarkt durch Käufe zu bewegen. Der Preis stieg daraufhin zwar kurzfristig auf rund 30 US-Dollar pro Feinunze an, größere Effekte blieben aber aus.

Dennoch ist ersichtlich, dass das Interesse am physischen Besitz (Münzen, Barren) gestiegen ist; zeitweise waren viele Silberprodukte ausverkauft. Sollte ein neuerlicher Hype entstehen (etwa getrieben durch Social Media oder Inflationsangst), könnte dies wie 2020/21 binnen kurzer Zeit erhebliche Mengen von Kapital auf das Silber lenken.

Auf der anderen Seite beobachten Charttechniker die technischen Niveaus: Langfristig wichtige Widerstände liegen bei etwa 30 Dollar und dann natürlich beim alten Hoch in der Größenordnung von 50 Dollar pro Feinunze. Ein Ausbruch über 30 Dollar hatte Ende 2024 erstmals seit einer beträchtlichen Zeitspanne kurz Erfolg; der Preis fiel aber wieder zurück. Gelingt dauerhaft der Sprung über diese Marken, könnte dies einen technischen Trendfolge-Kaufimpuls auslösen.

Plattformen wie TradingView liefern Echtzeit-Charts und -Analysen, die auch Privatanlegern zugänglich sind.[152] Insgesamt dürften die Schwankungen in den nächsten Jahren hoch bleiben – getrieben sowohl von fundamentalen Nachrichten (Fördermengen, technologische Durchbrüche, geldpolitische Entscheidungen) als auch vom Anlegerverhalten. Eine »neue Normalität« könnte ein höheres Preisniveau sein, falls die beschriebenen strukturellen Kräfte greifen.

Für eine seriöse Prognose sind diese Aspekte abzuwägen. Ein mögliches Basisszenario sieht so aus: Der Silberpreis zeigt sich kurzfristig volatil, pendelt aber tendenziell aufwärts, getragen von solider Industrienachfrage und einer leichten Entspannung der Zinssituation. Langfristig weisen die Zeichen aufgrund von

Knappheitstendenzen und der erhöhten Nachfrage durch neue Technologien nach oben.

Dennoch sollten Sie als Privatanleger Szenarienplanung betreiben: Auch Seitwärtsmärkte über mehrere Jahre sind denkbar, falls zum Beispiel konjunkturelle Schwächen die industrielle Nachfrage dämpfen oder wenn enorme überirdische Bestände doch auf den Markt kommen. Ebenso könnte ein unerwarteter Technologiesprung (Substitution von Silber bei gewissen Anwendungen) den Bedarf drücken. Wahrscheinlicher jedoch erscheinen aus heutiger Sicht die Chancen auf höhere Preise angesichts der beschriebenen Angebots-Nachfrage-Konstellation. Wer vom »Silberboom« profitieren will, sollte diese strukturellen Trends im Auge behalten und geduldig bleiben. Silber ist bekanntermaßen ein »langsamer Anlauf«, belohnt aber plötzliche Durchbrüche oft umso heftiger.

Die Gold-Silber-Ratio: historischer Kontext und aktuelle Relevanz

Ein oft diskutierter Indikator im Edelmetallbereich ist die Gold-Silber-Ratio – das Verhältnis des Goldpreises zum Silberpreis. Diese Kennzahl gibt an, wie viele Feinunzen Silber dem Wert einer Unze Gold entsprechen. Beispielsweise bedeutet eine Ratio von 80 : 1, dass man für den Preis einer Feinunze Gold 80 Feinunzen Silber bekommt. Die Gold-Silber-Ratio ist nicht nur eine aktuelle Rechengröße, sondern hat tiefe historische Wurzeln. Sie wird häufig von Anlegern zur Bewertung der relativen Attraktivität beider Metalle herangezogen.

Zur historischen Bedeutung: Über Jahrhunderte war das Wertverhältnis von Gold zu Silber oft staatlich festgelegt, da beide

Metalle parallel als Geld dienten (Bimetallismus). Ein berühmtes Beispiel ist der Coinage Act von 1792 in den USA. Er setzte das Verhältnis auf 15:1 fest – 15 Pfund Silber sollten den Wert von 1 Pfund Gold entsprechen.[153] In Frankreich galt Anfang des 19. Jahrhunderts eine ähnliche Ratio von 15,5:1. Diese Fixierung führte dazu, dass jeweils das niedriger bewertete Metall (gemäß seinem Marktpreis) aus dem Umlauf verschwand – ein Phänomen, das Greshamsches Gesetz genannt wird. Im 19. Jahrhundert geriet der Bimetallismus unter Druck, als große Silberfunde (zum Beispiel in Nevada) zu einem Verfall des Silberpreises führten und viele Länder zum reinen Goldstandard wechselten. Sobald Silber frei am Markt gehandelt wurde, schwankte die Gold-Silber-Ratio deutlich: Im späten 19. Jahrhundert stieg sie von rund 15:1 auf über 30:1, weil Silber an Wert verlor. Im 20. Jahrhundert – vor allem, nachdem Silber seine Funktion als Währung komplett eingebüßt hatte – pendelte die Gold-Silber-Ratio größtenteils in höheren Bereichen. Extremwerte wurden im Verlauf von Krisen erreicht: Während der Großen Depression in den 1930er-Jahren schoss die Ratio auf etwa 100:1, weil Silber im Preis einbrach.[154] Ein anderes historisches Extrem trat im Jahr 1940 auf, als staatliche Stützungskäufe für Silber endeten und die Ratio zeitweise über 100 stieg. Damit war Silber im Vergleich zu Gold so billig wie nie zuvor (Gold wurde von den Zentralbanken hoch bewertet, Silber dagegen als Überschuss gesehen).

Aktuell ist folgende Entwicklung zu beobachten: In den letzten Jahrzehnten schwankte die Gold-Silber-Ratio im Schnitt grob zwischen 50:1 und 80:1. Auffällig ist, dass in Silber-Bullenmärkten die Ratio fällt (weil Silber prozentual stärker steigt als Gold) und dass sie in Bärenmärkten steigt (der Silberpreis fällt auch stärker). Zwei Beispiele: Zum Höhepunkt der Silberhausse im Januar

1980 sank die Ratio bis auf rund 17:1. Gold lag etwa bei 850 US-Dollar, Silber bei rund 50 Dollar pro Feinunze. Silber war damals im Verhältnis so teuer wie seit dem 19. Jahrhundert nicht mehr.

Umgekehrt erreichte die Ratio in der jüngeren Vergangenheit neue Rekordstände: Im März 2020, während des Corona-Crashs, stieg sie kurzzeitig auf über 120:1, ein Allzeithoch in der neueren Geschichte.[155] Gold war also über 120-mal so teuer wie Silber. Dieser Wert spiegelte die extreme Panik wider – Silber fiel stärker, während Gold als Krisenmetall sogar moderat anstieg, wodurch die Schere sich weiter öffnete. Nach Beruhigung des Marktes normalisierte sich das Verhältnis wieder; Ende 2020 lag es bei etwa 75:1, und aktuell (Frühjahr 2025) bewegt es sich um 80:1. Das bedeutet, die Feinunze Gold ist etwa 80-mal teurer als die Feinunze Silber.

Welche Relevanz hat das für Anleger? Die Gold-Silber-Ratio wird häufig als Bewertungsindikator herangezogen, um relative Über- oder Unterbewertungen zu erkennen. Dahinter steckt folgende Grundidee: Wenn die Ratio extrem hoch ist, könnte Silber im Vergleich zu Gold unterbewertet sein. Das lässt erwarten, dass sich das Verhältnis irgendwann wieder in Richtung des historischen Mittels verringert (also Silber im Preis relativ zu Gold aufholt).[156] Umgekehrt kann eine sehr niedrige Gold-Silber-Ratio darauf hindeuten, dass Silber relativ teuer ist und eventuell eine Phase bevorsteht, in der Gold stärker performt oder Silber korrigiert.

Erfahrene Marktbeobachter nennen oft grobe Faustzahlen: Eine Ratio über 80 gilt vielen als Kaufsignal für Silber gegenüber Gold, während eine Ratio unter 40 als eher heiß für Silber angesehen wird. Tatsächlich verfolgen einige Investoren eine Ratio-Trading-Strategie: Sie schichten zwischen Gold und Silber um, je nachdem, welches Metall im Vergleich gerade günstig erscheint. Beispielsweise tauschten Anleger, die 2020 beim Rekord von 120:1 Silber kauften statt Gold, später in der Erholung bei Ratio 70:1 teilweise zurück in Gold und konnten auf diese Weise ihre Goldposition deutlich vermehren. Solche Trades erfordern jedoch Timing-Genauigkeit und ein Verständnis für das, was den Markt antreibt.

Allerdings ist zu beachten, dass es keinen Naturgesetz-Wert für die Gold-Silber-Ratio gibt. In der Erdkruste kommt Silber zwar etwa 17-mal häufiger vor als Gold, doch Angebot und Nachfrage am Markt sowie die unterschiedlichen Rollen der Metalle (industriell versus monetär) bestimmen das Verhältnis. In modernen Fiatgeld-Zeiten gibt es keine feste Anbindung mehr, sodass die Ratio frei nach oben und unten schwankt. Langfristig ist ein Trend zu beobachten: Die durchschnittliche Gold-Silber-Ratio im 20. Jahrhundert lag höher als in früheren Jahrhunderten (weil Silber an monetärer Bedeutung verloren hat). Dennoch pendelte sie in den letzten 50 Jahren meistens im zweistelligen Bereich. Ein Aspekt der heutigen Relevanz: Sollte Silber wieder verstärkt als Investment nachgefragt werden (zum Beispiel bei einem Vertrauensverlust der bestehenden Währungen), hat die Ratio durchaus Spielraum, deutlich zu fallen – wie in früheren Silber-Bullenmärkten gesehen. Andererseits, falls Silber primär als Industriemetall gesehen wird und zum Beispiel eine Rezession eintritt, könnte Gold davonziehen und die Ratio nochmals hochschießen lassen.

Für Privatanleger kann die Gold-Silber-Ratio ein nützlicher Anhaltspunkt bei der Frage sein, wann ein Umsteigen von Gold zu Silber und umgekehrt lohnenswert sein könnte. Wer bereits sowohl Gold als auch Silber hält, kann bei extremen Ratio-Ständen darüber nachdenken, das eine Edelmetall gegen das andere einzutauschen. Beispielsweise erwiesen sich Phasen mit einer Gold-

Silber-Ratio von 80 bis 100 in der Vergangenheit oft als gute Zeitpunkte, um die Goldbestände zugunsten von Silber zu reduzieren.[157] Umgekehrt könnte bei einer sehr niedriger Ratio (von zum Beispiel weniger als 20:1, wie 1980) eher Gold wieder interessanter werden.

Wichtig ist jedoch, die Gold-Silber-Ratio nie isoliert zu betrachten: Sie ist ein Symptom der jeweiligen Marktphase. Aktuell etwa spiegelt die hohe Ratio die Zurückhaltung vieler Investoren gegenüber Silber und seine zyklische Schwäche seit dem Jahr 2011 wider. Sollten die in diesem Kapitel genannten strukturellen Trends (Angebotsverknappung, industrielle Nachfrage) zum Tragen kommen, könnte Silber gegenüber Gold aufholen und die Gold-Silber-Ratio würde sinken. Historisch lag sie in solchen Phasen deutlich niedriger als heute – einige Experten verweisen gerne auf das klassische 15:1 aus bimetallischen Zeiten; doch das dürfte in der modernen Finanzwelt ein sehr ambitionierter Wert sein. Gleichwohl: Eine Halbierung der Ratio von 80 auf 40 (wie zuletzt 2011 geschehen) würde bei konstantem Goldpreis eine Verdoppelung des Silberpreises bedeuten.

In Summe bietet die Gold-Silber-Ratio einen schnellen Überblick, wie Silber relativ zu Gold bewertet ist. Ihre historische Spannbreite mahnt zur Demut – Werte von 15 bis über 100 zeigen, dass starre Regeln Probleme mit sich bringen. Für die strategische Allokation im Edelmetallportfolio kann die Gold-Silber-Ratio dennoch hilfreich sein. Wer langfristig von Silber überzeugt ist, sieht in einer hohen Ratio ein Argument zum Nachkaufen. Wer eher auf einen Werterhalt durch Gold setzt, beobachtet kritisch, wenn Silber deutlich besser oder schlechter läuft als Gold.

Letztlich unterstreicht die Gold-Silber-Ratio nur, was ohnehin aus den vorherigen Abschnitten klar wird: Silber ist das volatilere, spekulativere Metall. Gold und Silber mögen korrelieren, aber das Verhältnis schwankt – und darin liegen Risiken und Chancen zugleich. Als Privatanleger kann man die Ratio im Auge behalten, sollte aber Anlageentscheidungen immer auf eine breitere Basis stellen (fundamentale Entwicklung beider Märkte, Anlageziel, Risikobereitschaft). Ein gut diversifiziertes Edelmetallportfolio nutzt beide Metalle – und die Gold-Silber-Ratio kann dabei helfen, es ausgewogen zu steuern.

KAPITEL 7

Aktuelle Treiber des Silberbooms

Silber erlebt in jüngster Zeit einen bemerkenswerten Aufschwung. Angetrieben durch neue technologische Anwendungen, ein angespanntes Angebots-Nachfrage-Verhältnis und die Suche vieler Anleger nach sicheren Häfen im Angesicht von wirtschaftlichen Unsicherheiten befindet sich das Metall in einem regelrechten Silberboom.

In diesem Kapitel beleuchten wir die bereits angesprochenen aktuellen Treiber dieser Entwicklung und belegen die gestiegene Nachfrage mit Zahlen – von der rasant steigenden industriellen Nachfrage (etwa aus Photovoltaik und E-Mobilität) über strukturelle Angebotsdefizite und geopolitische Faktoren bis hin zu geldpolitischen Einflüssen und der Rolle der Investorennachfrage. All diese fundamentalen Faktoren tragen dazu bei, dass Silber sowohl als Industriemetall wie auch als Anlageklasse an Glanz gewinnt.

Technologische Nachfrage: Photovoltaik, E-Mobilität und Industrie

Ein wesentlicher Motor des aktuellen Silberbooms ist die beispiellose Zunahme der technologiebedingten industriellen Nachfrage. Silber ist aufgrund seiner hervorragenden elektrischen Leitfähigkeit, Korrosionsbeständigkeit und thermischen Eigenschaften ein unverzichtbarer Bestandteil vieler moderner Anwendungen – von Solarzellen über Elektroautos bis zur Elektronik. Vor allem die globale Energiewende und Digitalisierung haben neue Märkte für Silber geschaffen und die industrielle Nachfrage auf Rekordniveau getrieben.

a) Photovoltaik als Nachfragetreiber

Am eindrucksvollsten zeigt sich der Trend im Solarsektor. Allein 2023 benötigte die Photovoltaik-Industrie weltweit rund 193,5 Millionen Unzen Silber, ein Anstieg um 64 Prozent gegenüber dem Vorjahr. Damit entfielen in jenem Jahr gut 16 Prozent der gesamten Silbernachfrage auf Solarmodule – 2014 lag dieser Anteil noch unter 5 Prozent.[158] Die World Silver Survey 2024 prognostiziert für 2024 einen weiteren Anstieg der PV-Nachfrage um circa 20 Prozent auf 232 Millionen Unzen Silber.[159] Getrieben wird dieser Nachfrageschub durch den boomenden Ausbau der Solarstromkapazitäten weltweit sowie neue, effizienzsteigernde Zelltechnologien, die teils sogar mehr Silber pro Solarzelle erfordern. Langfristig dürfte dieser Trend anhalten – Schätzungen der Internationalen Energieagentur (IEA) zufolge könnten Solaranlagen bis 2030 über 30 Prozent der weltweiten Silbernachfrage ausmachen (gegenüber etwa 10 Prozent im Jahr 2024).[160] Silber hat sich damit endgültig vom Nebenmetall zum Schlüsselrohstoff der Energiewende entwickelt.

b) Silber in Elektrofahrzeugen

Auch die Elektromobilität treibt die Silbernachfrage in neue Höhen. Moderne Fahrzeuge – ob Verbrenner, Hybrid oder vollelektrisch – enthalten zahlreiche elektronische Steuer- und Assistenzsysteme, die auf Silberkontakte setzen (etwa in Bordelektronik, Sensoren, Schaltsystemen und Ladesystemen). Im Durchschnitt enthält bereits ein herkömmlicher Pkw 15 bis 28 Gramm Silber, bei Hybridfahrzeugen sind es rund 18 bis 34 Gramm und in reinen Batterie-Elektroautos sogar etwa 25 bis 50 Gramm Silber pro Fahrzeug. Diese überlegene Nutzung entsteht, weil Silber unter den Leitmaterialien die höchste elektrische Leitfähigkeit aufweist und auch bei Hitze und Feuchtigkeit äußerst korrosionsbeständig ist – ideal für die anspruchsvollen Anforderungen in einem Fahrzeug. Branchenanalysen gehen davon aus, dass die globale Automobilindustrie bis 2025 nahezu 90 Millionen Unzen Silber pro Jahr absorbieren wird. Damit würde der Silberverbrauch in Autos in wenigen Jahren zur Größenordnung des Solarsektors aufschließen, der 2021 zum Vergleich etwa 98 Millionen Unzen benötigte.[161] Die rasante Elektrifizierung des Verkehrs – vom privaten E-Auto bis zu E-Bussen – etabliert somit einen weiteren dauerhaften Nachfragepfeiler für Silber.

d) Breitgefächerte industrielle Nutzung

Über Solar und Autos hinaus bleibt Silber unverzichtbar in zahlreichen High-Tech-Industrien. In der Elektronik und Elektrotechnik wird es in Leiterbahnen, Lötlegierungen und Kontakten verbaut; die Halbleiterindustrie nutzt silberhaltige Verbindungen, und auch in der 5G-Kommunikationstechnologie sowie in Rechenzentren (insbesondere für Cloud- und KI-Infrastruktur-Lösungen) kommt Silber in Bauteilen mit hoher Leitfähigkeit zum Einsatz.[162] Selbst Spezialanwendungen wie medizinische Technik (antibakterielle Beschichtungen) oder Wasseraufbereitung (silberhaltige Filter) tragen zum Verbrauch bei.[163] Insgesamt stieg die industrielle Nachfrage nach Silber 2023 auf einen neuen Rekordwert von 654,4 Millionen Unzen, was etwa 60 Prozent der Gesamtnachfrage entspricht. Dieser industrielle Anteil am Silberverbrauch hat in den vergangenen Jahren stetig zugenommen und verdeutlicht die Doppelrolle des Metalls: Silber ist sowohl ein Edelmetall mit monetärer Tradition als auch ein gefragter Hochtechnologie-Rohstoff. Die technologische Nachfrage bildet somit das fundamentale Rückgrat des aktuellen Silberbooms und dürfte dank grüner Technologien und fortschreitender Digitalisierung weiter wachsen.[164]

Angebotsdefizite und Limitierungen auf der Angebotsseite

Parallel zur wachsenden Nachfrage ist die Angebotsseite des Silbermarktes angespannt. In den letzten Jahren konnte die globale Förderung mit dem Verbrauch kaum Schritt halten, was zu strukturellen Defiziten geführt hat. Mehrere Faktoren tragen zu dieser Knappheit bei: die Stagnation der Minenproduktion, begrenzte Recycling-Mengen und fehlende strategische Reserven.

Stagnierende Minenproduktion: Die weltweite Silberminenförderung erreichte Mitte der 2010er-Jahre ihren Höhepunkt und zeigt seither nur noch wenig Wachstum. Im Jahr 2022 wurden global rund 822 Millionen Unzen Silber aus Minen gewonnen, was einem leichten Rückgang gegenüber dem Vorjahr entsprach.[165] Im Jahr 2023 sank die Produktion nochmals um etwa 1 Prozent auf 830,5 Millionen Unzen.[166] Für 2024 weist der World Silver Survey einen Output von 819,7 Millionen Unzen aus, was lediglich einem marginalen Anstieg von rund 0,9 Prozent gegenüber dem Vorjahr entspricht.

Diese Stagnation ist bemerkenswert, da die Nachfrage gleichzeitig stark gestiegen ist. Ursachen liegen vor allem in ausgebeuteten Lagerstätten und fehlenden Neuentdeckungen. Viele der größten Silberminen fördern bereits am Limit, während die Projektpipeline für neue Vorkommen immer dünner wird. Hinzu kommen hohe Energiekosten, die nahezu die Hälfte der Förderkosten ausmachen, sowie ein spürbarer Fachkräftemangel. Erschwerend wirkt zudem die Tatsache, dass rund 70 Prozent des Silbers nicht aus primären Silberminen stammen, sondern als Nebenprodukt der Förderung anderer Metalle wie Zink, Blei oder Kupfer anfallen.[167] Wenn in diesen Bereichen die Erzgehalte sinken oder politische und konjunkturelle Faktoren die Produktion bremsen, geht automatisch auch die Silberförderung zurück. So war der Rückgang 2022 im Wesentlichen auf geringere Silberbeimengungen in Buntmetallminen in China und Peru zurückzuführen, während primäre Silberminen ihre Ausbeute kaum steigern konnten – lediglich um etwa 0,1 Prozent.[168]

Kurz gesagt: Die Silberförderung stößt an geologische und infrastrukturelle Grenzen. Praktisch alle großen Bergwerke arbeiten bereits nahe ihrer Kapazitätsgrenze, und neue Großminen sind kaum in Sicht. Branchenanalysten warnen deshalb, dass das Angebot auf absehbare Zeit strikt limitiert bleibt.

Begrenztes Recycling: Recycling trägt zwar zur Silberversorgung bei, doch nur in begrenztem Umfang. 2022 wurden etwa 176,9 Millionen Unzen Silber aus Altmaterial zurückgewonnen, und 2023 war das Recyclingvolumen mit 178,6 Millionen Unzen nur minimal höher. Das deckt lediglich rund 18 Prozent des weltweiten Silberangebots ab – der höchste Wert seit einem Jahrzehnt, aber bei weitem nicht ausreichend, um die steigende Nachfrage zu kompensieren. Zusätzlich stützen sich andere Quellen auf eine Recyclingspanne von 150 bis 200 Millionen Unzen pro Jahr, was einem Anteil von 15 bis 20 Prozent entspricht.[169]

Ein Großteil des recycelten Silbers stammt aus Industrieabfällen, insbesondere aus der Rückgewinnung von Abgas-Katalysatoren, während der Beitrag von Alt-Schmuck oder -Silberwaren vergleichsweise gering ist.[170]

Die begrenzte Recyclingleistung hat strukturelle Gründe: In vielen modernen Anwendungen wird Silber nur in winziger, verarbeiteter Form eingesetzt – etwa als hauchdünne Folie in Elektronik, in Solarzellen oder als Legierungsbestandteil. Diese zerstreuten Einsätze machen eine ökonomisch vertretbare Rückgewinnung am Lebensende nahezu unmöglich. Viel Silber bleibt in schwer extrahierbaren Verbundstoffen stecken und landet letztlich auf Deponien.[171]

Zwar schaffen steigende Silberpreise einen gewissen Anreiz für das Recycling, dennoch betonen Experten, dass ein Großteil der oberirdischen Silberbestände – sei es in langlebigen Industriegütern oder gehortetem Silber – dem Markt selbst bei hohen Preisen nicht sofort zur Verfügung steht.[172] Recycling kann das Angebotsdefizit also bestenfalls partiell abmildern, aber keinesfalls vollständig ausgleichen.

Angebotsdefizite und ihre Folgen: Seit 2021 übersteigt die Silbernachfrage das Angebot deutlich – ein anhaltendes physisches Defizit prägt den Markt. Im Jahr 2022 erreichte das Defizit einen Rekordwert von etwa 237 bis 238 Millionen Unzen Silber – die größte Fehlmenge seit Jahrzehnten.[173] Für 2023 setzte sich der Trend fort, mit einem Defizit von rund 184 Millionen Unzen – dem dritten Jahr in Folge.[174] Prognosen für 2024 erwarten erneut eine erhebliche Unterversorgung: Das Defizit dürfte sich im Bereich 200 bis 250 Millionen Unzen bewegen, womit es zu den höchsten jemals verzeichneten Fehlmengen zählen würde.[175] Solche Lücken konnten zuletzt nur durch das Abschmelzen vorhandener Lagerbestände überbrückt werden.[176]

Die frei verfügbaren Silbervorräte an den großen Handelsplätzen, insbesondere im London Bullion Market (LBMA), sind deutlich rückläufig: Der Vorrat fiel von seinem Höchststand Mitte 2021 (circa 1,18 Milliarden Unzen) bis Ende 2023 um nahezu 27 Prozent auf etwa 856 Millionen Unzen.[177] Allein im ersten Quartal 2024 kam es zu einem weiteren Rückgang von rund 4 Prozent.

Diese erheblichen Bestandsabbauten belegen, wie stark in den letzten Jahren auf die Pufferreserven zurückgegriffen wurde – ein strukturelles Angebotsdefizit ist damit Realität geworden. Die Knappheit am physischen Markt kann bei Nachfragespitzen rasch zu explodierenden Preisen führen, da nur begrenzt Silber aus Vorräten nachgeliefert werden kann. Bereits Anfang 2021 zeigte der »Silver Squeeze«, ausgelöst durch Reddit-Aktivitäten, wie empfindlich der Markt auf plötzliche Nachfrage-Impulse reagieren kann.[178]

Zusammengefasst: Die stagnierende Förderung, das begrenzte Recycling und die schrumpfenden Lagerbestände verstärken das Missverhältnis zwischen Angebot und Nachfrage – und bilden das fundamentale Rückgrat des aktuellen Silberbooms.

Strategische Reserven und geopolitische Faktoren

Neben den quantitativen Angebots- und Nachfrageentwicklungen spielen auch strategische und geopolitische Faktoren eine Rolle beim Silberboom. Dabei geht es sowohl um die Frage, wer Silber vorhält (oder eben nicht vorhält), als auch darum, wie politische Entscheidungen die Verfügbarkeit und Attraktivität des Edelmetalls beeinflussen.

Fehlende strategische Silberreserven: Im Gegensatz zu Gold wird Silber heutzutage kaum noch von Staaten als Währungs- oder Reservemetall gehalten. Historisch besaßen Regierungen große Silberbestände (etwa zur Münzprägung oder als Teil der Währungsdeckung), doch seit der Abkehr vom Silberstandard im 20. Jahrhundert haben Zentralbanken ihre Silbervorräte weitgehend aufgegeben. Es existieren aktuell auf Seiten irgendwelcher Staaten keine nennenswerten strategischen Silberlager , die im Bedarfsfall zur Stabilisierung des Marktes freigegeben werden könnten – anders als beispielsweise bei strategischen Ölreserven. Die größten oberirdischen Silbervorkommen liegen heute in privater Hand – in Form von Anlagesilber (Barren, Münzen) oder als Schmuck und Silberwaren. Diese Bestände werden jedoch überwiegend gehortet und gelten als »essentially unavailable to the market regardless of price« – sie kommen also selbst bei hohen Preisen kaum auf den Markt. Die Konsequenz: Wenn die Nachfrage steigt oder Lieferengpässe auftreten, kann nicht einfach auf prall gefüllte staatliche Lager zurückgegriffen werden. Silber besitzt zwar durch seine industrielle Bedeutung quasi eine strategische Relevanz, wird aber mangels offizieller Vorratshaltung zu einem engen Markt, der vollständig von der aktuellen Minenproduktion und vom Recycling abhängt. Diese Situation unterstreicht, wie verletzlich das Angebot auf Störungen reagiert, und zeigt, welch besonderen Status das Silber einnimmt: Es ist gleichzeitig ein Rohstoff der Hochtechnologie und ein Edelmetall ohne staatlichen »Sicherungsanker«.

Geopolitische Einflüsse auf das Angebot: Politische und geopolitische Entwicklungen können das Silberangebot spürbar beeinflussen. Die geografische Konzentration der Minenproduktion stellt hierbei ein Risiko dar: Rund die Hälfte der weltweiten Förderung stammt aus nur vier Ländern – Mexiko, China, Peru und Chile.[179] Politische Unruhen oder Regulierungsänderungen in diesen Schlüsselstaaten können die globale Versorgung schnell beeinträchtigen. Ein Beispiel ist Peru, lange der zweitgrößte Silberproduzent: Dort führten 2022 soziale Unruhen, Proteste und Minenschließungen zu einem erheblichen Förderausfall (ein Minus von circa 8,5 Millionen Unzen gegenüber dem Vorjahr).[180]

Ein anderes Beispiel ist Mexiko, der weltgrößte Silberlieferant. 2019 drohten Handelsstreitigkeiten – etwa die im Raum stehenden US-Zölle auf mexikanische Exporte – indirekt die Silberversorgung zu belasten.[181] Zwar wurden diese Zölle letztlich nicht umgesetzt, doch solche geopolitischen Spannungen schaffen Unsicherheit und können Investitionen in die Mineninfrastruktur bremsen. Hinzu kommt: Mit Beginn seiner zweiten Amtszeit ab 2025 erneuerte US-Präsident Donald Trump erneut die Drohung mit umfangreichen Importzöllen, darunter ein pauschaler Satz von 25 Prozent auf Importe aus Mexiko (mit temporärem Ausnahmeregelwerk für USMCA-konforme Produkte) – eine Entwicklung, die potenziell auch die Rohstoffversorgung über die bestehende Unsicherheit hinaus gefährdet.[182]

In manchen Ländern gibt es zudem Tendenzen, Rohstoffexporte stärker zu kontrollieren oder zu besteuern (resource nationalism).[183] Solche Maßnahmen könnten in Zukunft dazu führen, dass weniger Silber auf den Weltmarkt gelangt, weil Förderländer ihre Ressourcen schonen oder bevorzugt heimische Industrien beliefern wollen.

Auch globale Handelsrouten und Logistikketten spielen eine Rolle: Silber wird oft über weite Distanzen transportiert (Erzkonzentrate, Barren, Industrieprodukte). Konflikte und Sanktionen – etwa die Spannungen zwischen West und Ost – könnten jederzeit die Lieferströme beeinflussen, wenngleich Silber bislang nicht im Fokus großer Handelsbeschränkungen stand.[184]

Geopolitische Einflüsse auf die Nachfrage: Auf der Nachfrageseite wirken geopolitische Faktoren vor allem über die Stimmung der Anleger. In Zeiten internationaler Krisen oder erhöhter Unsicherheit suchen Investoren verstärkt nach sicheren Häfen – klassische Fluchtwerte sind hierbei neben Gold auch andere Edelmetalle einschließlich Silber.[185] Ein prägnantes Beispiel war der russische Angriff auf die Ukraine 2022, der weltweit zu einem Anstieg des Interesses an physischen Edelmetallen führte, da die Sorge vor Eskalationen, Sanktionen und wirtschaftlichen Verwerfungen zunahm.[186]

Silber profitiert in solchen Phasen häufig im Fahrwasser von Gold, da es als »kleiner Bruder des Goldes« ähnliche Schutzeigenschaften bietet, preislich jedoch niedriger und leichter zugänglich ist.[187] Gleichzeitig besitzt Silber durch seine industrielle Komponente ein eigenes geopolitisches Moment: Die Nachfragepolitik großer Volkswirtschaften beeinflusst den Markt direkt. So fördern China und die Europäische Union massiv erneuerbare Energien und Elektromobilität – mit dem Effekt, dass ihre industriepolitischen Entscheidungen (zum Beispiel Förderprogramme für Solarausbau oder Elektroauto-Quoten) den Silberverbrauch indirekt, aber spürbar erhöhen. Sollte ein Land seine Energiewende-Pläne beschleunigen, steigt der Silberbedarf; umgekehrt dämpfen Rückschritte bei Klimaschutz-Initiativen kurzfristig die Nachfragedynamik. Aktuell deutet jedoch wenig auf eine Abschwächung hin – vielmehr betrachten Regierungen silberintensive Technologien als strategisch wünschenswert.[188]

In Summe verleihen geopolitische Entwicklungen dem Silbermarkt eine zusätzliche Spannung: Einerseits können Angebotsrisiken durch Politik in Förderländern die Knappheit verschärfen, andererseits fördern globale Unsicherheiten die Wahrnehmung von Silber als Absicherungsinstrument. Diese Gemengelage trägt dazu bei, dass Silber strategisch interessant bleibt.

Geldpolitik, Inflation und makroökonomische Unsicherheiten

Die geld- und wirtschaftspolitischen Rahmenbedingungen sind ein weiterer maßgeblicher Faktor für den aktuellen Silberboom. Edelmetalle reagieren sensibel auf Inflation, Zinsniveau und allgemeine Marktunsicherheit. In den vergangenen Jahren haben beispiellose geldpolitische Maßnahmen und konjunkturelle Schwankungen das Interesse an Silber als Anlage kräftig beeinflusst.

Inflation und reale Zinsen: In Zeiten hoher Inflation steigt traditionell das Interesse an Edelmetallen als Wertschutz. Dieser Zusammenhang zeigte sich deutlich nach der COVID-19-Pandemie: Die expansive Geldpolitik – darunter massive Anleihekäufe und Niedrigzinsen – führten zu einem sprunghaften Anstieg der Geldmengen. In der Folge kletterte die Inflation 2021/22 in vielen Volkswirtschaften auf ihren höchsten Stand seit Jahrzehnten.[189] Silber, ebenso wie Gold, profitierte hiervon als Sachwert und Inflationshedge. Von 2020 bis 2022 stieg der Silberpreis in Wellen deutlich an und übertraf zeitweise die Marke von 25 US-Dollar pro Feinunze, begünstigt durch die negative Realverzinsung (Zinsen abzüglich der Inflation) und eine wachsende Zahl von Investoren, die in physische Werte umschichteten.[190] Im Jahr 2024 – nach zwei Jahren erhöhter Inflation – notierte Silber auf Mehrjahreshoch; in den ersten neun Monaten 2024 legte der Preis in US-Dollar um rund 27 Prozent zu (in Euro umgerechnet sogar über 34 Prozent).[191]

Diese Entwicklung verdeutlicht, wie stark das Edelmetall von inflationsgetriebenen Käufen profitieren kann. Umgekehrt wirken sich steigende Leitzinsen dämpfend auf den Silberpreis aus. 2022, als die US-Notenbank und andere Zentralbanken im Kampf gegen die Inflation aggressiv die Zinsen anhoben, geriet der zuvor heißgelaufene Edelmetallmarkt zeitweise unter Druck. Höhere Zinsen erhöhen die Attraktivität zinsbringender Anlagen (wie Anleihen) im Vergleich zu zinslosen Edelmetallen, was dort zu Kapitalabflüssen führen kann.[192]

Tatsächlich kam es 2022 zu einer erheblichen Abkühlung der Investmentnachfrage bei Silber: Einige Anleger verkauften Teile ihrer Bestände, und insbesondere Silber-ETCs verzeichneten Nettoabflüsse (siehe Abschnitt Investorennachfrage). Allerdings blieb der Preisrückgang moderat und kurzlebig, da die fundamentalen Kräfte – allen voran das Angebotsdefizit und die industrielle Nachfrage – weiterhin stützend wirkten. Insgesamt bleibt der Einfluss der Geldpolitik ein zweischneidiges Schwert: Eine zu restriktive Haltung kann Edelmetalle temporär belasten. Doch zeigt die Erfahrung, dass anhaltende Inflation und negative Realzinsen dem Silberpreis nachhaltig Auftrieb geben, weil sie die Flucht in Sachwerte begünstigen.

Makroökonomische und systemische Unsicherheiten: Über die Zinspolitik hinaus sind es die allgemeinen wirtschaftlichen und politischen Risiken, die Silber als eine Art Versicherung attraktiv machen. Geopolitische Spannungen, Finanzkrisen oder Rezessionsängste führen oft zu einem erhöhten Sicherheitsbedürfnis bei Investoren. In solchen Phasen suchen Anleger traditionelle Safe-Haven-Assets – primär Gold, aber auch Silber rückt dabei ins Blickfeld. Silber bietet als physischer Vermögenswert Schutz vor Extremereignissen, die das Vertrauen in Währungen oder Finanzsysteme erschüttern könnten.

In den letzten Jahren traten gleich mehrere Unsicherheitsfaktoren auf: von Pandemie-Folgen über kriegerische Konflikte bis hin zu historischen Staatsverschuldungen. Die gestiegene Fragilität des geopolitischen Umfelds und die unsichere Fiskalpolitik mancher Staaten erhöhen laut Analysten die Attraktivität von Silber. Investoren schätzen es, um sich gegen Währungsabwertung und systemische Krisen abzusichern. So konstatiert ein Bericht des Silver Institute, dass Silber eine verlässliche Absicherung gegen Inflation, Währungsabwertung und finanzielle Instabilität darstellt.

Hinzu kommt die relativ geringe Korrelation des Silbers mit traditionellen Anlageklassen wie Aktien und Anleihen, wodurch es sich zur Diversifikation in Anlegerportfolios eignet. Diese Eigenschaften werden insbesondere von langfristig orientierten Investoren geschätzt, die sich auf mögliche Extremszenarien vorbereiten wollen.

Ein Beispiel für die Krisenrolle des Silbers zeigte sich im März 2023, als Turbulenzen im Bankensektor (unter anderem der Kollaps der Silicon Valley Bank) nicht nur dem Gold, sondern auch dem Silber Kursgewinne bescherten – trotz zuvor steigender Zinsen.[193] Auch wenn Silber im Vergleich zu Gold stärkeren Schwankungen unterliegt und in Panikphasen kurzzeitig mit riskanten Anlagen fallen kann, so folgt meist eine rasche Erholung, sobald sich die Lage stabilisiert und die Anleger den fundamental unterversorgten Markt neu bewerten.

Kurz gesagt: Makroökonomische Unsicherheit fungiert als Preiskatalysator für Silber, indem sie die monetäre Seite seines Doppelcharakters (Industriegut und Wertspeicher) in den Vordergrund rückt. Solange Faktoren wie hohe Inflation, Währungsturbulenzen oder Rezessionssorgen präsent sind, bleibt die hohe Nachfrage durch Anleger ein wesentlicher Treiber des Silberbooms.

Investorennachfrage: ETCs, physisches Silber und die Rolle der Zentralbanken

Der fünfte maßgebliche Treiber des Silberbooms ist die Investitionsnachfrage. Neben der industriellen Nutzung wird ein bedeutender Teil des jährlichen Silberangebots von Anlegern in Form von Barren, Münzen oder Exchange Traded Commodities (ETCs) absorbiert. Diese Anlagennachfrage unterliegt mitunter starken Schwankungen, hat aber in den letzten Jahren tendenziell zugenommen. Gestützt von inflationären Tendenzen, Internet-Trends und neuen Anlagevehikeln, erreichte die physische Nachfrage zeitweise Rekordwerte. Wir betrachten im Folgenden die wichtigsten Akteure und Entwicklungen: private Investoren (Barren und Münzen), institutionelle Anleger über ETCs sowie – in historischer Abgrenzung – die Zentralbanken.

Rekordnachfrage nach Barren und Münzen: Immer mehr Privatanleger setzen auf physisches Silber als Investment und Wertaufbewahrung. Gerade in Zeiten niedriger Zinsen und wachsender Unsicherheit ziehen viele die dingliche Sicherheit von Silberbarren oder -münzen vor. 2022 erreichte die weltweite Nachfrage nach Silbermünzen und -barren ein Allzeithoch: Laut World Silver Survey 2023 schoss die Investitionsnachfrage in diesem Jahr um 22 Prozent auf 332,9 Millionen Unzen in die Höhe. Treiber dieser Entwicklung waren vor allem Inflationsängste und die Furcht vor einer Entwertung von Papiergeld, die Anleger veranlassten, verstärkt in Sachwerte wie Silber zu flüchten. Regional stachen insbesondere die USA und Indien hervor – in den USA stieg der Absatz an Anlagesilber auf 134 Millionen Unzen (ein Fünf-Jahres-Hoch), in Indien verdreifachte sich die private Silbernachfrage nahezu gegenüber 2021.[194] Die enorme Nachfrage führte zeitweise zu Engpässen bei Münzprägeanstalten und zu hohen Aufgeldern auf beliebte Anlagemünzen (zum Beispiel American Silver Eagle, Maple Leaf), da das Angebot an prägefrischem Silber nicht mit dem Andrang Schritt hielt. Allerdings ist die Investitionsnachfrage volatil:

Nach dem Rekordjahr 2022 kühlte sich die Silbernachfrage 2023 merklich ab – insbesondere bedingt durch hohe Preise und einen zeitweise stärkeren US-Dollar, die viele Anleger dazu veranlassten, Gewinne mitzunehmen oder temporär von Käufen abzusehen. Im bedeutendsten Verbrauchermarkt Indien führte dies zu einem deutlichen Rückgang der physischen Nachfrage: Die Investitionen in Silber – insbesondere in Form von Schmuck, Silberwaren, Münzen und Barren – nahmen 2023 spürbar ab. Laut dem World Silver Survey 2024 fiel etwa die Schmuck- und Silberwarenfertigung in Indien deutlich, nachdem 2022 ein außerordentliches Lageraufbau-Jahr gewesen war.[195]

Trotz solcher Schwankungen bleibt das Niveau der physischen Silberinvestitionen historisch hoch. Viele Investoren halten an ihren Beständen fest, da sie Silber als langfristige Absicherung betrachten. Dieser gehaltene Bestand entzieht dem Markt effektiv Material und trägt damit indirekt zur Verknappung bei (wie im vorherigen Abschnitt erläutert). Insgesamt ist die rege private Nachfrage ein entscheidender Faktor, der den Silberpreis stützt und bei erneuten wirtschaftlichen Verwerfungen schnell wieder anspringen kann.

Die Rolle der ETFs und ETCs: Eine große strukturelle Veränderung am Silbermarkt in den letzten 15 Jahren war die Einführung von börsengehandelten Silberfonds und -zertifikaten (ETFs und ETCs), die durch physisches Silber gedeckt sind. Diese Anlageinstrumente haben den Zugang zu Silber für institutionelle Investoren und breite Anlegerkreise erheblich erleichtert. Große Produkte wie der iShares Silver Trust (SLV) oder Wisdom Tree Physical Silver ETC halten jeweils Millionen Unzen in Tresoren, stellvertretend für ihre Anteilsinhaber.[196] Durch ETFs und ETCs kann in sehr kurzer Zeit viel Kapital in Silber fließen – oder den Markt wieder verlassen. In der Boomphase 2020/2021 kam es zu rekordverdächtigen Zuflüssen: Weltweit stiegen die Bestände der Silber-ETFs beziehungsweise ETCs innerhalb weniger Monate um mehrere hundert Millionen Unzen.[197] Mitte 2021 erreichte die kumulierte gehaltene Menge in diesen Produkten ein Allzeithoch von rund 1,18 Milliarden Unzen Silber. Zum

Vergleich: Das entspricht fast der gesamten Nachfrage des Jahres 2022.[198] Diese Entwicklung bedeutete, dass die ETFs und ETCs einen immer größeren Teil der oberirdischen Silbervorräte absorbierten. Marktbeobachter stellten fest, dass das Verhältnis der LBMA-Lagerbestände zu den ETC-Beständen auf ein historisches Tief fiel – sprich, ein Großteil des verfügbaren Silbers lagerte in ETC-Tresoren, wodurch das frei handelbare Angebot abnahm. Im Februar 2021 sorgte der Hype um einen vermeintlichen »Silver Squeeze« in sozialen Medien für zusätzliche ETC-Käufe, die den Silberpreis kurzzeitig nach oben trieben und zeigten, welche Marktmacht gebündelte Investorengelder haben können.[199]

Die Kehrseite zeigte sich 2022: Steigende Zinsen und ein starker Dollar führten zu einer Abkühlung bei Edelmetall-ETFs. Silberfonds verzeichneten in diesem Jahr erstmals seit langer Zeit größere Abflüsse. Schätzungen zufolge reduzierten sich die globalen ETF-Bestände 2022 um netto 137 Millionen Unzen, gefolgt von weiteren 45 Millionen Unzen an Abflüssen im Jahr 2023.[200] Diese Verkäufe trugen dazu bei, den Preisanstieg von Silber zeitweise zu bremsen, da das freigesetzte Edelmetall wieder auf den Markt kam. Allerdings drehte die Stimmung Ende 2023 / Anfang 2024 erneut: Die Aussicht auf eine absehbare Zinspause beziehungsweise Zinssenkung durch die US-Notenbank und stark steigende Goldpreise lockten Anleger zurück in Silber-ETCs. Im März/April 2024 flossen innerhalb weniger Wochen rund 36 Millionen Unzen neu in Silber-ETCs, bevor Gewinnmitnahmen einsetzten.[201] Diese Volatilität zeigt die Hebelwirkung der ETCs: Binnen kurzer Zeit können sie Angebotsdefizite verstärken oder lindern. Wichtig zu beachten ist, dass ETCs physisch gedeckt sind – das heißt jeder Anteil repräsentiert eine bestimmte Menge an physischem Silber, das oft in zentralen Lagern (London, New York, Zürich) verwahrt wird. Wenn also ETC-Anleger plötzlich große Mengen kaufen, müssen diese Unzen real beschafft werden. In einem bereits knappen Markt könnte eine neue Welle starker ETC-Zuflüsse somit schnell an logistische Grenzen stoßen. Experten weisen darauf hin, dass mit den gesunkenen Lagerbeständen am Markt eine erneute Nachfragewelle »schwer zu bedienen« sei, was im Extremfall zu sprunghaften Preisausschlägen führen könnte.[202] Insgesamt haben ETCs die Investorenbasis verbreitert und Silber noch stärker als Investment-Asset etabliert – ihr Einfluss ist ein zentraler Bestandteil der heutigen Marktmechanik.

Zentralbanken und Silber: Im Kontext der Investorennachfrage stellen sich viele die Frage, ob Zentralbanken – wie bei Gold – eine Rolle im Silbermarkt spielen. Die Realität ist, dass Notenbanken heute kaum Silber halten oder erwerben. Historisch besaßen Zentralbanken erhebliche Silberbestände, doch seit dem Ende der Silberwährungen (zum Beispiel der Silberstandard des 19. Jahrhunderts oder die Silber-Zertifikate in den USA bis in die 1960er-Jahre) haben die Geldhüter ihre Bestände abgebaut. Heutzutage fokussieren sich Zentralbanken fast ausschließlich auf Gold als Reserve-Edelmetall. Im Gegensatz zu Gold sind keine regelmäßigen staatlichen Käufe von Silber zu verzeichnen; auch diversifizieren Notenbanken ihre Währungsreserven bislang nicht in Silber. Dies bedeutet, dass Silber keine institutionellen »Ankerinvestoren« wie die Zentralbanken hat, die bei Gold durch ihre Nachfrage einen stabilisierenden Faktor darstellen. Allerdings beeinflussen die Zentralbanken den Silbermarkt indirekt über geldpolitische Entscheidungen, wie bereits beschrieben – beispielsweise durch ihre Zinspolitik oder den Aufkauf von Anleihen (quantitative Easing), was sich auf die Anlegerstimmung auswirkt. Außerdem gibt es vereinzelte Initiativen auf regionaler Ebene, die an frühere Zeiten anknüpfen: Einige Länder prägen nach wie vor Silbermünzen für Anleger, die so genannten Bullion Coins (zum Beispiel die USA den Silver Eagle, Österreich den Philharmoniker). Das stellt eine Form staatlich stimulierter Nachfrage dar, da die Münzprägestätten das Rohsilber hierfür beziehen müssen.

Darüber hinaus haben einzelne US-Bundesstaaten (etwa Wyoming) in jüngerer Zeit Gesetze erlassen, um Gold und Silber als Teil staatlicher Reserven oder als gesetzliches Zahlungsmittel zuzulassen. Dies sind jedoch bislang eher symbolische Schritte. In der Summe bleibt die Investorennachfrage nach Silber eine Domäne der privaten und institutionellen Anleger, ohne direkten zentralbanklichen Akteur. Dass die Zentralbanken kein Silber kaufen, nimmt diesem Edelmetall nichts von seiner Attraktivität – im Gegenteil: Die Preisdynamik wird dadurch vollständig vom freien Markt und den oben skizzierten fundamentalen Kräften bestimmt. Für Anleger bedeutet dies, dass sie sich auf ein Spielfeld einstellen, in dem Angebot und Nachfrage ohne staatliche Eingriffe den Preis finden.

Fazit: Rückenwind für Silber

Die aktuellen Treiber des Silberbooms – technologische Rekordnachfrage, ein strukturell knappes Angebot, strategisch-geopolitische Besonderheiten, unterstützende makroökonomische Rahmenbedingungen und eine robuste Investorennachfrage – wirken in Kombination perfekt als Rückenwind zugunsten des Edelmetalls. Silber nimmt heute eine einzigartige Doppelrolle ein: Es ist industrieller High-Tech-Rohstoff und monetärer Wertspeicher zugleich. Dieses Zusammenspiel der Eigenschaften sorgt dafür, dass sowohl konjunktureller Wachstumshunger (durch Solarenergie, E-Mobilität & Co.) als auch die Nachfrage zwecks Krisenvorsorge und Inflationsschutz (durch Anleger) für Silber als Asset sprechen. Die fundamentalen Daten untermauern die positive Perspektive: Solange Photovoltaik, Elektrifizierung und Digitalisierung voranschreiten, bleibt die Nachfrageseite stark – und solange Minenangebot und Recyclingmengen nicht wesentlich steigen können, bleibt das Angebot knapp. Für Investoren ergibt sich daraus ein interessantes Chancenprofil. Bereits heute sehen viele Analysten Silber in einem langfristigen Aufwärtstrend und sprechen von einer möglichen »silbernen Dekade«. Natürlich unterliegt auch Silber den marktüblichen Schwankungen und durchlebt Phasen der Überhitzung oder Korrektur. Doch die Grundlagen für einen anhaltenden Aufwärtstrend scheinen gelegt. Wer vom Silberboom profitieren möchte, sollte die hier erläuterten Treiber aufmerksam im Blick behalten. Sie sind das Fundament, auf dem sich Preisbewegungen aufbauen. Kurzfristige Ereignisse mögen den Markt bewegen – die eigentliche Richtung aber wird durch die beschriebenen gegenwärtigen Entwicklungen und fundamentalen Faktoren bestimmt. Silber glänzt, wenn Angebot und Nachfrage aus dem Gleichgewicht geraten und gleichzeitig sein Charakter als wertbeständiger Rohstoff wiederentdeckt wird. Genau das ist in der heutigen Gemengelage der Fall. Entsprechend stehen die Chancen gut, dass Silber auch in den kommenden Jahren eine wichtige und profitable Rolle in gut diversifizierten Anlageportfolios spielen wird.

KAPITEL 8

Industriemetall trifft Währungsersatz

Silber nimmt unter den Rohstoffen eine besondere Stellung ein, da es in zweierlei Hinsicht gefragt ist: Einerseits dient es als monetäres Edelmetall zur Wertaufbewahrung, andererseits wird es in vielen Branchen als wichtiges Industriemetall verbraucht. Diese Doppelrolle – als Krisenwährung und High-Tech-Rohstoff zugleich – prägt die Geschichte des Silbers ebenso wie seine aktuelle Nachfrage und zukünftige Perspektiven. Im Folgenden werden die historische Entwicklung dieser Doppelrolle, aktuelle Beispiele für die monetäre Bedeutung von Silber, das Spannungsfeld zwischen industriellem Verbrauch und privater Hortung sowie mögliche zukünftige Entwicklungen beleuchtet.

Historische Entwicklung der Doppelrolle

Silber zählt zu den ältesten vom Menschen genutzten Währungsmetallen. Über Jahrtausende prägte Silber als Münzmetall die Geldsysteme vieler Kulturen, oft gleichberechtigt neben Gold. So waren zum Beispiel in Deutschland bis 1871 Silbermünzen (Taler) vorherrschend, und die Währung war durch Silber gedeckt (Silberstandard); erst 1871 erfolgte der Übergang zum Goldstandard.[203] Ähnliche Entwicklungen gab es weltweit in der zweiten Hälfte des 19. Jahrhunderts: Als viele Staaten auf den Goldstandard umstellten und Gold als Währungsmetall etablierten, verlor das Silber allmählich seine monetäre Hauptrolle. In dieser Phase fiel auch das Wertverhältnis von Gold zu Silber drastisch – von historisch etwa 15 : 1 auf zeitweise 100 : 1 um 1900 –, was die Entwertung des Silbers relativ zum Gold widerspiegelte.[204]

Dennoch blieb Silber weiterhin ein wichtiger Wertträger und Rohstoff. Während es im Zahlungsverkehr an Bedeutung verlor (im 20. Jahrhundert wurden Umlaufmünzen zunehmend auf unedle Metalle umgestellt), wuchs zugleich die industrielle Nutzung von Silber. Neue Anwendungsfelder entwickelten sich: Schon ab dem späten 19. Jahrhundert fand Silber breite Verwendung in der Fotografie (Silberhalogenid-Fotofilme) und später in Elektronik und Elektrotechnik.[205] Das Edelmetall wandelte sich im Laufe der Zeit vom vorherrschenden Währungs- und Schmuckmetall immer mehr zum Industriemetall. Bis Mitte des 20. Jahrhunderts schafften die meisten Länder das umlaufende Silbergeld faktisch ab – so verabschiedeten etwa die USA 1965 ein Gesetz, das Silber aus den gängigen Münzen (Dime, Quarter und so weiter) entfernte.[206] Fortan wurde Silber als Münzmetall nur noch für Anlageprägungen, Gedenk- und Sondermünzen verwendet. Parallel dazu stieg die industrielle Nachfrage weiter an, weil Silber aufgrund seiner hervorragenden Eigenschaften (hohe Leitfähigkeit, Reflexionsvermögen, antibakterielle Wirkung et cetera) in immer mehr Produkten eingesetzt wurde.[207]

Trotz dieses Wandels geriet die monetäre Rolle des Silbers nie vollständig in Vergessenheit. In Krisenzeiten und Phasen hoher

Inflation griffen Anleger immer wieder auf Silber zurück, was zu enormen Preisanstiegen führen konnte. Ein bekanntes historisches Beispiel ist die Spekulationsblase Ende der 1970er-Jahre: 1980 erreichte der Silberpreis mit rund 49,45 US-Dollar pro Unze einen Rekordwert, ausgelöst durch die massiven Silberkäufe der Hunt-Brüder und anderer Investoren im Umfeld einer hohen Inflation.[208] Ein weiterer Höhepunkt folgte über 30 Jahre später: Im April 2011 – nach der Finanzkrise 2008 und während einer Phase expansiver Geldpolitik – sprang Silber erneut auf knapp 50 Dollar je Unze.[209] Diese Ereignisse verdeutlichen, dass Silber immer dann an monetärer Bedeutung gewinnt, wenn das Vertrauen in die staatlichen Währungen schwindet oder Inflation und Krisenängste um sich greifen. Silber fungiert dann ähnlich wie Gold als »sicherer Hafen« und erlebt eine Renaissance als Wertspeicher – selbst wenn es längst kein offizielles Währungsmetall mehr ist.

Silber als monetäres Edelmetall heute – aktuelle Beispiele

Auch in jüngerer Zeit zeigt sich die Funktion des Silbers als Krisenmetall und Währungsersatz in unterschiedlichen Facetten. In Finanz- und Wirtschaftskrisen flüchten viele Anleger in Sachwerte, und neben Gold steht dabei oft auch Silber im Fokus. Silber wird – analog zu Gold – als sicherer Hafen in turbulenten Zeiten betrachtet. Allerdings wirkt die Doppelrolle hier ambivalent: So hat der Silberpreis zu Beginn der COVID-19-Pandemie 2020 zunächst einen massiven Einbruch erlitten, da der Zusammenbruch industrieller Nachfrage das Metall stark belastete. Doch im weiteren Verlauf gelang dem Silber ein fulminantes Comeback:

Mit den Lockerungen und wirtschaftlichen Erholungsmaßnahmen zog die industrielle Nachfrage wieder an, gleichzeitig suchten verunsicherte Anleger verstärkt Sicherheit in Edelmetallen. Dies führte zu einer regelrechten Rally, in der Silber im August 2020 so teuer gehandelt wurde wie seit fünf Jahren nicht mehr.[210] Dieses Beispiel illustriert die zwiespältige Natur des Silbers: In akuten Schocks kann es aufgrund seines Industriebezugs kurzfristig unter Druck geraten, mittelfristig setzt sich aber seine Eigenschaft als Wertaufbewahrungsmittel durch, sobald die Nachfrage nach einem sicheren Hafen greift.

Neben solchen globalen Krisentrends zeigt sich die monetäre Bedeutung des Silbers auch im Verhalten von Staaten, Institutionen und Privatanlegern. Privatanleger nutzen Silber weltweit als Inflations- und Krisenvorsorge, oft in Form von Anlagebarren und -münzen.[211] So verzeichneten Prägestätten in den letzten Jahren immer wieder Absatzrekorde bei Silbermünzen, vor allem wenn wirtschaftliche Unsicherheiten zunahmen.[212] Silber wird dabei gerne als »das Gold des kleinen Mannes« bezeichnet – es ist deutlich günstiger als Gold und daher für breitere Bevölkerungsschichten als Wertanlage zugänglich.[213] Interessant sind zudem Bestrebungen, Silber (und Gold) regional wieder als offizielles Geld nutzbar zu machen. In den USA haben mehrere Bundesstaaten Gesetze erlassen, die Gold- und Silbermünzen der US-Mint als gesetzliches Zahlungsmittel anerkennen. So akzeptiert etwa Utah seit 2011 Gold- und Silbermünzen als offizielle Währung im Bundesstaat.[214] Auch Wyoming und andere Staaten haben in den letzten Jahren Edelmetalle von Steuern befreit und als Währung deklariert – ein symbolischer Schritt, der freiwillig ist. Es besteht kein Annahmezwang wie beim US-Dollar, aber dieses Vorgehen unterstreicht die Konkurrenz der Edelmetalle zum Papiergeld.[215] Diese Entwicklungen werden von Beobachtern als Ausdruck eines wachsenden Misstrauens gegen die Fiat-Währungen und die Geldpolitik der Notenbank gewertet. Zwar spielen solche regionalen Initiativen im Alltag (noch) eine geringe Rolle, doch sie zeigen, dass Silber nach wie vor als Wertspeicher und alternatives Zahlungsmittel angesehen wird, vor allem in konservativen Anlegerkreisen und in Regionen mit starker Prägung durch Edelmetalle.

Darüber hinaus kann Silber in bestimmten Extremfällen tatsächlich zum Tauschmittel der letzten Instanz werden. In Ländern mit rapider Geldentwertung oder gar einem Währungskollaps greifen Menschen mitunter auf Gold- und Silbergegenstände zurück, um Handel zu treiben – sei es in Form von Schmuck, Münzen oder Silberbesteck.[216] Ein praktischer Vorteil von Silber gegenüber Gold ist hierbei, dass es in kleineren Werteinheiten vorliegt (zum Beispiel 1-Unzen-Münzen im Wert von niedrigen bis mittleren zweistelligen Eurosummen). Das macht Transaktionen im Alltag leichter handhabbar. Zudem argumentieren manche, dass bei einer schweren Währungskrise Verbote oder Beschlagnahmungen von Silber unwahrscheinlicher wären als bei Gold, weil Silber für die Industrie unersetzlich ist und ein staatliches Verbot die Versorgung zum Beispiel der Technologie- und Gesundheitsbranche gefährden würde.[217] Insofern sehen gewisse Anleger Silber auch aus regulatorischer Sicht als sicherer an. Insgesamt bleibt festzuhalten, dass Silber trotz des formalen Verlusts seiner Währungseigenschaft durch seine monetäre Tradition und Krisenfunktion einen festen Platz im Anlageuniversum behält – sei es im Tresor von Privatanlegern, als Teil von ETCs und Edelmetallfonds oder eben als Notfallwährung in speziellen Situationen.

Spannungsfeld: Verbrauch versus Hortung

Die duale Natur des Silbers führt zu einem ständigen Spannungsfeld zwischen industriellem Verbrauch und Hortung als Investment. Anders als Gold, das vornehmlich gehalten und wiederverwertet wird, wird ein großer Teil des Silbers tatsächlich verbraucht. Über die Hälfte der jährlichen Silbernachfrage dient Industrieanwendungen (zum Beispiel Elektronik, Photovoltaik, medizinische Technik). Schätzungen zufolge entfällt sogar mehr als 60 Prozent des Silberabsatzes auf industrielle Zwecke – im Vergleich zu Gold, bei dem nur rund 10 Prozent der Nachfrage industriell bedingt sind.[218] Dies bedeutet, dass ständig große Mengen Silber in Produkten gebunden oder in winzigen Partikeln verstreut werden und auf diese Weise dem Markt entzogen sind. Vieles davon wird nicht oder erst nach langer Nutzungsdauer recycelt, sodass es faktisch für immer verloren scheint. Tatsächlich gehen Experten davon aus, dass im Laufe der letzten Jahrzehnte ein erheblicher Teil des jemals geförderten Silbers unwiederbringlich verbraucht und auf Deponien entsorgt wurde – manche Schätzungen sprechen von bis zu 90 Prozent der geförderten Silbermenge, die dauerhaft nicht mehr verfügbar ist.[219]

Diese hohe Verbrauchsrate steht im Kontrast zum Verhalten von Anlegern und staatlichen Stellen, die Silber horten. Investoren halten Silber in Form von Barren, Münzen oder mithilfe von börsengehandelten Produkten oft über Jahre oder Jahrzehnte, sodass auch dieser Teil der Produktion dem Markt entzogen ist – allerdings mit dem Unterschied, dass gehortetes Anlage-Silber prinzipiell jederzeit wieder auf den Markt gelangen kann. Ist der Preis hoch genug oder brauchen Besitzer Liquidität, kommt gehortetes Silber als Angebot zurück (ähnlich wie staatliche strategische Reserven, die es bei Silber allerdings – anders als bei Gold – kaum noch gibt). Verbrauchtes Silber hingegen kehrt oft gar nicht oder nur über Umwege zurück: Zwar steigt mit höheren Preisen tendenziell auch die Recyclingquote, doch liegt der Anteil des recycelten Silbers an der Gesamtversorgung derzeit nur bei etwa einem Viertel bis einem Drittel.[220] Der Rest muss durch Neuförderung gedeckt werden. Das Gleichgewicht zwischen Angebot und Nachfrage am Silbermarkt ist daher komplex: Auf der einen Seite eine beständige, teils »vernichtende« Nachfrage aus Industrie, auf der anderen Seite eine preissensitive Investmentnachfrage, die bei steigenden Preisen auch wieder zum Angebot werden kann.

Dieses Spannungsfeld zeigt sich exemplarisch in der Marktstatistik der letzten Jahre. Seit einigen Jahren übersteigt die weltweite Silbernachfrage das Neuförder-Angebot deutlich, es entstehen Defizite am Silbermarkt.[221] Die Industrie benötigt immer größere Mengen des Rohstoffs, während die geförderte Menge nicht im gleichen Ausmaß mitwächst – im Gegenteil, einige große Minen verzeichnen rückläufige Erträge. Gleichzeitig stocken Anleger in Phasen niedriger Preise ihre Bestände auf (ziehen also weiteres Material vom Markt ab), während sie in Hausse-Phasen teils Gewinne mitnehmen. Dieses Wechselspiel kann starke Preisschwankungen verursachen. Steigt die industrielle Nachfrage plötzlich (zum Beispiel durch neue Technologien oder Konjunkturprogramme) und halten Anleger zugleich an ihren Beständen fest, kann ein Angebotsengpass auftreten, der die Preise rapide steigen lässt. Das wiederum motiviert Anleger zu verkaufen oder fördert das vermehrte Recycling von Schrottsilber. Umgekehrt kann ein Nachfragerückgang der Industrie (etwa in einer Rezession) den Preis drücken, selbst wenn Silber als Anlage begehrt bleibt. Die Doppelrolle des Silbers führt daher zu höherer Volatilität: Das Marktvolumen ist relativ klein, so dass schon moderate Verschiebungen auf einer der beiden Nachfrageseiten große Preisbewegungen auslösen können. Für Investoren bedeutet dies Chance und Risiko zugleich – einerseits bietet Silber Kurspotenzial durch seine industrielle Verknappung, andererseits schwankt der Preis stärker als bei reinen Währungsmetallen wie Gold, was die Wertaufbewahrung kurzfristig unsicherer macht.

Zukünftige Entwicklungen und Herausforderungen

Angesichts der beschriebenen Doppelrolle stellen sich für die Zukunft einige wichtige Fragen: Wie wird sich das Zusammenspiel von industrieller und monetärer Nachfrage künftig entwickeln? Und welche Herausforderungen resultieren daraus für Versorgung, Preis und Anleger?

Aus heutiger Sicht spricht viel dafür, dass die industrielle Bedeutung von Silber weiter wächst. Treiber ist vor allem die globale Technologie- und Energiewende. Silber ist ein essentieller Bestandteil zahlreicher Zukunftstechnologien: In Photovoltaik-Anlagen etwa dienen Silberpasten als hochleitfähige Kontakte.[222] Pro Solarmodul wird zwar immer weniger Silber benötigt (die Hersteller reduzieren den Silbergehalt pro Zelle, um Kosten zu sparen), doch die rasant wachsende Zahl installierter Solarmodule führt insgesamt zu einem stark steigenden Silberbedarf im Solarsegment. Schon heute fließen etwa 20 Prozent der Welt-Silbernachfrage in die Photovoltaik, Tendenz steigend.[223] Ähnliches gilt für Elektrofahrzeuge: In E-Autos und ihren Ladesystemen sind überdurchschnittlich viele elektronische Bauteile verbaut, die Silberkontaktierungen nutzen.[224] Auch 5G-Netze, Halbleiter, Medizintechnik und die allgemeine Elektronikindustrie benötigen Silber in diversen Anwendungen. Prognosen zufolge wird der industrielle Silberverbrauch daher neue Rekorde erreichen – Schätzungen gehen für 2024/25 von deutlich über 700 Millionen Unzen aus, die jährlich in Fabriken verarbeitet werden. Dieser Strukturtrend dürfte Silber weiter in Richtung »Industrierohstoff« schieben.

Gleichzeitig bleibt die monetäre Komponente ein unverzichtbarer Faktor. Sollte die allgemeine Inflation hoch bleiben oder das Vertrauen in die großen Währungen (Dollar, Euro et cetera) erneut erschüttert werden, ist mit einer steigenden Flucht in Sachwerte und damit auch in Silber zu rechnen. Schon die vergangenen Jahre haben gezeigt, dass das Investmentinteresse zyklisch sehr stark schwanken kann: Nach Rekordkäufen in den Krisenjahren 2020 bis 2022 ging die Anlagennachfrage 2023 zunächst zurück, um bei neuen Unsicherheiten wieder zuzulegen.[225] Diese Dynamik wird auch künftig die Preise beeinflussen. Für Anleger stellt sich perspektivisch die Frage, ob Silber eher vom industriellen Verbrauch aufgezehrt wird, was langfristig zu echten Knappheiten führen könnte – oder ob immer neue Förderprojekte und Recyclinginitiativen die Nachfrage decken können, sodass der Silbermarkt primär ein Liquiditäts- und Spekulationsmarkt bleibt.

Aus angebotsspezifischer Sicht warnen einige Experten vor möglichen Engpässen. Studien beziffern die statische Reichweite der bekannten Silberressourcen auf nur wenige Jahrzehnte. So wurde errechnet, dass bei heutigem Verbrauch die aktuell bekannten Reserven in circa 20 bis 30 Jahren erschöpft sein könnten.[226] Zwar werden laufend neue Vorkommen entdeckt und vor allem das Recycling dürfte in Zukunft einen größeren Beitrag leisten, dennoch ist eine Verknappung von Silber in den nächsten Dekaden absehbar. Schon jetzt befindet sich der Silbermarkt im Defizit – 2022 und 2023 etwa lag die Nachfrage jeweils höher als das weltweite Angebot, und für 2024/25 wird erneut eine Versorgungslücke prognostiziert.[227] Diese Situation stellt Industrie und Gesellschaft vor Herausforderungen: Wenn silberhaltige High-Tech-Produkte zum Pfeiler der Energiewende werden, darf die Verfügbarkeit des Materials nicht zum Flaschenhals werden. Mögliche Antworten sind technologische Innovationen, etwa Ersatzstoffe oder neue Verfahren, um mit weniger Silber auszukommen, sowie eine effizientere Kreislaufwirtschaft. Tatsächlich arbeitet die Solarbranche bereits daran, Silber durch Kupfer oder Aluminium zu substituieren beziehungsweise den Silbereinsatz weiter zu verringern – ein Balanceakt, denn Silber bietet bisher unerreichte Leistungseigenschaften, die sich nicht beliebig reproduzieren lassen.[228] Die Elektronikschrott-Recyclingquote wiederum ließe sich deutlich steigern, um mehr des verbauten Silbers zurückzugewinnen (derzeit werden nur rund 15–20 Prozent des in Elektronikbauteilen enthaltenen Goldes und Silbers recycelt).[229] Hier besteht großes Potenzial, um die Versorgung nachhaltiger zu gestalten und die Abhängigkeit von stetig wachsender Primärförderung zu senken.

Auch für Anleger und Finanzmärkte wirft die Doppelrolle des Silbers Fragen mit Blick auf die Zukunft auf. Die Preisbildung des Silbers wird weiterhin von zwei Seiten beeinflusst werden: Einerseits von konjunkturellen Schwankungen und Industrietrends, andererseits von geldpolitischen Entwicklungen und dem Anlegerverhalten. Diese Dualität könnte zu höheren Ausschlägen führen – positiven wie negativen. So könnte ein gleichzeitiger Boom der Industrie (etwa durch weltweite Investitionen in Klimatechnologien) und eine Vertrauenskrise in Papiergeld (zum Beispiel infolge explodierender Staatsverschuldung in vielen Ländern) einen starken Nachfrageschub am Silbermarkt erzeugen, bei dem das Metall knapp und teuer wird wie nie zuvor. Umgekehrt könnte eine technologische Disruption, die Silber durch einen neuen Werkstoff ersetzt, in Kombination mit stabilen Währungen die Nachfrage und den Preis dämpfen. Realistischer erscheint jedoch, dass weder die industrielle Bedeutung noch die monetäre Tradition des Silbers verschwinden werden. Silber wird voraussichtlich beide Rollen behalten – als unverzichtbarer Bestandteil moderner Technologien und als ultima ratio für Wertbewahrer. Diese Doppelrolle macht das Metall für Investoren so interessant, bedeutet aber auch, dass man sowohl die Entwicklungen an der Front der Realwirtschaft als auch die monetären Rahmenbedingungen im Auge behalten muss.

Fazit

Silber ist Industriemetall und Währungsersatz in einem. Seine historische Reise vom Hauptzahlungsmittel zum High-Tech-Rohstoff ist einzigartig, doch gerade diese Verbindung aus physischem Verbrauch und Wertaufbewahrungspotenzial verleiht Silber dauerhaft Faszination. Anleger können vom »Silberboom« profitieren, wenn sie die beiden Gesichter des Metalls verstehen – die industrielle Nachfrage, die langfristig für fundamentale Knappheit sorgen kann, und die monetäre Nachfrage, die in unsicheren Zeiten für zusätzlichen Schub sorgt. Die Herausforderung der Zukunft wird sein, dieses Spannungsfeld zu managen: Die Industrie muss ihren Silberhunger stillen, ohne an Grenzen zu stoßen, und Anleger müssen die Volatilität aushalten, die mit Silbers Zwitterrolle einhergeht. Gelingt dies, dürfte Silber auch künftig glänzende Aussichten haben – sowohl in der Fabrikhalle als auch im Tresor.

KAPITEL 9

Knappheit und strategische Relevanz

Silber ist weit mehr als nur ein Edelmetall – es ist ein unverzichtbarer Rohstoff für Schlüsselindustrien der modernen Wirtschaft. Ob in Elektromobilität, der Solarenergie oder in der Digitalisierung und Elektronik: Überall spielt Silber aufgrund seiner einzigartigen Eigenschaften eine zentrale Rolle. In diesem Kapitel werden die strategisch relevanten Einsatzgebiete von Silber beleuchtet und aufgezeigt, wie stark unsere technologischen Zukunftspläne an dieses Metall geknüpft sind. Zudem wird analysiert, wie es um die Knappheit des Rohstoffs bestellt ist, welche Risiken daraus für Industrie und Gesellschaft entstehen und mit welchen Gegenmaßnahmen die betreffenden Akteure darauf reagieren können.

Silber in der Elektromobilität

Die Elektromobilität erlebt weltweit einen beispiellosen Aufschwung – angetrieben durch Klimaschutz-Auflagen, staatliche Förderprogramme und das wachsende Umweltbewusstsein der

Verbraucher. Elektrofahrzeuge (Battery Electric Vehicles, BEVs) benötigen erheblich mehr elektronisches Equipment als konventionelle Verbrenner. In praktisch jedem Steuergerät, Sensor und Hochvolt-System eines E-Autos steckt Silber in Kontakten, Schaltkreisen oder Leitungen. Das Metall ist wegen seiner herausragenden elektrischen Leitfähigkeit und Korrosionsbeständigkeit unersetzlich für zuverlässige Verbindungen – etwa zwischen Batterie und Motor, in Leistungselektronik, On-Board-Ladegeräten und den zahlreichen Assistenzsystemen moderner Fahrzeuge.

Ein Elektroauto enthält im Durchschnitt fast doppelt so viel Silber wie ein herkömmlicher Pkw mit Verbrennungsmotor. Während in einem klassischen Benzin- oder Diesel-Fahrzeug pro Fahrzeug etwa 15 bis 28 Gramm Silber verbaut werden, sind es in Hybridautos bereits 18 bis 34 Gramm. In batterieelektrischen Fahrzeugen steigt der Wert typischerweise auf 25 bis 50 Gramm Silber pro Fahrzeug. Andere Schätzungen gehen sogar von rund 3 Unzen Silber (circa 90 g) pro Elektroauto aus – vor allem in Oberklassemodellen mit umfangreicher Sensorik und Elektronik.[230] Diese Mengen mögen auf den ersten Blick gering erscheinen, summieren sich aber mit jedem weiteren Produktionsanstieg auf beträchtliche Mengen. Ladestationen und Ladeinfrastruktur für E-Fahrzeuge erfordern ebenfalls Silber in ihren Hochleistungsschaltern und Kontakten, was den Bedarf zusätzlich erhöht.[231]

Die Konsequenzen dieser Entwicklung sind bereits messbar. Anfang 2023 waren in Deutschland rund 1,3 Millionen Elektroautos registriert – das entspricht bereits etwa 124 Tonnen Silber, die allein in diesen Fahrzeugen verbaut wurden.[232] Regierungen weltweit haben ambitionierte Ziele: Die Internationale Energieagentur (IEA) prognostiziert je nach Szenario 240 bis 380 Millionen Elektrofahrzeuge bis 2030 auf den Straßen.[233] Selbst konservative Szenarien führen zu einem drastisch steigenden Silberbedarf in der Automobilindustrie. Sollte beispielsweise Deutschland sein Ziel von 15 Millionen E-Autos bis 2030 erreichen, würden dafür grob 1400 Tonnen Silber benötigt – selbst bei etwas niedrigeren Prognosen wären es immer noch mehrere hundert Tonnen, ein Vielfaches des heutigen Verbrauchs.[234] Diese Zahlen verdeutlichen den exponentiellen Anstieg des Silberbedarfs durch Elektromobilität und machen klar, welch strategische Bedeutung Silber als Rohstoff für die Verkehrswende besitzt. Ohne ausreichende Silberversorgung drohen Engpässe in der E-Auto-Produktion, was die Erreichung von Klimazielen direkt gefährden könnte.

Silber in der Solarindustrie (Photovoltaik)

Auch in der Solarenergie – speziell der Photovoltaik (PV) – ist Silber zum unverzichtbaren High-Tech-Material avanciert. Photovoltaik-Zellen nutzen eine hauchdünne Silberschicht beziehungsweise Silberpaste als elektrische Kontaktierung auf der Zelloberfläche, um die von Sonnenlicht freigesetzten Elektronen effizient abzuführen. Silber fungiert dabei als hochleitfähiges »Nervensystem« der Solarzelle. Ohne Silber kein Solarstrom – zumindest nicht in der derzeit kommerziell dominierenden Silizium-PV-Technologie.[235]

Aktuell enthält eine einzelne Standard-Solarzelle durchschnittlich etwa 111 Milligramm Silber. Ein gängiges Solarmodul besteht aus vielen solcher Zellen (beispielsweise 60 oder mehr Stück), sodass pro Modul typischerweise einige Gramm Silber benötigt werden. Noch vor gut einem Jahrzehnt war der Silbergehalt deutlich höher:

2009 benötigte jede Solarzelle im Schnitt 521 Milligramm Silber, heute sind es dank Materialeinsparungen nur noch rund 111 Milligramm.[236] Diese Effizienzsteigerung (Thrifting) – eine Reduktion des Silberbedarfs pro Watt Solarleistung – hat jedoch nicht dazu geführt, dass der Gesamtbedarf sinkt. Im Gegenteil: Der rasant wachsende weitere Aufbau an Solarstromkapazität weltweit macht die Einsparungen je Zelle mehr als nur wett. So ist der Anteil der Photovoltaik an der globalen Silbernachfrage in den letzten Jahren stark gestiegen – von knapp 5 Prozent im Jahr 2014 auf inzwischen fast 14 Prozent (2023). Im Jahr 2023 wurden schätzungsweise 142 Millionen Unzen Silber (rund 4400 Tonnen) allein für Solarmodule verbraucht.[237] Photovoltaik ist damit neben der Autoindustrie zum größten Treiber der industriellen Silbernachfrage avanciert.

Die strategische Bedeutung von Silber für die Energiewende kann kaum überschätzt werden. Solarenergie ist ein zentrales Element, um Klimaschutzziele zu erreichen und fossile Energien zu ersetzen. Entsprechend ambitioniert sind die Ausbaupläne: Prognosen rechnen bis 2030 weltweit mit einer installierten PV-Leistung im Terrawattbereich. Einige Szenarien gehen davon aus, dass die jährliche Produktion neuer Solarmodule bis 2030 etwa 1000 Gigawatt (GW) erreichen könnte – das wäre mehr als eine Verzehnfachung gegenüber heutigen Installationsraten.[238] Ohne weitere Materialeinsparungen würde eine derart gewaltige Ausbaurate nahezu die gesamte weltweite Silberproduktion absorbieren. Berechnungen zufolge müsste der Silberbedarf pro Watt Solarleistung auf etwa 2 Milligramm (anstatt aktuell rund 20 Milligramm pro Watt) gesenkt werden, um den Bedarf nachhaltig decken zu können.[239] Zwar wird intensiv an Alternativen und effizienteren Zelltechnologien geforscht (siehe Abschnitt »Gegenstrategien« am Schluss dieses Kapitels), doch noch ist Silber in der PV-Produktion alternativlos. Ein Mangel an Silber hätte direkte Auswirkungen: steigende Kosten für Solarmodule, verzögerte Projekte und letztlich eine Verlangsamung der Energiewende. Das macht Silber zu einem strategischen Rohstoff für die klimapolitischen Ziele vieler Nationen – seine ausreichende Verfügbarkeit beeinflusst die Erfolgsaussichten von Ausbauprogrammen für erneuerbare Energien unmittelbar.

Silber in Digitalisierung und moderner Elektronik

Nicht nur die offensichtlich »grünen« Zukunftstechnologien, sondern auch die stille Revolution der Digitalisierung hängt eng mit Silber zusammen. Moderne Elektronik – ob in Smartphones, Computern, Netzwerktechnik oder Industrieanlagen – kommt ohne Silber kaum aus. Weil Silber die höchste elektrische Leitfähigkeit aller Metalle besitzt, wird es in unzähligen elektronischen Bauteilen eingesetzt: in Leiterbahnen von gedruckten Schaltkreisen, in Kontaktflächen von Steckern und Schaltern, in Tastaturen, Displays, RFID-Antennen, Speichermedien und sogar in Lötmitteln. Gerade Lötlegierungen für die Elektronikfertigung enthalten oft Silber (zum Beispiel bleifreies Zinn-Silber-Kupfer-Lot), um stabile, korrosionsfeste Verbindungen auf den Platinen zu gewährleisten.[240]

Ein greifbares Alltagsbeispiel ist das Smartphone. Durchschnittlich stecken in jedem modernen Smartphone etwa 0,3 Gramm Silber (306 Milligramm) – zum Beispiel in den Leiterplatten und den elektrischen Kontakten des Akkus.[241] Zwar klingt das nach wenig, aber bei weltweit rund 4,3 Milliarden Smartphone-Nutzern und mehr als einem Gerät pro Person summiert sich allein die globale

Smartphone-Produktion auf einen Silberbedarf von etwa 1447 Tonnen pro Jahr (rund 46,5 Millionen Unzen). Das entspricht ungefähr 5 Prozent der jährlichen Welt-Silbernachfrage. In Deutschland verursachen Smartphones derzeit einen Silberverbrauch von circa 27 Tonnen pro Jahr.[242] Und Smartphones sind nur ein Teilbereich – hinzu kommen Tablets, Laptops, Wearables, smarte Haushaltsgeräte und vieles mehr. Auch Rechenzentren und Telekommunikationsnetze haben einen beträchtlichen Bedarf: Jedes neue Data Center und jeder 5G-Mobilfunkmast enthält silberhaltige Elektronik.[243] Beispielsweise treiben der globale Ausbau von 5G-Netzen, vernetzten Geräten (Internet of Things, IoT) und künstlicher Intelligenz die industrielle Silbernachfrage zusätzlich nach oben.[244]

Die fortschreitende Digitalisierung hat somit eine doppelte Wirkung auf den Silbermarkt: Zum einen steigen die Nachfragemengen kontinuierlich, da immer mehr Geräte produziert werden. Zum anderen wird das Silber, das im Umlauf ist, oft nicht zurückgewonnen. Produkte der Unterhaltungselektronik haben immer kürzere Lebenszyklen – beispielsweise werden Smartphones im Schnitt nur etwa 1,5 Jahre genutzt.[245] Danach verschwinden viele Altgeräte ungenutzt in Schubladen oder werden entsorgt, ohne dass das enthaltene Silber recycelt wird. Durch diesen Trend zu »Wegwerfprodukten« wird Silber dauerhaft der Kreislaufwirtschaft entzogen, was den Primärbedarf weiter erhöht. Für technologisch hochentwickelte Volkswirtschaften ist Silber daher ein strategischer Rohstoff der Digitalökonomie. Eine sichere Versorgung mit Silber ist die Grundvoraussetzung dafür, dass Halbleiterindustrie, Elektronikfertigung und Kommunikationsinfrastruktur zuverlässig funktionieren – und damit letztlich auch dafür, dass die digitale Transformation nicht ins Stocken gerät.

Angebotslage: Fördermengen, Bedarf und Recycling

Angesichts der geschilderten Nachfragebooms lohnt ein Blick auf die Angebotsseite von Silber. Wird genügend Silber gefördert, um den Bedarf zu decken? Aktuell klafft hier eine Lücke: Seit 2021 übersteigt die weltweite Silbernachfrage die Fördermenge deutlich. Im Jahr 2023 betrug die globale Silbernachfrage etwa 33.000 Tonnen, während die Minenproduktion nur circa 23.800 Tonnen erreichte. Selbst unter Einbeziehung des recycelten Silbers (rund 5000 Tonnen im Jahr 2023) ergab sich ein spürbares Defizit von gut 4000 Tonnen, was nahezu 15 Prozent der Nachfrage entspricht.[246] Dieser Fehlbetrag wurde – nun bereits im dritten Jahr in Folge – durch den Abbau von Lagerbeständen am Markt ausgeglichen. Ende 2023 lagen die bekannten weltweiten Silberlager (Industrievorräte, ETC-Bestände et cetera) bei rund 38.000 Tonnen.[247] Diese Reserven schrumpfen jedoch, je länger die Produktion hinter dem Verbrauch zurückbleibt.

Die Minenproduktion von Silber gestaltet sich dabei zunehmend schwierig. Über 70 Prozent des Silberangebots stammt als Beiprodukt aus der Förderung anderer Metalle (vor allem Blei, Zink, Kupfer und Gold). Das bedeutet: Die Silberförderung lässt sich nicht beliebig steigern, ohne dass gleichzeitig die Förderung dieser Metalle zunimmt – Silber fällt oft nur »nebenbei« an. Viele Primärsilberminen verzeichnen zudem rückläufige Erzgehalte, was die Ausbeute schmälert. In den letzten Jahren stagnierte oder sank die geförderte Silbermenge trotz hoher Nachfrage; für 2024 wurde erneut ein leichter Rückgang um 1 Prozent erwartet. Hinzu kommen regionale Risiken: Soziale Unruhen, Streiks oder politische Instabilität in Förderländern (zum Beispiel in Teilen Lateinamerikas) haben den Betrieb mancher Minen zeitweise lahmgelegt. Neue Silberminen in Betrieb zu nehmen, ist ein äußerst langwieriger Prozess – im Schnitt vergehen 17 Jahre, bis ein neu entdecktes Vorkommen erschlossen ist und Silber produziert. Diese Trägheit auf der Angebotsseite stellt ein Problem dar, wenn die Nachfrage – wie durch Elektroautos und Photovoltaik – plötzlich sprunghaft ansteigt.

Ein wichtiger Entlastungsfaktor ist das Recycling von Silber. Rund 16 bis 20 Prozent des jährlichen Bedarfs können derzeit durch Wiedergewinnung gedeckt werden. Etwa 5000 Tonnen Silber pro Jahr stammen aus der Aufbereitung von Industrieschrott, Altelektronik, Fotochemikalien oder Schmuck.[248] Vor allem aus der Fotografie (Röntgenfilme, Fotopapiere) wurde früher viel Silber recycelt – dieser Bereich ist allerdings durch die Digitalisierung stark geschrumpft. In Zukunft gewinnt dafür das Elektronik-Recycling an Bedeutung: Millionen ausgedienter Smartphones, Computer und Solarmodule enthalten große Mengen Silber, die prinzipiell zurückgewonnen werden könnten. Derzeit sind die Recyclingquoten in der Elektronik jedoch noch niedrig, da die Rückgewinnung technisch aufwendig und oft nicht wirtschaftlich ist (bei einem Smartphone etwa sind die 0,3 Gramm Silber in einer komplexen Materialmatrix verteilt). Steigende Silberpreise und strengere Entsorgungsvorschriften dürften künftig aber Anreize für höheres Recycling schaffen.[249] In Summe bleibt jedoch festzuhalten, dass kurz- bis mittelfristig keine großen Reserven ungenutzten Silbers vorhanden sind, die sich einfach aktivieren ließen. Die statische Reichweite – also die Zeit, für die die derzeit bekannten Silberreserven beim aktuellen Produktionsniveau noch reichen – liegt bei lediglich rund 20 Jahren.[250] Selbst wenn immer wieder neue Vorkommen entdeckt werden, verdeutlicht dieser Wert die Endlichkeit der Ressource. Ein ungebremster Anstieg der Nachfrage würde die Reichweite weiter verkürzen, falls nicht parallel dazu neue Förderkapazitäten erschlossen oder alternative Quellen entwickelt werden.

Risiken bei Materialengpässen

Angesichts der knappen Angebotslage ist Silber in den letzten Jahren vom »Nice-to-have« zum potenziellen Engpass-Faktor für ganze Industriezweige geworden. Welche Risiken ergeben sich, wenn Silber knapp oder extrem teuer wird? Im Folgenden einige der wichtigsten Gefahren für Wirtschaft und Gesellschaft:

- **Bremse für die Energiewende:** Ein Mangel an Silber könnte den Ausbau von Photovoltaik und Elektromobilität erheblich verzögern. Wenn Solarmodul-Hersteller nicht genügend Silberpaste bekommen oder diese unbezahlbar wird, steigen die Kosten für Solaranlagen – erneuerbare Energie verliert an Wettbewerbsfähigkeit. Ebenso könnten Produktionsziele für E-Autos verfehlt werden, falls Silber-Komponenten fehlen. Klimaziele und Dekarbonisierungspläne wären schwerer erreichbar, was globale Folgen für den Kampf gegen den Klimawandel hätte.

- **Produktionsstopps und Lieferschwierigkeiten:** In der Elektronikindustrie könnte Silberknappheit zu Fertigungsengpässen führen. Viele High-Tech-Geräte brauchen silberhaltige Bauteile (zum Beispiel elektronische Relais, Kontakte,

Speziallote). Wenn diese nicht in ausreichender Menge verfügbar sind, drohen Störungen in den Lieferketten. Schon heute sind Halbleiter- und Elektronik-Lieferketten empfindlich; ein zusätzlicher Engpass bei einem Rohmaterial wie Silber würde die Situation verschärfen. Im Extremfall müssten Hersteller auf weniger effiziente Materialien ausweichen, was Qualitäts- und Leistungsverluste bedeuten kann.

- **Wirtschaftliche Auswirkungen und Preissteigerungen:** Ein anhaltendes Angebotsdefizit wirkt sich unweigerlich auf den Silberpreis aus. Dieser könnte stark anziehen, was die Materialkosten für die Industrie erhöhen würde. Preissteigerungen würden letztlich an die Verbraucher weitergegeben – etwa in Form teurerer Fahrzeuge und Elektronikgeräte sowie erhöhter Stromrechnungen (falls die Kosten für Solaranlagen steigen). Zudem könnten Volatilitäten am Silbermarkt Planungsrisiken für Unternehmen darstellen, ähnlich wie bei Öl- oder Gaspreis-Schwankungen.

- **Technologische Abhängigkeiten und geopolitische Risiken:** Silber ist zwar global gesehen breiter verteilt als manche seltene Erden oder Spezialmetalle, dennoch besteht eine gewisse Abhängigkeit von wenigen Förderländern. Mexiko steuerte 2023 rund 23,5 Prozent der Minenproduktion bei, gefolgt von China und Peru (je rund 12 bis 14 Prozent). Sollten geopolitische Spannungen, Exportbeschränkungen oder interne Krisen in diesen Ländern auftreten, hätte dies sofortige Auswirkungen auf die weltweite Versorgung. Staaten, die auf technologischen Nachschub angewiesen sind (etwa für ihre Energie- und Verkehrsinfrastruktur), könnten in strategische Bedrängnis geraten. In der Vergangenheit haben Regierungen bei anderen kritischen Rohstoffen (zum Beispiel seltene Erden) bereits versucht, durch staatliche Lagerhaltung oder diplomatische Initiativen Versorgungssicherheit herzustellen – Ähnliches wäre bei einer Zuspitzung der Silberknappheit denkbar.

- **Soziale und industrielle Folgen:** Sollte Silber zum limitierenden Faktor für Schlüsselindustrien werden, könnten sich auch soziale Folgen ergeben. Beispielsweise wären Arbeitsplätze in der Solar- und Automobilbranche gefährdet, falls Produktionseinbrüche aufgrund Materialmangels auftreten. Zugleich könnten gesellschaftliche Ziele – wie die flächendeckende Digitalisierung (Stichwort Breitbandausbau, Smart Cities) oder die Elektromobilität – ins Hintertreffen geraten. Im Extremfall müsste über Priorisierungen entschieden werden (wer bekommt noch wie viel Silber?), was ethische und politische Fragen aufwerfen würde.

Zusammenfassung

Eine anhaltende oder sich verschärfende Silberknappheit hätte weitreichende Konsequenzen, die über den reinen Marktwert des Metalls hinausgehen. Sie würde zentrale Zukunftsprojekte der Gesellschaft beeinflussen – von der Klimapolitik bis zur industriellen Wertschöpfung. Silber ist somit längst nicht mehr nur ein Edelmetall für Anleger, sondern ein strategischer Rohstoff, dessen Verfügbarkeit zu einem gesamtwirtschaftlichen und politischen Faktor wird.

Gegenstrategien: Substitution, Recycling und Innovation

Die skizzierten Risiken machen deutlich, dass proaktive Gegenmaßnahmen erforderlich sind, um Silberengpässen vorzubeugen. Wirtschaft, Wissenschaft und Politik arbeiten an verschiedenen Strategien, um die Versorgung mit Silber langfristig zu sichern und die Abhängigkeit zu verringern. Im Wesentlichen lassen sich drei Ansätze unterscheiden: Substitution, Recycling und technologische Innovation.

a) Substitution – Alternativen zum Silber finden

Aufgrund seiner besonderen Eigenschaften ist Silber in vielen Anwendungen schwer zu ersetzen. Dennoch gibt es Bereiche, in denen Ersatzmaterialien bereits genutzt oder erprobt werden:

In der **Photovoltaik** suchen Forscher und Hersteller händeringend nach Alternativen zur Silbermetallisierung. Ein vielversprechender Ansatz ist der Einsatz von Kupfer- anstelle von Silber-Leitpasten.[251] Kupfer ist deutlich günstiger und wesentlich häufiger verfügbar. Allerdings neigt Kupfer schneller zur Korrosion und ist schwieriger zu verarbeiten (Schmelzpunkt, Diffusion in Silizium et cetera). Einige Start-ups und Forschungsinstitute haben dennoch erste Erfolge erzielt – so wurden Prototyp-Solarzellen mit kupferbasierten Kontakten gefertigt, die ähnliche Wirkungsgrade erreichen wie herkömmliche Zellen.[252] Skalierbare Lösungen sind in Entwicklung, aber noch nicht im Massenmarkt angekommen. Auch Aluminium wird als Beschichtung für Solarzellen-Rückseiten und teils Frontkontakte eingesetzt (Aluminium kann Silber in bestimmten Zellarchitekturen teilweise ersetzen, zum Beispiel bei Rückkontaktzellen).[253] Langfristig könnte zudem der Umstieg auf ganz andere Photovoltaik-Technologien (zum Beispiel Dünnschichtsolarzellen) den Silberbedarf reduzieren, da einige dieser Technologien ohne Silberverbindungen auskommen.

In der **Elektrotechnik und Elektronik** wird versucht, Silber, wo möglich, durch Kupfer, leitfähige Polymere oder andere Metalle zu substituieren.[254] Kupfer ist der naheliegende Ersatz in elektrischen Kontakten, Leiterplatten und Kabeln – es leitet Strom zwar etwas weniger gut, aber immer noch ausreichend für viele Anwendungen. Zudem ist Kupfer preiswert. Tatsächlich sind viele Kontakte heute schon aus Kupfer und nur mit einer dünnen Silberschicht überzogen; im Falle von Knappheit könnte man diese Silberbeschichtung verringern oder weglassen, wobei das allerdings die Leitfähigkeit und Lebensdauer reduzieren würde. In Spezialanwendungen, wo es vor allem auf Korrosionsbeständigkeit ankommt (zum Beispiel Stecker in rauer Umgebung), könnten Goldbeschichtungen eine Alternative sein – Gold ist noch teurer, aber in kleinen Mengen eventuell verkraftbar und noch korrosionsbeständiger als Silber. Für silberhaltige Batterien (wie Silber-Zink-Knopfzellen) existieren heute bereits andere Batterietypen (Lithium-Ionen, Alkali-Mangan), die diese weitgehend ersetzt haben.[255] In optischen Anwendungen wurde Silber teils durch Aluminium ersetzt, ohne große Leistungseinbußen.[256] Diese Beispiele zeigen: Substitution ist punktuell möglich, aber oft mit Kompromissen verbunden. Wo es um höchste Leistungsfähigkeit – etwa in hocheffizienten Solarzellen oder platzsparender Elektronik – geht, bleibt Silber meist unverzichtbar. Dennoch kann durch Materialforschung der Silberanteil in vielen Produkten schrittweise verringert werden, um die Abhängigkeit zu reduzieren.

b) Recycling – Silber in den Kreislauf zurückführen

Die effektivste Methode, um Knappheit vorzubeugen, ist das Wiederverwenden des bereits geförderten Silbers. Hier gibt es erhebliches Potenzial. Die derzeitige Recyclingquote ließe sich durch technische und organisatorische Maßnahmen steigern. Ansätze umfassen:

Verbesserte Rücknahme und Recycling von Elektronikschrott: Regierungen und Unternehmen arbeiten an Programmen, um ausgediente Elektronikgeräte konsequenter zu sammeln (zum Beispiel Rückgabeprogramme für Handys) und effizient zu recyceln.[257] Moderne Recyclinganlagen können aus Leiterplatten und Bauteilen nicht nur Gold, sondern auch Silber zurückgewinnen – teils mithilfe von hydrometallurgischen Verfahren oder der Pyrolyse, gefolgt von elektrochemischer Abscheidung. Noch scheitert das oft an der Wirtschaftlichkeit. Aber wenn Silber knapper (und damit teurer) wird, rentiert sich die Stadtrohstoff-Gewinnung (»urban mining«) zunehmend. Ziel ist es, künftig einen wesentlich höheren Prozentsatz der in Elektronik verbauten Edelmetalle zu recyceln, anstatt sie auf Deponien zu verlieren.

Recycling von Photovoltaik-Modulen: In den kommenden Jahrzehnten wird eine enorme Menge an PV-Modulen das Ende ihrer Lebensdauer erreichen. Bereits jetzt werden Recyclingverfahren entwickelt, um möglichst alle wertvollen Komponenten von Solarmodulen zurückzugewinnen – Glas, Aluminiumrahmen, Siliziumzellen und eben auch Silber. Da der Silbergehalt pro Modul gering ist, war dessen Rückgewinnung bislang kaum wirtschaftlich. Doch mit steigenden Mengen und Preisen könnte sich das ändern. Künftige Recyclinganlagen könnten chemische Prozesse nutzen, um das Silber aus den zerschredderten Zellpasten herauszulösen.[258] Eine hohe Recyclingquote bei ausrangierten Modulen würde den Bedarf an Primärsilber mindern und zugleich die Nachhaltigkeit der Solarenergie weiter erhöhen.

Kreislaufwirtschaft in der Industrie: Auch Industriezweige selbst setzen vermehrt auf Recycling. In der Fotobranche war es lange üblich, Silber aus Fixierbädern zurückzugewinnen. Ähnlich könnten Elektronikfertiger Reste von Silberlötpasten oder Stanzabfälle aus der Produktion sammeln und wiederverwerten. Jede Unze recyceltes Silber verringert den Druck auf die Neuförderung. Unterstützend auswirken könnten sich hier eine striktere Regulierung (etwa die Verpflichtung zur Gerätesammlung und -verwertung) und wirtschaftliche Anreize (Steuervergünstigungen für Recycling, Forschungsgelder für Recyclingtechnologien).[259]

c) Technologische Innovation – mehr Output mit weniger Silber

Die dritte Säule ist die Innovation, sowohl auf Seiten der Anwendungstechnologien als auch bei der Rohstofferschließung.

Effizienzsteigerungen und neue Designs: Wie die Vergangenheit zeigt, lassen sich durch technologische Fortschritte erhebliche Materialeinsparungen erzielen – man denke nur an die Reduktion des Silberbedarfs pro Solarzelle um rund 80 Prozent seit 2010.[260] Ähnliches Potenzial könnte in kommenden Innovationen stecken. In der Solarindustrie werden zum Beispiel neue Zellarchitekturen entwickelt (Stichwort: Heterojunction-, Tandem- oder Perowskitzellen), die entweder weniger Silber pro Zelle benötigen oder aufgrund eines höheren Wirkungsgrads insgesamt weniger Zellen (und damit weniger Silber) für die gleiche Leistung erfordern.[261] In der Automobilindustrie könnten neue Bordnetze und Leistungselektronik-Designs den Silberbedarf optimieren – etwa durch Zusammenfassen von Funktionen in einem Steuergerät anstatt vieler separater Einheiten, was die Summe der benötigten Kontakte verringert.[262] Auch Software kann helfen: Immer mehr Funktionen lassen sich virtuell abbilden (zum Beispiel software-defined cars), was langfristig Hardware einsparen könnte.

Neue Fördermethoden und Exploration: Auf der Rohstoffseite sind Innovationen gefragt, um die Silberproduktion umweltverträglich zu steigern. Dazu zählt der Einsatz neuer Explorationstechnologien (Satellitensuche, KI-gestützte geologische Analysen), um bislang unentdeckte Silbervorkommen aufzuspüren.[263] Ebenfalls diskutiert wird die Gewinnung von Edelmetallen aus bislang unzugänglichen Quellen, wie dem Tiefseebergbau oder dem Recycling von Abraumhalden früherer Minen mit verbesserten Verfahren. Auch wenn diese Ansätze teils kontrovers diskutiert werden und die Erfolgsversprechen dieser Ansätze mit Vorsicht zu bewerten sind, zeigt sie doch, dass es auf lange Sicht mehrere Wege gibt, das Silberangebot zu erweitern.[264] Technologische Innovation kann also sowohl die Nachfrage dämpfen (durch effizientere Nutzung) als auch das Angebot erhöhen (durch verbesserte Fördertechnik).

Fazit

Zusammen genommen wird deutlich, dass es kein Patentrezept gibt, um die strategische Abhängigkeit der Welt von Silber sofort aufzuheben. Vielmehr ist eine Kombination aller genannten Maßnahmen erforderlich. Durch Substitution lässt sich der eine oder andere Prozentpunkt an Verbrauch einsparen, durch Recycling kann mittelfristig ein größerer Teil des Bedarfs aus dem vorhandenen Materialstock gedeckt werden, und dank Innovation kann die Wirtschaft wachsen, ohne dass der Silberverbrauch proportional ins Unermessliche steigt. Politik und Industrie sind gut beraten, diese Hebel frühzeitig in Bewegung zu setzen. Denn die strategische Bedeutung von Silber wird in den kommenden Jahren aller Voraussicht nach weiter zunehmen – getrieben von Elektromobilität, Solarenergie und Digitalisierung. Wer rechtzeitig Vorsorge trifft, kann von dem Silberboom profitieren, ohne von ihm überwältigt zu werden.

KAPITEL 10

Physisches Silber kaufen

Silber als physisches Edelmetall erfreut sich bei Anlegern großer Beliebtheit – gerade Einsteiger schätzen die greifbare Form als Wertspeicher. Physisches Silber bietet Schutz vor Inflation und Währungsrisiken, da es einen inneren Wert besitzt, der von keiner Regierung entwertet werden kann. Im Vergleich zu Aktien oder Papiergeld behält Silber seinen realen Wert und dient seit Jahrtausenden als konstante Größe in der Finanzgeschichte. Zudem ist Silber deutlich günstiger als Gold (»Gold des kleinen Mannes«), sodass auch mit kleinem Budget eine Diversifikation des Vermögens möglich ist. Bevor Sie jedoch in physisches Silber investieren, sollten Sie einige wichtige Grundlagen kennen. Dieses Kapitel bietet Einsteigern einen praxisorientierten Leitfaden zum Kauf von physischem Silber – von der Wahl zwischen Münzen und Barren, über steuerliche Rahmenbedingungen, die Auswahl seriöser Händler, bis zur sicheren Lagerung und Wiederveräußerung.

Silberbarren versus Silbermünzen – Unterschiede und Hinweise zur Auswahl

Das Bild zeigt einen 1000g-Barren aus 99,9 Prozent Feinsilber der LBMA-zertifizierten Scheideanstalt umicore, sowie Philharmoniker-Silbermünzen der Münze Österreich, einer Tochtergesellschaft der Österreichischen Nationalbank (OeNB)

Bildquelle: Adobe Stock / NathalieVanBergen

Silber steht Anlegern hauptsächlich in zwei Formen zur Verfügung: Silberbarren und Silbermünzen. Beide enthalten das Metall, unterscheiden sich jedoch in Prägung, Größe, Liquidität und Preisgestaltung deutlich.

Silberbarren sind meist einfache geprägte oder gegossene Blöcke aus reinem Silber (üblich sind 99,9 Prozent Feinheit) ohne Nennwert. Sie werden von renommierten Herstellern (zum Beispiel Heraeus, Valcambi, Umicore) unter strengen Qualitätsstandards produziert.[265] Jeder Barren trägt Angaben zu Gewicht und Feinheit, oft auch eine Seriennummer und das Herstellerlogo, was die eindeutige Identifizierbarkeit und Echtheitsprüfung erleichtert. Große Barren ab etwa 250 Gramm oder 1 Kilogramm verfügen häufig über solche Seriennummern zur Nachverfolgung.[266] Wichtig für Anleger: Barren namhafter Hersteller erfüllen in der Regel die LBMA-Good-Delivery-Standards – ein Qualitätssiegel der London Bullion Market Association, das weltweit als de-facto-Standard für handelbare Silberbarren anerkannt ist.[267] Diese Zertifizierung stellt sicher, dass die Barren exakt den geforderten Reinheits- und Gewichtsstandards entsprechen und überall ohne Abschlag gehandelt werden können.

Silbermünzen hingegen werden meist von staatlichen Prägeanstalten herausgegeben und besitzen einen offiziellen Nennwert (zum Beispiel 1 US-Dollar, 5 Kanadische Dollar, 1,50 Euro), wodurch sie gesetzliches Zahlungsmittel des Ausgabelandes sind. Ihr Materialwert übersteigt jedoch fast immer den aufgeprägten Nominalwert, sodass Silbermünzen faktisch als Anlage- und Sammlerobjekte dienen. Im Gegensatz zu Barren haben Anlagemünzen kunstvolle Prägungen mit Jahrgang und Motiv, oft wechselnd pro Jahrgang, was ihren Wiedererkennungswert erhöht.[268] Gängige Bullion Coins (Anlagemünzen) bestehen üblicherweise aus 99,9 Prozent reinem Silber (Feinsilber 999) und wiegen eine Feinunze, abgekürzt oz (1 Feinunze entspricht ungefähr 31,1 Gramm).[269] Beispiele sind der American Silver Eagle[270] oder der österreichische Wiener Philharmoniker[271] – alle beide besitzen eine Feinheit von 999/1000 und sind international weit verbreitet. Auch der Maple Leaf[272] aus Kanada mit einer Feinheit von 9999/1.000 ist beliebt und bekannt. Silbermünzen gibt es in verschiedenen Stückelungen, etwa 1/4 Unze, 1/2 Unze, 1 Unze, 2 Unzen, 5 Unzen, 10 Unzen bis hin zu 1 Kilogramm, wobei 1 Unze weltweit die gängigste Größe darstellt. Münzen kleiner oder größer als 1 Unze werden zwar ebenfalls angeboten, sind jedoch oft eher für Sammler interessant, während das Standard-Feingewicht von 1 Unze wegen der einfachen Handelbarkeit für Anleger bevorzugt wird.[273]

Bildquelle: Adobe Stock / Matt Light

Das Bild zeigt eine Auswahl der weltweit bekanntesten Silber-Bullion-Münzen, die jeweils als gesetzliches Zahlungsmittel in ihrem Ausgabeland gelten, in der Praxis jedoch fast ausschließlich als Anlage- und Sammlerobjekte verwendet werden, da ihr Materialwert den Nennwert deutlich übersteigt. Zu sehen sind der Wiener Philharmoniker aus Österreich mit einem Nennwert von 1,50 Euro und einer Feinheit von 999/1000, der Australian Kookaburra sowie das Australian Kangaroo aus Australien, beide mit einem Nennwert von 1 Australischem Dollar und einer Feinheit von 999/1000 beziehungsweise 9999/1000, der kanadische Maple Leaf mit 5 Kanadischen Dollar Nennwert und einer Feinheit von 9999/1000, der American Silver Eagle aus den USA mit einem Nennwert von 1 US-Dollar und 999/1000 Feinsilber, die mexikanische Libertad, die keinen aufgeprägten Nennwert trägt, aber durch Gesetz in Mexiko offizielles Zahlungsmittel ist und 999/1000 Feinsilber enthält, sowie der chinesische Panda mit einem Nennwert von 10 Yuan und einer Feinheit von 999/1000. Diese Münzen repräsentieren die Vielfalt des globalen Silbermarkts und vereinen den

Status als gesetzliches Zahlungsmittel mit internationaler Handelbarkeit und hohem Wiedererkennungswert.

Liquidität und Handel: Grundsätzlich werden sowohl Barren als auch Münzen bei Verkauf an Händler oder privat nach Gewicht bewertet – entscheidend ist stets der aktuelle Silberkurs und das Feingewicht. Allerdings zeigen sich im Handel Unterschiede: Silbermünzen sind weltweit bekannt und werden von Anlegern oft bevorzugt, sodass sie leicht zu kaufen und zu verkaufen sind. Gerade gängige 1-Unzen-Bullion Coins (Maple Leaf, Philharmoniker et cetera) werden von praktisch jedem Edelmetallhändler angekauft.[274] Barren großer Hersteller sind ebenfalls global handelbar, insbesondere wenn sie Good-Delivery-Standards erfüllen.[275] Bei sehr großen Barren kann die Handelbarkeit im Alltag jedoch etwas eingeschränkt sein – ein 15-Kilogramm-Silberbarren etwa findet im Privatverkauf weniger Abnehmer als kleinere Einheiten.[276] Viele Anleger schätzen daher die Flexibilität kleinerer Stückelungen: Eine Silbermünze der Stückelung 1 Unze oder 2 Unzen wird sich schneller verkaufen lassen als ein 1-Kilogramm-Schwergewicht. Kleine Einheiten ermöglichen es, bei Bedarf Eilmengen zu veräußern, ohne gleich den gesamten Silberbestand verkaufen zu müssen. Hier gilt es abzuwägen: Je kleiner die Stückelung, desto höher der Aufpreis, das gilt zumindest für Stückelungen unter 1 Unze – zwei 0,5-Unzen-Münzen sind teurer als eine 1-Unzen-Münze, da doppelte Prägekosten anfallen.[277] Dafür bieten mehr kleinere Einheiten mehr Flexibilität beim Verkauf. Da Feingewichte über 1 Unze selten sind und oft nur in kleinerer Stückzahl geprägt werden, sind Silbermünzen mit einem Feingewicht über 1 Unze allerdings häufig wieder teurer. Einsteiger sollten dieses Preis-Flexibilitäts-Verhältnis beachten und eine für sie passende Balance wählen.

Preisaufschläge (Aufgeld): Beim Kauf zahlt man einen Aufpreis auf den reinen Silberwert, der Herstellung, Vertrieb und Händlermarge abdeckt. Dieses Aufgeld ist bei Silbermünzen meist höher als bei gleich schweren Barren. Der Grund: Münzprägung ist aufwändiger, jede Münze wird einzeln geprägt und verpackt, oft mit hochwertiger Optik und in kleinen Stückelungen, was die Stückkosten erhöht. Barren sind in größeren Gewichten herstellbar und einfacher zu produzieren (Guss- oder Prägebarren ohne kompliziertes Motiv), wodurch der Aufschlag pro Gramm Silber niedriger ausfällt. Beispielsweise kann der prozentuale Aufpreis einer einzelnen 1-Unzen-Münze deutlich über dem eines 1-Kilogramm-Barrens liegen. Für größere Barren gilt zudem: Je größer der Barren, desto geringer der Aufschlag (bezogen auf den Silberwert).[278] Großinvestoren, die etwa 5-Kilogramm- oder 15-Kilogramm-Barren erwerben, zahlen pro Unze weniger Aufgeld als Käufer vieler kleiner Münzen. Allerdings sollten Sie beachten, dass bei sehr großen Einheiten der Wiederverkaufspreis relativ gesehen etwas niedriger sein kann: Händler ziehen beim Ankauf großer Barren mitunter einen Abschlag ab, da deren Weiterverkauf mehr Zeit oder das Einschmelzen erfordert.[279] Bei gängigen Anlagemünzen hingegen lässt sich ein Teil des ursprünglich gezahlten Aufgelds beim Verkauf häufig wieder erzielen, sofern es sich um gefragte Münzen handelt.[280] Zusammengefasst sind Barren preislich effizienter für möglichst viel Silber pro Euro, Münzen hingegen holen einen Teil ihres höheren Kaufpreises durch eine breitere Nachfrage in Anlegerkreisen beim Verkauf wieder herein.

Fälschungssicherheit und Aussehen: Silbermünzen weisen meist filigrane Sicherheitsmerkmale und reliefartige Motive auf, die Fälschungen erschweren. Moderne Anlagemünzen (zum Beispiel Maple Leaf ab dem Jahrgang 2014) haben oft radiales Linienmuster oder Mikrogavuren, die sie fälschungssicherer machen.[281] Barren haben demgegenüber eine schlichtere, monotone Optik und können in einfacher Form leichter kopiert werden. Allerdings verfügen namhafte Barrenhersteller ebenfalls über Sicherheitsstandards – viele Barren werden in versiegelten Zertifikat-Blistern ausgeliefert oder tragen Hologramme/Siegel.[282] Wegen ihres attraktiven Aussehens sind Münzen für Sammler attraktiver: wechselnde Jahresmotive (etwa das Tiermotiv der Lunar-Serie) oder die Portraits historischer Persönlichkeiten verleihen den Münzen einen ästhetischen Reiz.[283] Barren dagegen werden primär nach ihrem Metallwert bewertet und besitzen keinen zusätzlichen Sammlerwert.[284]

Sammlerwert und Sonderformen: Einige Silbermünzen genießen unter Numismatikern einen Sammlerstatus. Limitierte Gedenkprägungen, Proof-Ausgaben (Prägungen in der hochwertigen Spiegelglanz-Ausführung) oder besondere Serien (zum Beispiel chinesische Pandamünzen) können im Wert weit über den reinen Silberpreis steigen.[285] Dieser zusätzliche Wertzuwachs durch Seltenheit ist ein Bonus, den Barren nicht bieten – ein 1-Kilogramm-Barren bleibt immer nur 1 Kilogramm Silber ohne jeden Sammlerwert. Allerdings ist der Verkauf von Sammlermünzen oft komplizierter: Man muss einen Käufer finden, der den Sammlerwert bezahlt, was Fachkenntnis erfordert. Ein Händler wird bei unbekannten Sammlerstücken oft nur den Metallwert vergüten. Barren und gängige Bullion Coins haben keinen nennenswerten Sammlerwert, sie spiegeln primär den Silberpreis wider. Dafür sind sie unkompliziert zu handeln.[286] Eine Sonderform sind sogenannte Münzbarren – das sind Silberbarren mit aufgeprägtem Nominalwert (zum Beispiel 1-Kilogramm-Cook-Islands-Münzbarren mit 100 US-Dollar

Nennwert). Sie verbinden rechtlich die Eigenschaften einer Münze mit der Form eines Barrens. Steuerlich werden Münzbarren meist wie Münzen behandelt, für Anleger spielen sie aber eine untergeordnete Rolle; deshalb wird das Thema hier nicht vertieft.[287]

Fazit – was ist besser?

Die Wahl zwischen Silbermünzen und -barren hängt von Ihren Zielen ab. Möchten Sie möglichst viel Silber zum geringsten Aufpreis erwerben und große Mengen langfristig halten, sind größere Silberbarren vorteilhaft. Legen Sie hingegen Wert auf Flexibilität und die Möglichkeit, Teilverkäufe zu tätigen, oder möchten Sie Silber in einer attraktiv aussehenden Form kaufen, dann bieten 1-Unzen-Münzen und kleine Barren Vorteile. Viele Anleger kombinieren beide Formen: zum Beispiel einige Kilogramm-Barren für den Grundstock an Silber und dazu eine Tube (Röhre) à 20 Münzen für kleinere Transaktionen. Wichtig ist es, sich für etablierte Produkte zu entscheiden – bekannte Münzen und Barren bekannter Hersteller gewährleisten weltweit Anerkennung und erleichtern einen späteren Verkauf.

Steuerliche Aspekte beim Kauf und Verkauf von Silber

Anders als Anlagegold (welches in der EU von der Umsatzsteuer befreit ist), unterliegt Silber in Deutschland der vollen Mehrwertsteuer von 19 Prozent.[288] Das bedeutet: Beim Kauf von Silberbarren oder -münzen müssen Privatanleger auf den Netto-Silberpreis noch 19 Prozent Aufschlag zahlen. Diese Steuer macht Silberinvestments auf den ersten Blick teurer – der Silberpreis muss also entsprechend steigen, um allein die Steuerlast wieder hereinzuholen. Es gibt jedoch Besonderheiten: Viele Silber-Anlagemünzen wurden in der Vergangenheit über die sogenannte Differenzbesteuerung (§ 25a UStG) verkauft, die für den Käufer deutlich günstiger war.[289] Dabei entrichtet der Händler die 19 Prozent Umsatzsteuer nur auf seine Marge (Differenz zwischen Ein- und Verkaufspreis), nicht auf den vollen Silberwert. Der Effekt: Der Endkunde zahlte je nach Händleraufschlag effektiv nur circa 7 bis 10 Prozent Steuer statt 19 Prozent. Dies war möglich, wenn die Münzen aus dem Nicht-EU-Ausland importiert oder von Privatpersonen angekauft wurden. Lange Zeit war die Differenzbesteuerung ein gängiges Modell, um Silbermünzen in Deutschland günstiger anzubieten – Silberbarren hingegen waren immer voll mit 19 Prozent besteuert (Differenzbesteuerung galt nicht für Barren), außer bei Münzbarren.[290]

Ab 2025 ist allerdings eine Neuregelung in Kraft: Als Anleger sollten Sie wissen, dass sich die Rechtslage jüngst geändert hat. Seit dem 1. Januar 2025 entfällt die Differenzbesteuerung für neu in die EU importierte Silbermünzen – solche Neuimporte werden nun voll mit 19 Prozent Mehrwertsteuer belegt. Auch der Umweg über andere EU-Länder (wie zuvor über Polen mit 8 Prozent Einfuhrumsatzsteuer) ist inzwischen ausgeschlossen. Für Händler bedeutet dies, dass neu beschaffte Münzen ab 2025 teurer werden, für Käufer steigen folglich die Preise um etwa 10 Prozent. Es gibt allerdings eine Übergangsregelung: Münzen, die Händler vor 2025 bereits differenzbesteuert auf Lager hatten, dürfen weiterhin nach altem Modell verkauft werden. Viele etablierte Händler haben ihre Lagerbestände Ende 2024 entsprechend aufgestockt, um ihren Kunden auch 2025 noch differenzbesteuerte Ware anbieten zu können. Zudem gilt die Differenzbesteuerung weiterhin bei Privatankäufen: Wenn ein Händler Silbermünzen von Privatpersonen ankauft (die beim Verkauf keine Umsatzsteuer ausweisen), kann er diese beim Weiterverkauf nach wie vor differenzbesteuert anbieten. Für Sie als Einsteiger heißt das: Achten Sie bei Preisvergleichen darauf, ob der Preis »differenzbesteuert« ist – seriöse Händler weisen dies aus. Differenzbesteuerte Angebote sind in der Regel deutlich günstiger als regulär besteuerte, solange noch Altbestände verfügbar sind. Mittelfristig sollten Sie sich aber darauf einstellen, dass Silbermünzen generell mit 19 Prozent Umsatzsteuer belegt werden und dieser Kostenzuschlag Teil des Investments ist.

Tipp: Eine legale Möglichkeit, die Mehrwertsteuer zu vermeiden, ist der Kauf und die Lagerung im Zollfreilager (dazu später mehr). In speziellen Lagerhäusern außerhalb des EU-Zollgebiets (zum Beispiel in der Schweiz, Liechtenstein oder Luxemburg) kann Silber mehrwertsteuerfrei erworben und gelagert werden.[291] Die Steuer wird erst fällig, wenn das Silber physisch nach Deutschland importiert wird. Diese Variante lohnt sich vor allem für größere Investitionssummen und wenn Sie das Silber nicht sofort selbst in Besitz nehmen wollen.

Beim Verkauf unterliegen die Gewinn unter Umständen der Besteuerung: Für Privatanleger gilt Silber (ähnlich wie Gold, Kunst oder andere bewegliche Sachgüter) als privates Veräußerungsgeschäft. Gewinne aus dem Verkauf von physischem Silber sind in Deutschland steuerfrei, wenn die Haltedauer mehr als ein Jahr beträgt (§ 23 EstG).[292] Diese sogenannte Spekulationsfrist bedeutet:

Wer zum Beispiel heute Silber kauft und mindestens zwölf Monate hält, darf einen Wertzuwachs beim späteren Verkauf komplett behalten, das Finanzamt verlangt keine Abgeltungssteuer darauf. Diese Regel macht physisches Silber für langfristige Anleger attraktiv – im Gegensatz zu Silber-ETCs oder -Zertifikaten, die bei Gewinn stets der Abgeltungssteuer (25 Prozent zuzüglich Soli) unterliegen.[293] Wer sein Silber jedoch innerhalb eines Jahres verkauft, muss den Veräußerungsgewinn zum persönlichen Einkommensteuersatz versteuern. Dabei gibt es eine Freigrenze von 1000 Euro Gewinn pro Jahr: Bleibt der gesamte Gewinn aller privaten Veräußerungsgeschäfte unterhalb dieser Grenze, bleibt er steuerfrei. Ab der 1000-Euro-Grenze ist allerdings der volle Gewinnbetrag vom ersten Euro an steuerpflichtig: Es handelt sich nicht um einen Freibetrag, sondern um eine Freigrenze![294] Diese Regelung gilt unabhängig davon, ob Sie Ihr Silber an einen Händler oder an eine Privatperson verkaufen – entscheidend ist nur die Haltedauer. Aus steuerlicher Sicht ist es also sinnvoll, Silber eher längerfristig zu halten, um von der einjährigen Spekulationsfrist zu profitieren. Kurzfristige Spekulationen mit Silber lohnen kaum, zumal der Silberpreis stark schwanken kann und die 19 Prozent Mehrwertsteuer-Hürde erst einmal überwunden sein will.

Bei einem Verkauf innerhalb eines Jahres ist es allerdings möglich, anfallende Verluste mit den Gewinnen aus anderen privaten Veräußerungsgeschäften zu verrechnen (zum Beispiel aus dem Verkauf von Immobilien, Antiquitäten, Gold et cetera innerhalb der Spekulationsfrist). Sind im betreffenden Kalenderjahr nicht genügend Veräußerungsgewinne angefallen, um alle Verluste zu verrechnen, ist ein Verlustvortrag in Folgejahre möglich.

Zusammenfassung zum Thema Steuern

Beim Kauf von Silber fallen in Deutschland in der Regel 19 Prozent Mehrwertsteuer an. Nutzen Sie nach Möglichkeit Angebote mit Differenzbesteuerung – aktuell (2025) vor allem aus Händler-Altbeständen oder Second-Hand-Käufen –, um Geld zu sparen. Planen Sie eher langfristig: Nach mindestens einem Jahr Haltedauer sind eventuelle Gewinne steuerfrei. Führen Sie Buch über Ihre Käufe (Rechnungen aufbewahren), um die Einhaltung der Haltefrist gegenüber dem Finanzamt nachweisen zu können. Und bedenken Sie: Wenn Sie Ihr Silber aus einem Zollfreilager entnehmen, wird nachträglich die Umsatzsteuer fällig. Veräußern Sie stattdessen Silber direkt aus dem Zollfreilager an einen Käufer oder Händler, sparen Sie die Mehrwertsteuer endgültig. Der Verkaufsgewinn ist bei einer Haltefrist von über einem Jahr ebenfalls steuerfrei.

Woran erkennt man seriöse Silberhändler?

Gerade als Einsteiger ist es entscheidend, vertrauenswürdige Händler für den Silberkauf zu wählen. Der Edelmetallmarkt zieht leider auch unseriöse Anbieter und Fälscher an, sodass Vorsicht geboten ist. An folgenden Merkmalen lässt sich ein seriöser Edelmetallhändler erkennen:

- **Offizielle Registrierung und Impressum:** Prüfen Sie, ob der Händler ein vollständiges Impressum auf seiner Webseite angegeben hat (Name/Firma, Anschrift, Handelsregister,

Kontakt). In Deutschland ist dies gesetzlich vorgeschrieben.[295] Fehlen klare Unternehmensangaben oder tritt nur eine anonyme »Limited« ohne Adresse auf, ist Skepsis angebracht. Achten Sie auch auf eine verschlüsselte Verbindung der Website (erkennbar am einleitenden »https://« in der URL und dem Schloss-Symbol in der Adresszeile des Browsers, das beim Anklicken zum entsprechenden Sicherheitszertifikat führt). Jeder professionelle Shop schützt die Kundendaten durch eine SSL-Verschlüsselung.[296] Ein hochwertiges SSL-Zertifikat, das sogar den Firmennamen im Adressfeld zeigt, ist ein weiteres Vertrauensmerkmal.

- **Reputation und Erfahrung:** Etablierte Händler sind oft schon viele Jahre am Markt und verfügen über entsprechende Erfahrung.[297] Suchen Sie online nach Bewertungen und Erfahrungen anderer Kunden – zum Beispiel in unabhängigen Foren (wie dem gold.de-Forum) oder auf Bewertungsportalen.[298] Ein seriöser Händler wird in der Regel positiv bewertet. Viele vertrauenswürdige Edelmetallhändler sind Mitglied in branchentypischen Fachverbänden, zum Beispiel dem Berufsverband des Deutschen Münzenfachhandels oder der Fachvereinigung Edelmetalle.[299] Eine solche Mitgliedschaft impliziert geprüfte Zuverlässigkeit und bestimmte Verhaltensstandards.

- **Preistransparenz und realistisches Preisniveau:** Machen Sie den Preisvergleich – unseriöse Anbieter locken oft mit deutlich unter dem Markt liegenden Preisen für Silbermünzen oder Barren.[300] Wenn ein Angebot viel zu gut erscheint (zum Beispiel Silber zum Spotpreis ohne Aufgeld, oder weit unter den Preisen aller Konkurrenz), ist Vorsicht geboten: Niemand hat Gold oder Silber zu verschenken. Solche Lockangebote entpuppen sich oft als Betrug (zum Beispiel werden Fälschungen geliefert oder nach Vorauszahlung über eine nicht rückholbare Überweisung wird gar nicht erst geliefert). Seriöse Händler orientieren sich am aktuellen Goldkurs und weisen die Aufgelder transparent aus. Es ist normal, dass die Preise verschiedener seriöser Händler leicht variieren – ein gesundes Mittelmaß ist meist ein gutes Zeichen. Extremabweichungen nach unten (oder oben) sollten Sie misstrauisch stimmen.[301]

- **Produktqualität und Zertifizierungen:** Achten Sie darauf, dass der Händler anerkannte Anlageprodukte anbietet – also zum Beispiel Silberbarren von LBMA-zertifizierten Herstellern oder gängige Bullion Coins, sprich Anlagemünzen. Seriöse Händler garantieren die Echtheit der Ware und liefern sie in Originalverpackung mit Zertifikat (falls vom Hersteller vorgesehen).[302] Manche Händler lassen ihre Lieferketten oder Prozesse zertifizieren (etwa nach ISO-Normen). Das Prädikat »LBMA-zertifiziert« wird manchmal auch bei Händlern verwendet, die direkt von LBMA-Good-Delivery-Herstellern beziehen.[303] Kurz gesagt: Kaufen Sie bevorzugt dort, wo Sie garantiert echtes Silber in hoher Feinheit erhalten – im Zweifel Nachfragen zu Echtheitsgarantien stellen.

- **Kundenservice und Erreichbarkeit:** Ein zuverlässiger Händler ist erreichbar und beantwortet Rückfragen. Gibt es eine Kundenhotline oder ein Ladengeschäft? Viele große

Edelmetallhändler unterhalten Filialen oder Abholstellen, wo man die Ware auch persönlich entgegennehmen kann. Die Möglichkeit der Selbstabholung (gegen Barzahlung) ist ein Vertrauensindikator – ein reiner Online-Shop ohne Adresse, der Vorkasse verlangt, birgt ein hohes Risiko.[304] Prüfen Sie die angegebenen Lieferzeiten: Seriöse Shops informieren über die Verfügbarkeit (»sofort lieferbar« versus »lieferbar zum ...« mit Lieferfrist).

- **Sicherheitshinweis zum Thema Fakeshops:** In den letzten Jahren sind vermehrt Fake-Shops aufgetaucht, die real existierende Edelmetallhändler imitieren (zum Beispiel eine URL haben, die nur minimal abweicht von der eines seriösen Händlers) oder frei erfundene Shops mit Dumpingpreisen online stellen.[305] Informieren Sie sich auf Portalen wie gold.de, das eine laufend aktualisierte Fakeshop-Blacklist führt.[306] Dort lässt sich anhand der Shop-URL prüfen, ob der Anbieter bereits als Betrüger gemeldet ist. Wenn ein Shop auf dieser Liste steht: Überweisen Sie keinesfalls Geld dorthin! Kaufen Sie im Zweifel lieber bei bekannten Händlern, auch wenn es ein paar Euro mehr kostet – Sie bezahlen die Sicherheit gleich mit.

Zusammenfassung

Einen seriösen Händler erkennen Sie an Transparenz (vollständige Unternehmensinfos, klare Preise), Qualität (echte Ware von renommierten Prägestätten) und Integrität (guter Leumund, keine Lockvogelmasche). Im Edelmetallhandel sind Namen wie Degussa

Goldhandel, pro aurum, Heraeus, Münze Österreich und Ähnliche seit Jahrzehnten etabliert – neue unbekannte Online-Shops ohne Historie sollten Sie kritisch prüfen, bevor Sie ihnen größere Summen anvertrauen. Setzen Sie im Zweifel auf Händler, die von anderen Anlegern empfohlen werden oder Testsiege/Auszeichnungen (zum Beispiel von Finanzmagazinen) vorweisen können.

Sichere Lagerung von Silber: zuhause, im Bankschließfach oder Zollfreilager?

Der Kauf von physischem Silber ist der erste Schritt – doch ebenso wichtig ist die Frage: Wo bewahre ich mein Silber sicher auf? Silber hat ein höheres Volumen und Gewicht pro Werteinheit als Gold (1 Kilogramm Silber ist zwar derzeit viel günstiger als 1 Kilogramm Gold, benötigt aber fast doppelt so viel Platz). Schon einige Kilogramm Silber in Münzen oder Barren brauchen viel Platz und wollen sicher verstaut sein, um Diebstahl, Verlust oder Schäden zu vermeiden. Es gibt verschiedene Lageroptionen, die ich hier gegenüberstelle:

Versteck oder Tresor zuhause: Viele Anleger lagern zumindest einen Teil ihres Silbers im eigenen Heim, um im Notfall direkten Zugriff zu haben. Dies kann von einem geheimen Versteck (zum Beispiel im Haus oder vergraben im Garten) bis hin zu einem fest verankerten Werttresor reichen. Der Vorteil liegt in der ständigen Verfügbarkeit – man ist nicht auf Öffnungszeiten angewiesen und behält Anonymität, da kein Dritter vom Besitz erfährt. Allerdings bestehen Risiken: Ein einfaches Versteck bietet kaum Schutz vor Einbruchdiebstahl. Ein guter Tresor schafft hier Abhilfe und schützt besser vor Diebstahl, ist jedoch teuer in Anschaffung und Installation.[307] Zudem erhöht ein schwerer Tresor und eine entsprechende Versicherung die Sichtbarkeit Ihres Silberbesitzes: Lieferfirma, Nachbarn oder Versicherer könnten Rückschlüsse ziehen. Wer seine Edelmetalle zuhause lagert, sollte zumindest für entsprechende Diskretion sorgen (den Tresor unauffällig installieren lassen, wenigen Personen davon erzählen). Beachten Sie auch die Versicherungsfrage: In der Hausratversicherung sind Wertsachen oft nur bis zu einer bestimmte Höchstsumme abgedeckt, und meist auch nur dann, wenn sie in einem zertifizierten Safe aufbewahrt werden. Eine separate Valoren-Versicherung kann nötig sein, falls der Wert Ihres gelagerten Silbers die Hausrat-Deckung übersteigt. Kurzum: Zuhause zu lagern bietet zwar volle Kontrolle und bringt keine laufenden Kosten mit sich, birgt aber ein hohes Diebstahlrisiko. Kleinere Mengen (ein paar Münzen als Notfallreserve) lassen sich jedoch gut daheim verstecken. Bei größeren Beständen sollte zumindest ein geprüfter Tresor (möglichst Sicherheitsstufe EN 1143-1, Widerstandsgrad 0 oder höher) vorhanden sein.[308]

Bankschließfach: Die Anmietung eines Schließfachs bei einer Bank ist eine beliebte Lagerlösung. Manche Banken bieten zumindest ihren Kunden Bankschließfächer in verschiedenen Größen an, manchmal schon ab rund 50 Euro Jahresgebühr für kleinste Fächer. Darin lassen sich Gold- und Silberwerte sicher verwahren – die Bankgebäude verfügen über Alarmanlagen und Tresorräume, wodurch Einbrüche extrem unwahrscheinlich sind.[309] Ein Bankschließfach ist meist pauschal oder bis zu einem bestimmten Betrag versichert (je nach Institut, oft 5000 bis 20.000 Euro; ein höherer Versicherungsschutz ist gegen Aufpreis möglich). Ein großer Vorteil ist die Diskretion: Der Inhalt des Schließfachs ist der

Bank in der Regel nicht bekannt; Sie allein haben den Schlüssel und Zugang. Allerdings greifen hier zwei Einschränkungen: Verfügbarkeit und Systemrisiko. Man kommt nur zu den Banköffnungszeiten an sein Fach – in der Woche also tagsüber, nicht an Wochenenden oder Feiertagen. Für den Alltag genügt das, in einer Krisensituation könnte es jedoch hinderlich sein (zum Beispiel wenn Banken vorübergehend schließen).[310] Tatsächlich mussten Bankkunden auf Zypern 2013 erleben, dass ihnen im Zuge einer Finanzkrise zeitweise der Zugang zu ihren Schließfächern verwehrt wurde. Dieses Risiko ist gering, existiert aber real. Außerdem melden Banken im Todesfall eines Kunden die Existenz eines Schließfachs an das Finanzamt (Inhalt unbekannt, aber das Fach an sich wird angezeigt).[311] Dennoch: Für mittlere Silbermengen bietet das Bankschließfach eine sehr sichere und vergleichsweise kostengünstige Lagerung. Experten empfehlen, eher kleinere regionale Banken oder Sparkassen zu wählen, da hier das Insolvenzrisiko tendenziell geringer als bei Großbanken sein könnte. Bei Insolvenz haben Sie allerdings einen Herausgabeanspruch, da die Gläubiger der Bank keinen Zugriff auf den Schließfachinhalt erhalten. Unterm Strich behalten Sie mit einem Bankfach die physische Kontrolle (Schlüssel) und erreichen hohe Sicherheit – müssen aber der Bank als Verwahrer vertrauen.

Spezialisierte Edelmetalldepots und Zollfreilager: Neben Banken gibt es private Anbieter von Hochsicherheitstresoren. Solche Anbieter (teils Edelmetallhändler selbst oder spezielle Lagerfirmen) bieten Schließfächer oder Fächer in Sammelverwahrung an, oft mit noch höheren Versicherungssummen und Rund-um-die-Uhr-Zugangsmöglichkeiten. Besonders hervorzuheben sind Zollfreilager im Ausland. Ein Zollfreilager ist ein Lagerort, der zoll- und umsatzsteuerrechtlich als Ausland gilt, entweder weil er geografisch zum Beispiel in der Schweiz liegt oder aber auf einem Zollfreigelände innerhalb der EU (zum Beispiel in Luxemburg). Der Clou: Beim Kauf und Einlagerung von Silber in einem Zollfreilager fällt keine Mehrwertsteuer an – Kauf, Lagerung und auch ein späterer Verkauf können völlig steuerfrei erfolgen, solange das Silber im Lager verbleibt und aus dem Lager heraus wieder verkauft wird. Für Anleger, die in Silber, Platin oder Palladium (allesamt in der EU umsatzsteuerpflichtig) investieren, sind Zollfreilager daher attraktiv. Die Lageranbieter (etwa Schweizer Banken, Edelmetallhändler wie pro aurum oder spezialisierte Vaults in Singapur, Hongkong et cetera) berechnen jährliche Lagergebühren, die meist nach Wert oder Volumen gestaffelt sind. Oft gibt es Mindestinvestbeträge oder -gebühren, sodass sich Zollfreilager vor allem ab mittelgroßen Beträgen lohnen. Wichtig zu wissen: Wer das Silber physisch aus dem Zollfreilager herausholt (und es damit zu sich nach Deutschland exportiert), muss nachträglich die Einfuhrumsatzsteuer von 19 Prozent entrichten.[312] Wer also plant, sein Silber irgendwann auszuliefern und privat zu halten, profitiert durch die Zwischenlagerung nur von einem Steuerstundungseffekt. Bleibt das Metall hingegen dauerhaft im Lager und wird es später direkt aus dem Zollfreilager verkauft, lässt sich die Steuer komplett sparen. Diese Strategie eignet sich für Anleger, die Silber rein als Investment sehen und keine emotionalen Gründe haben, es physisch zu besitzen. Was die Sicherheit anbelangt: Zollfreilager sind Hochsicherheitsanlagen mit strengen Zutrittskontrollen. In der Schweiz etwa lagern zahlreiche internationale Anleger ihre Edelmetalle, da politische Stabilität und Diskretion dort hoch sind. Der Zugriff auf das eigene Fach erfordert meist eine vorherige Anmeldung und kann mit Aufwand verbunden sein (eventuell müssen Sie sich persönlich vor Ort identifizieren). Einige Anleger vertrauen dem Konstrukt nicht, da man hier dem Lagerbetreiber vertrauen muss, dass das Metall tatsächlich physisch vorhanden bleibt (Stichwort Emittentenrisiko – allerdings minimieren regelmäßige Audits dieses Risiko bei seriösen Anbietern).[313]

Welche Lagerform ist nun die richtige?

Das hängt von der Menge und Ihren Prioritäten ab. Eine oft empfohlene Mischung: Halten Sie einen Notfallbestand griffbereit zu Hause (gut versteckt oder im kleinen Safe, versichert), um im Ernstfall sofort darüber verfügen zu können. Lagern Sie den größeren Anteil Ihres Silbers jedoch auswärts – sei es im Bankschließfach oder Zollfreilager – wo es professionell geschützt ist. So kombinieren Sie die Vorteile: ein Teil stets verfügbar, der Rest maximal gesichert. Achten Sie bei Lagerung zu Hause stets auf Geheimhaltung, und bei Bank- oder Lageranbietern auf vertragliche Absicherungen (Versicherung, Zugriffsrechte, im Ernstfall schnelle Auslieferung möglich?). Übrigens: Silber braucht aufgrund seines Volumens mehr Platz – schon 500 Silberunzen (etwa 15,5 Kilogramm, Wert circa 15.000 Euro je nach Kurs) füllen eine standardmäßige »Monsterbox« von 500 Münzen. Stellen Sie sicher, dass Ihre gewählte Lagerlösung dieses Volumen aufnehmen kann. Banken haben mit größeren Silberbeständen manchmal ein Problem, da Fächer begrenzten Raum haben und Gewichtsbeschränkungen existieren (sehr schwere Fächer sind unüblich). In solchen Fällen könnte ein spezialisiertes Lager sinnvoller sein.

Tipps für Einsteiger: Stückelung, Vermögensschutz und Wiederverkauf

In diesem Abschnitt liefere ich nun einige praktische Ratschläge, die insbesondere Einsteigern helfen, optimal von ihrem Silberinvestment zu profitieren.

Die richtige Stückelung wählen: Überlegen Sie vor dem Kauf, in welchen Einheiten Sie Ihr Silber später gegebenenfalls verkaufen oder tauschen möchten. Große Barren (1 Kilogramm, 5 Kilogramm) liefern zwar am meisten Silber fürs Geld, sind aber unhandlich bei Teilverkäufen. Es kann sinnvoll sein, unterschiedliche Größen zu kombinieren: etwa einige 1-Kilogramm-Barren für den langfristigen Wert und zusätzlich 1-Unzen-Münzen für Flexibilität. Bedenken Sie: Je kleiner die Stückelung, in der Sie kaufen, desto mehr bezahlen Sie in der Regel. Andererseits bieten mehrere kleine Einheiten die Möglichkeit, auch mal in Etappen Gewinne mitzunehmen. Faustregel: Für Einsteiger sind Standardgrößen ideal – zum Beispiel 1-Unzen-Münzen und 100-Gramm- oder 250-Gramm-Barren. Damit liegen Sie preislich im Rahmen und bleiben handlungsfähig. Extrem kleine Einheiten (Münzen mit dem Feingewicht von 1 Gramm oder 1/10 Unze) haben sehr hohe Aufpreise und eignen sich eher als Geschenke oder Notfallwährung, nicht für größere Anlagebeträge. Sehr große Barren (über 5 Kilogramm) lohnen nur, wenn Sie wirklich eine große Summe in Silber parken wollen und sicher sind, nicht vor Ablauf der Spekulationsfrist verkaufen zu müssen.

Beliebte Produkte bevorzugen: Setzen Sie bei der Auswahl auf gängige Bullion Coins und Barren. International bekannte Münzen wie Maple Leaf, Wiener Philharmoniker, Eagle, Krügerrand oder Känguru werden Sie später überall problemlos los.[314] Gleiches gilt für Barren anerkannter Hersteller (Heraeus, Umicore, Degussa Goldhandel, Perth Mint et cetera).[315] Diese sind weltweit anerkannt, was den Wiederverkauf erleichtert. Weniger bekanntes Silber (exotische Münzen, No-name-Barren) könnte im Zweifel mit Abschlag angekauft werden, da an der Echtheit Zweifel bestehen oder die Nachfrage geringer ist. Auch der Feingehalt kann eine Rolle spielen: Übliches Anlagefeinsilber hat mindestens einen Feingehalt von 999/1000. Historische Münzen mit niedrigerem Feingehalt (90 Prozent, 80 Prozent et cetera) werden zwar ebenfalls nach Silbergehalt bewertet, sind aber international etwas weniger gefragt. Münzen mit höherer Feinheit lassen sich weltweit besser veräußern als solche mit geringerem Feingehalt.[316] Moderne Bullion Coins weisen daher fast immer einen Feingehalt von 999 oder 9999 auf. Im Zweifel sollten Sie also eher eine moderne Anlagemünze wählen als eine alte Silberumlaufmünze, sofern bei Ihrer Motivation der reine Anlagezweck im Vordergrund steht.

Silber pfleglich behandeln: Was banal klingt, ist wichtig für den Werterhalt. Beschädigungen an Barren oder Münzen könnten beim Verkaufspreis zu Abzügen führen – starke Kratzer oder Dellen bedeuten womöglich, dass ein Händler die Stücke einschmelzen muss, anstatt sie unverändert weiterverkaufen zu können.[317] In diesem Fall bekämen Sie nur den Schmelzpreis, der deutlich unter dem regulären Ankaufspreis für unbeschädigte Ware liegen kann. Gehen Sie also sorgsam mit Ihrem Silber um: Fassen Sie blanke Münzen möglichst nur mit Handschuhen an (Fettfinger hinterlassen schwer entfernbare Spuren).[318] Bewahren Sie Münzen in Kapseln oder Tubes auf, wie sie oft vom Hersteller geliefert werden. Belassen Sie Barren in ihren versiegelten Verpackungen, sofern vorhanden. Eine leichte Patina oder Anlaufspuren auf Silber sind zwar natürlich und beeinträchtigen den Metallwert nicht, aber optisch einwandfreie Stücke erzielen eher den besten Preis. Kurz: Der Werterhalt beginnt mit guter Lagerung und Pflege.

Dokumentation und Echtheitszertifikate: Heben Sie Ihre Kaufbelege auf. Diese dienen nicht nur steuerlich als Nachweis der Haltefrist, sondern schaffen auch Vertrauen beim Wiederverkauf an privat: Ein Käufer zahlt eher einen fairen Preis, wenn Sie die Rechnung eines bekannten Händlers vorlegen können (Echtheitsnachweis).[319] Barren höherer Gewichte werden oft mit Zertifikat oder Seriennummer geliefert – bewahren Sie diese Unterlagen gut auf und notieren Sie sich die Seriennummern. Im Verlustfall können so gestohlene Stücke identifiziert werden; beim Verkauf an Händler erhöht sich durch vollständige Zertifikate die Glaubwürdigkeit.

Vermögensschutz und Anlagestrategie: Silber eignet sich vor allem als langfristiger Vermögensschutz und zur Beimischung im Portfolio. Durch seine historische Stabilität dient es als Absicherung gegen Geldentwertung. Beachten Sie aber die höhere Volatilität: Silberpreise schwanken stärker als Gold, was zwar höhere Chancen auf Rendite bringt, aber auch Risiken.[320] Planen Sie daher einen angemessenen Portfolio-Anteil (oft werden 5 bis 20 Prozent Edelmetalle empfohlen, je nach Risikoneigung).[321] Für Einsteiger bietet es sich an, regelmäßig in kleinen Tranchen zu stets gleichen Raten zu kaufen, anstatt alles auf einmal – dieses Cost-Average-Prinzip glättet Schwankungen.[322] Experten empfehlen, eher kontinuierlich zum Beispiel monatlich einen festen Betrag in Silber anzulegen, statt auf einmal große Käufe zum vermeintlich richtigen Zeitpunkt zu tätigen. Langfristig können Sie so einen guten Durchschnittspreis erzielen. Zusätzliche Käufe bei größeren Kursrücksetzern sind natürlich möglich, aber versuchen Sie nicht, ständig dem Markt hinterherzujagen. Wichtig ist es, Geduld zu haben. Die wahre Stärke von physischem Silber zeigt sich erst im Verlauf der Jahre – kurzzeitiges Trading ist wegen der Nebenkosten (Aufgeld, Umsatzsteuer, Steuer auf Gewinne bei einer Haltedauer von weniger als einem Jahr) selten lohnend.

Wiederverkäuflichkeit sichern: Denken Sie beim Kauf schon an den späteren Verkauf. Liquidität ist das A und O. Wie oben erwähnt, wählen Sie gängige Stücke, pflegen Sie diese, und lagern Sie sie sinnvoll.[323] Im Idealfall kennen Sie schon jetzt ein oder zwei seriöse Händler, die im Bedarfsfall Ihr Silber wieder ankaufen würden. Viele Händler veröffentlichen auf ihren Webseiten Ankaufslisten mit Preisen, so können Sie sich orientieren. Die Spanne zwischen Ankaufs- und Verkaufspreis (Spread) sollte bei Bullion Coins und Barren nicht allzu groß sein – allenfalls ein paar Prozent.[324] Kalkulieren Sie diesen Spread in Ihre Renditeüberlegungen ein: Wenn Sie heute mit 25 Prozent Aufgeld kaufen und der Händler später 5 Prozent unter Spot ankauft, muss Silber um 30 Prozent steigen, damit Sie nominal Gewinn machen. Das klingt nach viel, ist aber in Inflations- und Krisenzeiten durchaus möglich. Indem Sie auf Wiedererkennbarkeit setzen (bekannte Münzen, zertifizierte Barren), minimieren Sie den Abschlag beim Verkauf.[325] Vermeiden Sie es, in rein numismatische Spekulation zu verfallen, sofern Sie nicht ausdrücklich Münzsammler sind – als Anleger möchten Sie beim Verkauf nicht darauf angewiesen sein, einen Liebhaber zu finden, sondern zum Tagespreis verkaufen können.

Bullionware, Sammlermünzen und Silberschrott – eine Abgrenzung

Im Silbermarkt kursieren verschiedene Begriffe für unterschiedliche Formen des Metalls. Als Einsteiger sollten Sie die Abgrenzung kennen, um bewusst entscheiden zu können, worin Sie investieren:

Bullionware: Das englische Wort »Bullion« bedeutet »Barren«. Darunter versteht man alle Silberprodukte, die primär zum Zweck der Wertanlage hergestellt wurden. Klassische Bullion Coins (Anlagemünzen) und Silberbarren fallen in diese Kategorie. Sie zeichnen sich durch hohe Feinheit (meist 999/1000 oder mehr) und große Stückzahlen aus, sind nah am Spotpreis bewertet und haben keinen nennenswerten zusätzlichen Sammlerwert. Bullionware ist das Mittel der Wahl für Investoren, die auf den Silberpreis setzen. Vorteile: leichte Handelbarkeit, geringe Aufpreise, weltweite Akzeptanz. Beispiele: 1 Unze Maple Leaf, 1 Unze Philharmoniker, 1-Kilogramm-Heraeus-Barren.[326] Diese Stücke kauft man, um vom Materialwert zu profitieren; ihr Wert steigt und fällt mit dem Silberkurs.

Sammlermünzen: Hierbei handelt es sich um Münzen (oder auch Medaillen) mit begrenzter Auflage oder Verfügbarkeit, besonderen Motiven oder Prägequalitäten, die über den reinen Silberwert hinaus einen numismatischen Wert besitzen.[327] Sammlermünzen können historische Silbermünzen sein (zum Beispiel alte Zahlungsmittel, Gedenkprägungen, Sondermünzen), moderne Spiegelglanz-Prägungen in kleiner Stückzahl, farbige oder spezielle Formen (etwa Münzen mit Hologramm, Fehlprägungen). Ihr Preis ergibt sich aus Angebot und Nachfrage unter Sammlern und er liegt oft deutlich über dem reinen Metallwert. Vorteil: Hier besteht ein Potenzial für Wertsteigerungen unabhängig vom Silberkurs – etwa wenn eine Serie komplettiert wird und im Nachhinein rare Jahrgänge teuer gehandelt werden. Zudem haben Sammlermünzen einen ästhetischen Reiz und eine kulturelle Relevanz für Liebhaber. Nachteil: Die Liquidität ist eingeschränkt. Nicht jeder Edelmetallhändler zahlt Ihnen den Sammleraufschlag. Häufig bekommen Sie beim Verkauf nur den Silberwert, sofern Sie nicht einen passenden Sammler finden. Für Einsteiger, die primär am Anlagegedanken interessiert sind, sind Sammlermünzen weniger zu empfehlen. Diese erfordern Fachwissen und das Sammeln kostet Zeit und Leidenschaft. Wer beides mitbringt, kann Silber natürlich auch unter numismatischen Gesichtspunkten kaufen – dann steht aber die Leidenschaft im Vordergrund und der Anlageaspekt ist sekundär. Ein Mittelweg sind Münzen wie zum Beispiel der Chinese Panda[328] oder der Australian Kookaburra[329]: Das sind eigentlich Anlagemünzen, aber mit jährlich wechselndem Motiv und für Sammler attraktiver Aufmachung. Sie werden oft etwas teurer verkauft und können im Wert steigen, sind aber immer noch relativ liquide. Hier verschwimmt die Grenze zwischen Bullion Coin und Sammleredition etwas.

Silberschrott (»junk silver«): Als Silberschrott bezeichnet man umgangssprachlich alle silberhaltigen Gegenstände, die keinen Sammlerwert mehr haben und oft schlecht erhalten sind, aber eben Silber enthalten. Ein klassisches Beispiel sind alte Umlaufmünzen aus Silber (zum Beispiel ehemalige Währungsmünzen: etwa deutsche 5-Mark-Stücke bis 1919, US-Halbdollar-Münzen von 1964 und früher et cetera).[330] Diese Münzen haben oft 40 bis 90 Prozent Silbergehalt, sind aber abgenutzt oder in riesigen Mengen vorhanden, sodass auch Sammler sie nur noch zum

Materialpreis handeln. Auch alte Silberbestecke, zerbrochener Silberschmuck oder Industrieabfälle aus Silber zählen zum Silberschrott.[331] Vorteil: Solche Silberreste lassen sich manchmal günstig, sprich nahe am reinen Metallwert erwerben – sie sind eine billige Möglichkeit, in Silber zu investieren, ohne großes Aufgeld zu zahlen. In Krisenzeiten wurde junk silver (zum Beispiel 90-Prozent-Silbermünzen) auch als Tauschmittel genutzt, weil die Stücke klein und der Wert bekannt ist. Nachteil: Der Silbergehalt ist niedriger und variabel, oft muss erst eine Scheideanstalt das Material einschmelzen und reinigen.[332] Die Stücke sind unschön und oft unhandlich, das macht sie für Kleinanleger wenig attraktiv. Beim Verkauf erhält man meist nur den reinen Schmelzpreis und dieser liegt wegen Scheidekosten etwas unter dem Spotpreis. Sprich: Silberschrott ist nicht so liquide und erfordert mehr Aufwand (Sortieren, Reinheitsprüfung). Für Einsteiger ohne Fachkenntnisse ist dieser Bereich weniger geeignet. Man kann leicht übers Ohr gehauen werden (zum Beispiel versilberte Ware statt echtem Silber, unbekannte Legierungen). Sollten Sie Erbschmuck oder alte Silbermünzen besitzen, lassen Sie den Feinsilbergehalt und Wert am besten von einem seriösen Händler oder einer Scheideanstalt bestimmen.[333]

Zusammenfassung

Als Anlageanfänger sollten Sie sich auf Bullionware konzentrieren. Das ist am unkompliziertesten. Sammlermünzen können ein schönes Hobby sein, erfordern aber Wissen – sie sind eher optional, wenn man sich dafür begeistert. Der Kauf von Silberschrott lohnt nur, wenn man genau weiß, was man tut, und größere Mengen davon vielleicht zu Schnäppchenpreisen bekommt, um sie dem Recycling zuzuführen. Der Kern eines guten Silber-Investments sollte stets aus gut handelbaren, standardisierten Produkten bestehen. So stellen Sie sicher, dass Sie jederzeit zu fairen Konditionen in Bargeld zurücktauschen können, falls gewünscht.

KAPITEL 11

Derivate, ETCs und Zertifikate – Chancen und Risiken

In diesem Kapitel betrachten wir verschiedene Finanzprodukte auf Silber – von physisch hinterlegten ETFs/ETCs über synthetische Anlageformen bis hin zu börsengehandelten Derivaten. Wir erläutern ihre Funktionsweise, heben Chancen wie Handelbarkeit, Hebelwirkung und Liquidität hervor und beleuchten zugleich kritisch die Risiken wie Emittentenrisiken, mangelnde physische Auslieferbarkeit und systemische Gefahren. Abschließend fließen die kritischen Perspektiven von Nassim Nicholas Taleb – insbesondere zu Risikoasymmetrien und der Fragilität des Finanzsystems – sowie steuerliche Aspekte und praxisnahe Empfehlungen für Privatanleger ein. Ziel ist eine sachliche, verständliche und praxisorientierte Orientierungshilfe für informierte Investoren, die am Silberboom partizipieren möchten.

ETCs auf Silber – mit und ohne physische Hinterlegung

In der EU werden Silber-Investments an der Börse meist als Exchange Traded Commodities (ETCs) konstruiert, da die UCITS-Richtlinie klassische ETFs (also Fonds) auf Einzelrohstoffe wie Silber nicht zulässt, besitzen Silberfonds, etwa aus der Schweiz oder Übersee, keine Vertriebszulassung in der EU.[334] Denn ein Fonds darf maximal zu 10 Prozent in ein und dasselbe Asset investieren – das schließt ein 100-prozentiges Silberinvestment aus. Ein Silber-ETC ist rechtlich ein Zertifikat, genauer gesagt eine Inhaberschuldverschreibung, die in der Regel vollständig mit physischen Silberbeständen hinterlegt ist.[335] Das bedeutet: Der Emittent des ETC lagert eine äquivalente Menge Silber in Tresoren und der Wert des ETC-Anteils spiegelt den aktuellen Silberpreis wider. Physisch hinterlegte Silber-ETCs funktionieren ähnlich wie Gold-ETCs und haben sich über Jahre bewährt. Für den Anleger fühlt sich ein solches Produkt nahezu wie ein ETF (Exchange Traded Funds, börsengehandelter Fonds) an, mit täglicher Handelbarkeit an der Börse und transparentem Preis. Doch juristisch ist es eine Schuldverschreibung und kein Sondervermögen, wie ein Fonds das wäre.

Beispiele: Xtrackers Physical Silver ETC (ISIN: DE000A1E0 HS6) ist ein in Deutschland handelbares Produkt der Investmentgesellschaft DWS, das physisch mit Silber hinterlegt ist.[336] WisdomTree Physical Silver (ISIN: DE000A0N62F2) ist ein weiteres physisch besichertes Produkt, das Silber in Tresoren hinterlegt. Neu aufgelegt wurde 2024 der WisdomTree Core Physical Silver ETC (ISIN: JE00BQRFDY49), der mit 0,19 Prozent per annum Gebühren besonders günstig ist und zu 100 Prozent durch physisch zugeordnetes Silber in Tresoren bei HSBC abgesichert ist.[337] Dieser ETC bietet sogar die Option einer physischen Lieferung: Anleger können sich auf Wunsch Silber ausliefern lassen, was ihn laut Anbieter zum ersten und einzigen physisch besicherten Silber-ETC Europas mit Lieferoption macht. Ein weiteres prominentes Beispiel ist der Schweizer Swisscanto Silber ETF, der früher ZKB Silber ETF hieß und die Anfangsbuchstaben seiner Emittentin, der Zürcher Kantonalbank, im Namen trug (ISIN: CH0183135976).[338] Das ist ein in der Schweiz zugelassener Single-Asset-ETF auf Silber. Dieser Fonds investiert ausschließlich in physisches Silber und erlaubt institutionellen Anlegern auch die physische Auslieferung großer Barren (Standardbarren circa 30 Kilogramm). Da die Schweiz nicht der EU angehört, kann die ZKB solche echten Silber-ETFs anbieten; allerdings hat der Fonds keine Vertriebszulassung in der EU. In Deutschland selbst stellen die gängigen Silberprodukte jedoch ETCs dar, die kein Sondervermögen sind, das per definitionem den Anteilseignern im Insolvenzfall zugutekommt und auf das die Gläubiger dann keinen Zugriff haben.[339] Im Insolvenzfall zählt bei ETCs vielmehr das vorhandene Silber (oder die entsprechenden Forderungen gegen Vertragspartner) zur Insolvenzmasse des Emittenten. Daher ist bei physisch hinterlegten ETCs entscheidend, dass die Verwahrung des Silbers treuhänderisch und getrennt vom Vermögen des Emittenten erfolgt, um Anleger im Pleitefall zu schützen. Zusammenfassend bieten physisch hinterlegte ETCs dem Anleger eine einfache Möglichkeit, direkt an der Silberpreis-Entwicklung zu partizipieren, ohne selbst Barren oder Münzen lagern zu müssen.

Eigentumsverhältnisse: Wichtig zu verstehen ist, dass man als Halter eines Silber-ETC nicht selbst Eigentümer der hinterlegten Silberbarren ist. Man ist Gläubiger der Schuldverschreibung.

Auch wenn das Produkt physisch besichert ist, steht das eingelagerte Silber juristisch oft nicht ausschließlich den ETC-Investoren zu – sofern es nicht strikt insolvenzabgeschirmt treuhänderisch verwahrt wird. Im Insolvenzfall des Emittenten könnten also theoretisch auch andere Gläubiger Zugriff auf die Bestände erheben, falls keine Sonderverwahrung besteht. Hochwertige ETCs stellen jedoch sicher, dass das Edelmetall getrennt verwahrt und über einen Treuhänder abgesichert wird, sodass das Emittentenrisiko, also das Risiko, bei einer Insolvenz des Emittenten einen fast 100-prozentigen Verlust zu erleiden, minimiert ist.

Steuerliche Behandlung (Überblick): Ein großer Vorteil physisch hinterlegter ETCs ist die potenzielle steuerliche Gleichstellung mit direktem Edelmetallbesitz. Der Bundesfinanzhof hat entschieden, dass zum Beispiel mit physischem Gold besicherte Inhaberschuldverschreibungen kein Kapitalanlageprodukt sind, sondern auf die Lieferung einer Sache gerichtet – vergleichbar mit dem unmittelbaren Erwerb und Verkauf physischen Edelmetalls. Dies wurde 2020 im Falle von Xetra-Gold bestätigt (BFH, Az. VIII R 7/17). Bei mit physischem Auslieferungsanspruch ausgestatteten Gold-ETCs entfällt die Abgeltungsteuer auf Gewinne nach über einem Jahr Haltedauer. Allerdings muss der betreffende ETC eine vollständige Auslieferung des Edelmetalls ermöglichen – ohne einen Rest, der dann doch noch in Geld ausgezahlt wird.[340]

Überträgt man diese Argumentation auf Silber, bedeutet dies: Gewinne aus physisch hinterlegten Silber-ETCs könnten nach einer Haltedauer von über einem Jahr steuerfrei sein, analog zum Verkauf von Silberbarren nach der einjährigen Spekulationsfrist. Hat ein Produkt in den Bedingungen verankert, dass der Anleger einen Anspruch auf Lieferung von Silber hat, gilt steuerlich § 23

EStG (private Veräußerungsgeschäfte) und nicht § 20 EStG (Kapitalerträge). In der Praxis scheitert diese steuerliche Privilegierung allerdings daran, dass kaum ein Silber-ETC in Deutschland eine solche physische Auslieferung vorsieht. Es ist schlichtweg unpraktikabel. Eine Ausnahme bildet lediglich der 2024 emittierte Wisdom Tree Core Physical Silver (ISIN: JE00BQRFDY49). Der Emittent geht davon aus, dass dieser ETC die Anforderungen der deutschen Finanzverwaltung für steuerfreie Gewinne nach einer Haltedauer von mindestens einem Jahr erfüllt. Verkauft man die entsprechenden ETC-Anteile allerdings früher (innerhalb eines Jahres), ist der Gewinn als privates Veräußerungsgeschäft steuerpflichtig zum individuellen Einkommensteuersatz (ähnlich wie bei kurzfristigem Handel mit physischem Silber).[341] Umgekehrt kann man eventuelle Verluste aus solchen privaten Veräußerungen nur mit Gewinnen aus anderen privaten Veräußerungsgeschäften verrechnen (nicht mit zum Beispiel Aktiengewinnen). Nicht physisch einlösbare Silber-ETCs oder Zertifikate fallen hingegen in der Regel unter die Kapitalertragsteuer (Abgeltungssteuer) – dazu später mehr.

Synthetische Silber-Investments und Derivate

Neben den physisch gedeckten Produkten existiert eine Reihe synthetischer Anlageinstrumente, die den Silberpreis abbilden, ohne das Edelmetall zu hinterlegen. Sie reichen von großen Silberfonds bis hin zu strukturierten Zertifikaten und Hebelprodukten.

Silber-ETFs/ETCs ohne Auslieferungsanspruch: Ein prominentes Beispiel ist der weltgrößte Silberfonds iShares Silver Trust (SLV,

ISIN: US46428Q1094) aus den USA. Er ist zwar physisch mit Silber bestückt und lagert Barren in Londoner Tresoren, jedoch haben Privatanleger keinen Anspruch auf physische Auslieferung einzelner Anteile.[342] Nur autorisierte Teilnehmer (Großbanken) können ab einer hohen Mindestmenge Anteile gegen Barren eintauschen. Für den gewöhnlichen Investor bleibt SLV damit ein »Papier-Silber«, dessen Anteilsscheine an der Börse gehandelt und bei Verkauf in Geld abgegolten werden. Ein physischer Lieferanspruch besteht nicht. Aus deutscher Sicht wäre SLV ein ausländischer Fonds ohne Lieferanspruch – Gewinne daraus unterliegen daher der Abgeltungsteuer, egal wie lange man hält.[343] Ähnlich verhält es sich mit synthetisch replizierenden Silber-ETNs oder Indexfonds, die via Swaps den Silberkurs nachvollziehen. Steuerlich greift hier die Abgeltungssteuer, sofern die Produkte den EU-Regularien entsprechen. Solche Papiere verzichten auf physischen Metallbesitz und setzen stattdessen Derivate ein; dadurch entsteht ein Kontrahentenrisiko gegenüber den Swap-Partnern. Viele Anbieter unterlegen Swap-ETCs zwar mit Sicherheiten, aber das Emittentenrisiko bleibt: Geht der Emittent insolvent und ist die Besicherung unzureichend, droht ein Teil- oder Totalverlust.[344]

Indexzertifikate auf Silber: Lange vor der Markteinführung von ETCs boten Banken klassische Silber-Zertifikate an – oft als Open-End-Indexzertifikat bezeichnet.[345] Diese Schuldverschreibungen versprachen, den Silberpreis 1 : 1 abzubilden, teils mit unbegrenzter Laufzeit. Beispiele sind Zertifikate von Emittenten wie der Deutschen Bank oder Commerzbank. Der Anleger zahlt Geld an den Emittenten, dieser verpflichtet sich, bei Verkauf den Gegenwert laut Silberpreis auszuzahlen (abzüglich Gebühren). Solche Produkte sind vollständig synthetisch – das Kapital fließt nicht in Silber, sondern verbleibt beim Emittenten. Das Emittentenrisiko ist hier zentral: das Investment hängt an der Bonität der emittierenden Bank.[346] Zwar sichern sich Emittenten über Hedging-Geschäfte (zum Beispiel Silber-Futures) ab, aber eine rechtliche Trennung wie bei ETCs gibt es nicht. Fällt die Bank aus, bleibt dem Anleger nur ein allgemeiner Gläubigeranspruch auf die Insolvenzmasse. Vorteil sind geringe Kosten und hohe Liquidität an Börsen (Stuttgart, Frankfurt Zertifikatehandel).

Optionen auf Silber: Optionen sind bedingte Termingeschäfte, die dem Inhaber das Recht geben, Silber zu einem festgelegten Preis bis zu einem bestimmten Termin zu kaufen oder zu verkaufen.[347] Sie werden an Terminbörsen wie der COMEX (CME) gehandelt und richten sich eher an Profis. Kaufoptionen (Calls) profitieren von steigenden Kursen, Verkaufsoptionen (Puts) von fallenden Kursen. Ihr Wert hängt von Volatilität, Restlaufzeit und Abstand des aktuellen Preises zum Strike ab. Optionen haben eine Hebelwirkung und ein begrenztes Verlustrisiko (maximal die gezahlte Prämie), können aber wertlos verfallen. Sie eignen sich auch als Absicherung, etwa durch Puts auf physische Bestände. Privatanleger nutzen oft Optionsscheine als Alternative – Wertpapiere mit Optionscharakter, die an Wertpapierbörsen gehandelt werden.[348]

Futures auf Silber: Terminkontrakte (Futures) sind standardisierte Verträge, eine bestimmte Menge Silber zu einem künftigen Termin zu einem festen Preis zu handeln. Die bekanntesten sind die COMEX-Silber-Futures mit einer Kontraktgröße von 5000 Unzen.[349] Futures bieten hohe Liquidität und geringe Spreads nahe am Spotpreis, erfordern aber Margin-Hinterlegung (Hebel von 7 bis 10 möglich) und tägliche Nachschussabrechnungen (Mark-to-Market). Privatpersonen nehmen selten physische Lieferung entgegen; meist werden Kontrakte vor Fälligkeit glattgestellt oder gerollt. Futures sind transparent und ohne Emittentenrisiko, aber risikoreich und eher für erfahrene Marktteilnehmer geeignet.

CFDs (Contracts for Difference) auf Silber: CFDs sind Differenzkontrakte mit Brokern im außerbörslichen Handel (OTC).[350] Anleger hinterlegen eine Margin (zum Beispiel 5 Prozent), wodurch Hebel bis 20 entstehen. Gewinne und Verluste vervielfachen sich entsprechend. Chancen: Mit kleinem Einsatz lassen sich hohe Gewinne erzielen. Risiken: Bereits kleine Kursrückgänge können zum Totalverlust führen. Laut BaFin verlieren rund 80 Prozent der Kleinanleger mit CFDs langfristig Geld.[351] Zwar ist in der EU die Nachschusspflicht abgeschafft, doch bleibt ein erhebliches Risiko. CFDs sind reine Derivate – man erwirbt keinen Vermögenswert, sondern wettet mit dem Broker.

Wertpapiere mit Hebel – Knock-out-Zertifikate und Optionsscheine auf Silber: Zusätzlich gibt es strukturierte Hebelprodukte wie Knock-out-Zertifikate und Optionsscheine, die an Wertpapierbörsen handelbar sind.[352] Knock-out-Zertifikate (zum Beispiel von HSBC, Vontobel, Citi) verbriefen die Differenz zwischen Silberpreis und Basispreis. Sie sind stark gehebelt, verlieren aber bei Erreichen der Knock-out-Schwelle sofort ihren gesamten Wert. Vorteile sind günstige Einstiegspreise und fester Hebel, Nachteile das hohe Risiko bis hin zum Totalverlust. Optionsscheine funktionieren ähnlich wie klassische Optionen, haben aber eine feste Laufzeit und komplexere Preisbildung. Ihr Vorteil: kein Knock-out-Risiko, Verluste sind auf den Einsatz begrenzt.

Nachteile sind Zeitwertverlust und oft höhere Spreads. Beide Produkte sind spekulativ, haben ein Emittentenrisiko und eignen sich nur als Beimischung für erfahrene Trader.

Zusammenfassung

Synthetische Silberprodukte umfassen alle Instrumente, bei denen der Bezug über Finanzkontrakte erfolgt – nicht über physischen Besitz. Sie bieten Flexibilität und Hebel, bringen aber zusätzliche Risiken wie Emittenten- und Kontrahentenrisiken sowie hohe Verlustrisiken bei falschem Timing.

Chancen und Vorteile der verschiedenen Produkte

Trotz der Vielfalt und Komplexität bieten Derivate, ETCs und Zertifikate auf Silber einige klare Vorteile, gerade im Vergleich zum physischen Edelmetallkauf. Im Folgenden fassen wir die wichtigsten Chancen und Nutzenaspekte dieser Produkte zusammen:

Handelbarkeit und Liquidität: Börsengehandelte Silberprodukte ermöglichen jederzeit den Kauf und Verkauf zum aktuellen Marktpreis.[353] Anders als beim physischen Kauf von Barren/Münzen – wo man Händleraufschläge zahlt und im Verkauf oft Abschläge in Kauf nehmen muss – sind ETCs und Zertifikate an regulierten Börsen mit engen Spreads handelbar. Market Maker (spezialisierte Börsenhändler, deren Aufgabe es ist, im Auftrag des Emittenten für einen liquiden Handel mit den jeweiligen Papieren zu sorgen) stellen jederzeit Preise, sodass Silber-ETCs börsentäglich flexibel und zu fairen Geld-Brief-Spannen gehandelt werden können.[354] Dies erleichtert auch Timing- und Trading-Strategien. Zudem entfällt die Sorge um einen passenden Lagerort oder um die Öffnungszeiten eines Münzhändlers – Transaktionen können bequem über das Wertpapierdepot erfolgen.

Überschaubare Kosten: ETCs haben geringe laufende Kosten. Die Total Expense Ratio (TER) liegt meist zwischen 0,2 Prozent und 0,7 Prozent per annum[355] bei Silber-ETCs, welche Lagerung, Versicherung und Verwaltung bereits abdeckt. Es gibt keinen Ausgabeaufschlag und keine Rücknahmegebühr beim Kauf oder Verkauf an der Börse – lediglich die regulären Ordergebühren der Bank fallen an. Damit ist es kosteneffizienter, große Silbermengen über ETCs zu halten, als selbst ein Schließfach anzumieten und den eigenen Silberbestand zu versichern. Auch Zertifikate verlangen meist keine direkten Verwaltungsgebühren (der Emittent verdient am Spread). Physisches Silber bringt hingegen indirekte Kosten mit sich. Zu den Einmalkosten von oft 5 bis 10 Prozent Aufgeld beim Kauf von Münzen oder Barren kommen noch die Kosten für Lagerung und Versicherung, die jährlich anfallen.[356] Hier sind ETCs klar im Vorteil.

Keine Mehrwertsteuer: In Deutschland unterliegen Käufe von Silberbarren und -münzen grundsätzlich der Mehrwertsteuer (regelmäßig 19 Prozent, bei manchen Anlage-Münzen in der Vergangenheit differenzbesteuert rund 7 Prozent).[357] Diese steuerliche Hürde entfällt bei Wertpapier-Investments in Silber vollkommen. ETCs auf Silber sind von der Mehrwertsteuer befreit, da kein direkter Warenumsatz stattfindet. Damit spart der Anleger auf Anhieb bis zu 19 Prozent Kaufnebenkosten, was ein entscheidender Pluspunkt ist. So lässt sich mit dem gesamten investierten Kapital in den Silberpreis gehen, statt fast ein Fünftel an den Fiskus abzuführen. Insbesondere wer größere Summen in Silber anlegen will, sieht hierin einen erheblichen Kostenvorteil. Aber Achtung: Wer sich Silber aus einem ETC physisch ausliefern lässt, muss die Mehrwertsteuer nachzahlen.[358] Meist wird dann einfach weniger Silber ausgeliefert, um die Differenz zwischen Brutto- und Nettopreis auszugleichen.

Hebelwirkung und Renditechance: Der wohl reizvollste Aspekt von Derivaten (zum Beispiel CFDs, Optionen, Knock-out-Zertifikaten und Optionsscheinen) ist die Hebelwirkung.[359] Durch den Einsatz von Fremdkapital und der Konstruktion als Derivat kann ein Anleger mit kleinerem Einsatz überproportionale Gewinne erzielen, wenn sich der Silberpreis in die antizipierte Richtung bewegt. Beispielsweise ermöglichen Knock-out-Zertifikate, ein dem Hebel entsprechendes Vielfaches dessen zu verdienen, was ein Direktinvestment bringen würde. So könnte ein Hebel von 5 aus einem 10-prozentigen Silberpreisanstieg einen Gewinn in Höhe von 50 Prozent auf das eingesetzte Kapital bringen. Diese überdurchschnittlichen Gewinnchancen bieten kein physisches Metall und auch kein ungehebelter ETF. Zudem erlauben Hebelprodukte die Partizipation an teuren Basiswerten mit kleinem Geld – man kann also mit moderatem Einsatz »mehr Silber bewegen«, als man bar kaufen könnte. Auch eine Wette auf einen fallenden Silberpreis ist mithilfe solcher Derivate möglich. Dies eröffnet Anlegern Möglichkeiten, auch bei begrenztem Kapital von Marktchancen zu profitieren. Allerdings ist zu betonen, dass Hebel immer zweiseitig wirken – hohe Renditechancen stehen ebenso hohen Verlustrisiken gegenüber (siehe Abschnitt Risiken).[360]

Möglicher Inflations- und Krisenschutz: Viele Anleger schätzen an Edelmetall-Investments den Sachwertcharakter als Schutz vor Geldentwertung oder Finanzkrisen.[361] Silber-ETCs und sogar manche Derivate können in diesem Sinne das Portfolio diversifizieren und als eine Art Versicherung dienen. Zwar handelt es sich um Wertpapiere oder Terminkontrakte, doch solange sie den Silberpreis reflektieren, steigt der Wert der Position, wenn Silber als Inflationsschutz gefragt ist. Ein physisch hinterlegter ETC stellt letztlich einen Anspruch auf das Metall dar und könnte bei starker Inflation entsprechend aufwerten. Auch in Krisenzeiten (zum Beispiel Finanzmarktstress) tendieren Edelmetallpreise oft nach oben, sodass eine Silberposition – selbst über ein Wertpapier gehalten – Verluste in anderen Anlageklassen ausgleichen kann. Wichtig ist allerdings, realistisch zu bleiben: Der Inflations- und Krisenschutz von Papier-Silber kann ausbleiben, falls die Krise gerade das Finanzsystem selbst betrifft (siehe Abschnitt über die Risiken). Dennoch: als Beimischung können Silber-ETCs dazu beitragen, das Portfolio robuster gegenüber konjunkturellen Schwächen oder geldpolitischen Experimenten zu machen.[362]

Einfache Diversifikation und Verwaltbarkeit: Durch die Verfügbarkeit von Silber an der Börse lässt sich sehr bequem und schnell eine Asset-Allokation umsetzen, die Edelmetalle beinhaltet. Privatanleger können zum Beispiel 5 bis 10 Prozent ihres Depots in einem Silber-ETC parken, um sich breiter aufzustellen (Diversifikation). Ohne diese Produkte müsste man physisches Metall kaufen und außerhalb des Wertpapierdepots verwalten. Die Integration in bestehende Depots ist also ein Vorteil: Man sieht alle Anlagen auf einen Blick, kann Sparpläne auf ETCs ausführen, Limits setzen, automatisierte Verkäufe tätigen und so weiter.[363] Zudem entfallen Sicherheitsrisiken wie Diebstahl oder Echtheitsprüfung, die beim Besitz von physischem Silber relevant sind. Insgesamt senken ETCs/Derivate die Markteintrittsbarrieren: Jeder informierte Anleger kann schon mit kleinen Beträgen (oft unter 100 Euro via Sparplan) in Silber investieren oder auf eine bestimmte Silberpreisentwicklung setzen.

Steuerliche Optimierung: Ein komplexes, aber mitunter vorteilhaftes Feld. Wie erwähnt, bietet ein ETC mit auf Wunsch physisch auslieferbarem Silber nach einjähriger Haltedauer womöglich steuerfreie Gewinne in Deutschland – ein Vorteil gegenüber klassischen Finanzinvestments.[364] Damit kann ein Anleger strategisch planen: Wer an einen langfristigen Silberpreisanstieg glaubt, kann zum Beispiel in den WisdomTree Core Physical Silver ETC (ISIN: JE00BQRFDY49) investieren und nach mehr als einem Jahr Haltedauer eventuelle Wertzuwächse, zumindest nach Aussagen des Emittenten, ohne Abgeltungsteuer realisieren.[365] Für sehr langfristig orientierte Investoren ist dies attraktiv, da so die Steuerfreiheit der Gewinne erhalten bleibt. Aber Vorsicht, eine Nachzahlung von Mehrwertsteuer bleibt bei physischer Auslieferung nicht aus. Ansonsten entfällt bei einem ETC-Kauf, wie erwähnt, die Mehrwertsteuer, was ihn auch im Vergleich zum physischen Kauf steuerlich effizienter macht. Bei aktivem Trading wiederum kann es vorteilhaft sein, mit Produkten zu handeln, bei denen Verluste steuerwirksam werden: Verluste aus Kapitalanlagen (zum Beispiel ETCs ohne Lieferanspruch, Zertifikate) können mit anderen Kapitalerträgen verrechnet werden. Beispiel: Wer mit einem Silber-Optionsschein Verlust macht, kann diesen gegebenenfalls mit anderen Kapitalerträgen verrechnen. Dennoch erlauben die Wertpapiere eine gewisse Steuerplanung – im Gegensatz zum physischen Metall, wo Verluste oder Diebstahl in der privaten Sphäre steuerlich irrelevant wären und Gewinne nach mehr als einem Jahr Haltedauer komplett steuerfrei, Verluste könnten aber nicht mit anderweitigen Gewinnen verrechnet werden.

Möglichkeit zu Short-Investments: Ein nicht zu unterschätzender Vorteil der Derivate ist die Möglichkeit, auf fallende Silberpreise zu setzen. Physisch kann man Edelmetalle nicht leerverkaufen – man kann höchstens vorhandenes Silber verkaufen. Mit Produkten wie Futures, CFDs, Put-Optionsscheinen oder Knock-out-Zertifikaten kann man gezielt eine negative Silberpreis-Position eingehen, also auf fallende Kurse setzen.[366] Auch synthetische Short-ETCs auf Silber sind am Markt erhältlich, teils mit Hebel, die den Silberpreis invers abbilden. Solche Produkte wurden bislang nur am Rande erwähnt, sollten aber der Vollständigkeit halber genannt werden: Sie ermöglichen es, auf einen Preisrückgang von Silber zu spekulieren, funktionieren jedoch ebenfalls auf Basis von Derivaten und bergen das gleiche Emittenten- und Kontrahentenrisiko wie andere synthetische Strukturen. Dies eröffnet Chancen etwa zur Absicherung (Hedging) eines physischen Bestands: Ein Mineninvestor oder Münzsammler könnte via Put-Option seine Bestände gegen Wertverlust schützen.[367] Oder er könnte bei Überbewertungen kurzfristig auf Korrekturen spekulieren. Diese Short-Positionen sind integraler Bestandteil moderner Portfoliosteuerung und nur dank Derivaten realisierbar.

Fazit

In Summe ermöglichen Derivate, ETCs und Zertifikate eine flexible, liquide und kosteneffiziente Teilnahme am Silbermarkt. Sie bringen Silber als Investment in Reichweite eines breiten Anlegerpublikums, mit klaren Vorteilen bei Handel und Verwaltung. Doch wo Licht ist, ist auch Schatten – im nächsten Abschnitt wenden wir uns den Risiken und Nachteilen zu, die mit diesen Produkten einhergehen.

Risiken und Schattenseiten

So verlockend die beschriebenen Chancen sind, so wichtig ist ein kritischer Blick auf die Risiken. Finanzprodukte auf Silber bergen teils komplexe Gefahren, die ein Privatanleger verstehen und berücksichtigen sollte. Im Folgenden beleuchte ich die zentralen Risikofaktoren.

Emittentenrisiko: Alle strukturierten Produkte (ETCs, Zertifikate, Optionsscheine, Knock-out-Zertifikate) sind letztlich Forderungen gegen einen Emittenten (Bank, Fondsgesellschaft oder Zweckgesellschaft). Sollte dieser Emittent zahlungsunfähig werden, droht dem Anleger ein Ausfall.[368] Bei unbesicherten oder nur teilweise besicherten Silber-ETCs besteht ein Emittentenrisiko, das im Insolvenzfall zu einem Teil- oder Totalverlust führen kann. Zwar mindert physische Hinterlegung das Risiko. Wenn, wie erwähnt, das Metall treuhänderisch verwahrt wird, sind Anleger im Vorteil. Aber man sollte prüfen: Gehört das hinterlegte

Silber zur Treuhandmasse? Ist dies nicht eindeutig geregelt, konkurrieren im Worst Case alle Gläubiger um die Vermögenswerte des Emittenten. Ein Beispiel: Bei einigen ETCs steht das Metall nicht vorrangig den Anlegern zu, was bedeutet, dass im Pleitefall auch andere Gläubiger Ansprüche anmelden könnten. Ein Kontrahentenrisiko kommt hinzu, wenn Swaps oder Drittbanken involviert sind (bei synthetischen ETCs zur Lieferung der nur als Forderung existierenden Ansprüche auf Silber).[369] Fällt der Swap-Partner aus und reicht die Besicherung nicht, kann es zu Verlusten kommen. Kurz gesagt: Im Gegensatz zum physischen Silber im eigenen Tresor hat man bei Papierinvestments immer ein Vertrauensrisiko in Institutionen.

»Buchsilber« und Systemrisiko: Viele Kritiker verweisen auf die Nähe dieser Produkte zum Papiergeldsystem. Ein zentrales Argument: Man hält letztlich einen auf Papier beziehungsweise digital verbrieften Anspruch und nicht das Metall selbst.[370] In einer schweren Systemkrise (etwa einem Bankenkollaps oder einer Währungsreform) könnte dieser Anspruch wertlos werden oder eingefroren sein, während tatsächliche Münzen/Barren greifbar bleiben. Nassim Nicholas Taleb und andere Risikoforscher betonen, dass Fragilität oft durch komplexe Verkettungen entsteht: Ein Finanzsystem mit hohen Derivate- und Schuldenbeständen ist anfällig für Black-Swan-Ereignisse, also extreme, unvorhersehbare Schocks. Buchsilber mag stabil wirken, solange die Märkte funktionieren; der sprichwörtliche Truthahn wähnt sich auch bis Thanksgiving in Sicherheit.[371] Doch ein plötzlicher Stress – etwa die Insolvenz eines großen ETC-Anbieters oder Clearinghauses – könnte dazu führen, dass Auszahlungen verzögert oder in Fiatgeld zwangsabgewickelt werden. Ein Beispiel für einen Schwarzen

Schwan wäre auch eine Behördenauflage in der Krise, physische Edelmetallbestände von ETCs zu beschlagnahmen oder einen Umtausch nur in Euro zu erlauben, nicht aber in Form einer physischen Auslieferung. Insofern ist die oft angenommene Diversifikation durch Buchsilber teilweise eine Illusion: Als Anleger ist man immer noch im selben Finanzsystem verankert. Taleb argumentiert, Robustheit ließe sich eher durch echte Diversifikation erreicht – zum Beispiel dadurch, einen Teil des Vermögens außerhalb des Bankenwesens (Bargeld, physische Werte) zu halten, da diese in extremen Szenarien antifragiler beziehungsweise wenigstens robuster reagieren. Ein ETC mag Schutz gegen normale Inflation bieten, aber gegen einen Systemkollaps schützt nur das Metall in der Hand (sofern es nicht konfisziert wird).

Hebelrisiko und Totalverlust: Die Kehrseite der Hebelwirkung ist das hohe Verlustrisiko. Hebelprodukte verstärken Verluste proportional zum Hebel. Schon kleine gegenläufige Bewegungen können das eingesetzte Kapital dezimieren oder komplett vernichten. Viele Anleger unterschätzen diese Gefahr oder lassen sich von kurzen Gewinnphasen blenden. Statistiken zeigen zum Beispiel, dass bei CFDs die große Mehrheit der Privatanleger verliert.[372] Oft fressen viele kleine Verluste die wenigen großen Gewinne auf, oder es kommt ein einziger extremer Ausschlag, der das Konto leer räumt. Knock-out-Zertifikate können durch einen nächtlichen Kursausschlag (Gapping) schlagartig wertlos werden. Selbst wenn sich am nächsten Tag ein Rebound einstellt – der Knockout ist irreversibel. Optionen oder Optionsscheine verlieren an Wert, wenn der Anleger falsch liegt oder zu früh kauft, aufgrund des Zeitwertverfalls. Diese Produkte erfordern ständige Aufmerksamkeit. Auch die Nachschusspflicht birgt ein Risiko: Zwar sind in der EU Nachschusspflichten für Privatleute weitgehend verboten (seit 2019), doch kann beispielsweise bei Futures ein Trader ohne Deckung in der Pflicht stehen, Verluste auszugleichen.[373] Insgesamt sollte man als Anleger nur so viel hebeln, wie man auch komplett als Verlust verkraften kann. Als Faustregel gilt: Setzen Sie niemals einen Kredit für Derivate ein, riskieren Sie keine Beträge, die Ihre Existenz bedrohen könnten.

Preisentwicklung und Volatilität: Silber ist traditionell volatiler als Gold und kann stärkeren Preisschwankungen unterliegen. Phasenweise ist das Risiko von Silber sogar höher als von Aktien. Das bedeutet für alle genannten Produkte: Die Kurse können stark schwanken, ein ETC kann binnen kurzer Zeit zweistellige Prozentverluste verzeichnen, was nervenaufreibend ist. Wer Hebel eingesetzt hat, potenziert diese Volatilität nochmals. Marktschwankungen sind ein inhärentes Risiko an der Börse – speziell beim Rohstoff Silber, dessen Doppelrolle als Industriegut und Anlagemetall dieses Edelmetall konjunkturempfindlich macht. Daher müssen Anleger sich der hohen Volatilität bewusst sein und gegebenenfalls einen längeren Atem mitbringen oder Stop-Loss-Strategien anwenden. Ein Risiko liegt auch darin, dass es im Extremfall zu Handelsaussetzungen kommen kann. Das geschieht, wenn der Handel an einer Börse zeitweise gestoppt wird, um unkontrollierte Kurssprünge zu verhindern. An Terminbörsen wie der COMEX gibt es sogenannte Limitbewegungen: Überschreitet der Silberpreis innerhalb eines Handelstages einen bestimmten Schwellenwert nach oben oder unten, wird der Handel automatisch unterbrochen.[374] In dieser Zeit können keine Positionen eröffnet oder geschlossen werden, selbst wenn Anleger dringend handeln wollen. Kommt es zu solchen Handelsunterbrechungen oder zu generellen Börsenaussetzungen, bleibt man im schlimmsten Fall in einer verlustreichen Position gefangen, bis der Handel wieder freigegeben wird. Dann kann ein Anleger sein Produkt unter Umständen nicht sofort veräußern.

Währungsrisiko: Viele Silberprodukte notieren in US-Dollar (da Silber international in US-Dollar gehandelt wird). ETCs mit Euro-Notierung bieten zum Teil eine Währungsabsicherung an, aber das gilt nicht für alle. Eine Aufwertung des Euro kann Kursgewinne des Silbers neutralisieren und umgekehrt.[375] Es existieren währungsgesicherte ETCs (zum Beispiel Xtrackers Physical Silver EUR Hedged, ISIN: DE000A1EK0J7), doch diese können etwas höhere Gebühren haben. Das Währungsrisiko ist kein spezifisches Produktmanko, aber ein Aspekt, der bei der Renditeberechnung oft übersehen wird.

Liquiditäts- und Basisrisiken: Obwohl die meisten Produkte wie gesagt liquide sind, gibt es Ausnahmen. Einige exotische Zertifikate oder Optionsscheine können einen weiten Spread haben und keine Kurse nahe am Spotpreis des Silbers gestellt bekommen, etwa in Phasen extremer Volatilität. Auch kann es ein Basisrisiko geben: Wenn ein Produkt den Silberpreis über Futures abbildet, können Rollverluste die Performance schmälern, sprich Verluste, die durch die Notwendigkeit entstehen, den bestehenden Kontrakt ständig kurz vor Fälligkeit durch einen neuen zu ersetzen. Bei synthetischen Zertifikaten könnte der Emittent den Preis eventuell nach eigenem Modell stellen, der nicht 100 Prozent dem Spotpreis entspricht. In extremen Situationen (zum Beispiel einem Short Squeeze am physischen Markt) könnte der Marktpreis von Silber stark steigen. Dann hätte ein Emittent womöglich Schwierigkeiten, bei der Beschaffung von Silber physisch nachzukommen.[376] Theoretisch könnte ein ETC dann ausgesetzt werden oder hinter dem physischen Preis zurückbleiben. Solche Szenarien sind selten, aber denkbar (so gab es bei dem »Silver-Squeeze-Hype« 2021 kurzzeitig Diskussionen, ob ETCs genügend Metall beschaffen können).

»Illusion der Diversifikation«: Einen kritischen Punkt heben Denker wie Nassim Nicholas Taleb hervor. Er besteht darin, dass scheinbare wenig korrelierende Assets, mit denen vermeintlich eine gute Diversifikation vorliegt, im Crash konvergieren, also sich im Gleichklang entwickeln.[377] In guten Zeiten korrelieren Silber und Aktien vielleicht gering, doch bei einem massiven Finanzcrash könnten alle Papierassets an Liquidität verlieren oder parallele Einbrüche erfahren, weil alle Anleger panisch verkaufen müssen. In Krisen nähert sich die Korrelation häufig der Zahl 1. Wer also glaubt, mit einem Silber-ETF sicher vor Aktiencrashs zu sein, könnte enttäuscht werden, wenn Investoren bei einem Abverkauf im großen Stil auch Edelmetall-ETCs mitliquidieren, um Margin Calls, also eine Nachschusspflicht, anderswo zu decken. Zudem: Wenn der Ausnahmefall eintritt – zum Beispiel in Form von Kapitalkontrollen, einer Schließung von Börsen oder Währungsreformen – hilft auch ein überaus gut diversifiziertes Portfolio wenig, solange es innerhalb desselben Finanzsystems gefangen ist. Diese systemischen Risiken sind schwer zu quantifizieren, aber real. Taleb spricht hier von »fragilen« Portfolios: Systeme, die unter Stress nicht linear reagieren, sondern kollabieren, weil versteckte Verbindungen reißen. Ein hoch diversifiziertes Portfolio mit vielen Assets kann immer noch fragil sein, wenn alle auf gemeinsamen Annahmen beruhen (Liquidität, Funktionieren der Märkte).[378]

Steuerfallen: Ein weiterer Aspekt in der Kategorie der Risiken ist die steuerliche Behandlung. Sie kann auch nachteilig wirken, wenn man nicht aufpasst. Beispielsweise unterliegen nicht Silber-ETCs ohne physische Auslieferung (und das sind die meisten) sowie Zertifikate der Abgeltungsteuer.[379] Es gibt keine Steuerbefreiung nach Ablauf einer Mindesthaltefrist. Das heißt: Wer denkt, er könnte einen synthetischen ETC nach einem Jahr steuerfrei verkaufen, der irrt meist. Auch in der Mehrwertsteuer liegt ein Risiko – wer sich, falls der Emittent das überhaupt anbietet, das Silber aus einem ETC physisch liefern lässt, zahlt nachträglich 19 Prozent Mehrwertsteuer.[380]

Psychologisches Risiko: Nicht zu unterschätzen ist der Einfluss der Komplexität auf Anlegerverhalten. Je mehr verschiedene Produkte im Depot, desto schwieriger fällt es mitunter, den Überblick zu behalten. Hebel verlocken zu übermäßig häufigen Trades oder zum »Zocken«. Es besteht die Gefahr, dass Anleger die Risikoasymmetrie falsch einschätzen – Wahrscheinlichkeiten für einen Totalverlust werden ausgeblendet, während man die Gewinnmöglichkeiten überschätzt. Taleb warnte, dass Menschen dazu neigen, Risiken, die abstrakt oder selten sind, zu ignorieren, bis sie eintreten.[381] In Kontext zum Silber bedeutet dies: Ein Anleger fühlt sich sicher, weil lange nichts passiert ist – bis dann doch ein extremer Ausschlag oder ein Emittentenproblem auftritt. Diese kognitive Verzerrung kann zu bösen Überraschungen führen, wenn er zu viel Vertrauen in komplexe Produkte setzt.

Fazit

Jedes der angesprochenen Instrumente bringt spezifische Risiken mit sich, die teils über das einer simplen physischen Anlage hinausgehen. Vom Totalverlustrisiko bei Hebelpapieren, über Kontrahentenrisiken bei Zertifikaten, bis zu systemischen Gefahren bei einem Finanzkollaps – die Bandbreite ist groß. Entscheidend ist, dass Anleger diese Risiken kennen und entsprechend vorsichtig dosieren. Niemand sollte zum Beispiel sein gesamtes Vermögen in gehebelte Silber-Derivate stecken in der Annahme, Silber sei ja ein sicherer Hafen. Die Asymmetrie von Risiko und Ertrag ist zu beachten: Viele der Produkte bieten begrenzten (wenn auch hohen) Profit, bergen aber das Risiko, bei einem Ausfall oder Crash nahezu alles zu verlieren. Taleb würde sagen: Meide Positionen, die versteckte katastrophale Downsides haben, egal wie attraktiv die durchschnittliche Upside erscheint. Im nächsten Abschnitt vertiefen wir Talebs Blickwinkel auf solche Risiken und was wir daraus lernen können.

Kritische Perspektive nach Nassim Nicholas Taleb: Risiko, Fragilität und Antifragilität

Nassim Nicholas Taleb – ehemaliger Optionshändler und Autor der Bücher *Der Schwarze Schwan* und *Antifragilität* – hat in seinen Werken grundlegende Prinzipien zum Umgang mit Risiko erläutert. Seine Sichtweise bietet einen nützlichen Rahmen zur Beurteilung von Finanzprodukten wie Derivaten, auch zu denjenigen, die den Silbermarkt betreffen.

Asymmetrie von Risiko und Ertrag: Taleb betont, dass viele Finanzstrategien eine schiefe Risikoverteilung haben: kleine, regelmäßige Gewinne stehen seltenen, aber extrem großen Verlustmöglichkeiten gegenüber.[382] Übertragen heißt das: Derivate können eine Zeit lang kontinuierlich funktionieren, doch ein einziges Black-Swan-Ereignis kann sämtliche Gewinne der Vergangenheit auslöschen und darüber hinaus ruinöse Verluste bringen. Beispiel: Eine Bank verkauft ständig Optionen (kassiert Prämien, scheinbar leicht erzielbare Erträge), bis ein extremer Preissprung das Institut in die Insolvenz treibt. Taleb warnt davor, sich in stabilen Phasen in Sicherheit zu wiegen: Als Anleger darf man nicht nur auf die Wahrscheinlichkeit schauen, sondern muss die Schadenshöhe im Worst Case berücksichtigen.[383] Für Silberinvestoren heißt das: Ein ETC oder Zertifikat mag zu 99 Prozent sicher erscheinen – aber was bedeutet das Worst-Case-Szenario, das mit einer Wahrscheinlichkeit von 1 Prozent eintritt? Ist man darauf vorbereitet? »Don't tell me what you think, tell me what's in your portfolio«, heißt es so schön. Provokant formuliert, bedeutet das: Wirklich glauben tut ein Anleger nur das, wofür er bereit ist, auch im schlimmsten Fall die Konsequenzen zu tragen.

Fragiles Finanzsystem: Taleb sieht das moderne Finanzsystem als tendenziell fragil an – sprich: Es kann unter Stress unverhältnismäßig großen Schaden nehmen, weil es komplex und vernetzt ist.[384] Der breite Einsatz von Fremdkapital (Hebeln) und Derivaten hat seiner Ansicht nach dazu geführt, dass Schocks sich schneller und stärker übertragen. Ein zentralisiertes System mit großen Banken und Clearingstellen kumuliert Risiken. 2008 im Finanzcrash hat sich gezeigt, wie Derivate (zum Beispiel Kreditverbriefungen und CDS, also verbriefte Kreditausfallversicherungen) die Krise verschärften, da keiner mehr das Gegenparteirisiko einschätzen konnte, sprich, wer einspringen musste, wenn wirklich ein Zahlungsausfall vorlag.[385] Für Edelmetallanlagen impliziert das: Selbst wenn Silber an sich ein »sicherer Hafen« sein soll, sind papierbasierte Ansprüche auf Silber Teil dieses fragilen Systems. Ein Ausfall einer großen Bank könnte zum Beispiel ETC-Strukturen beeinträchtigen oder zu Liquiditätsengpässen führen. Taleb würde sagen, Ketten und Zahnräder des Finanzsystems können brechen, wenn zu viel Spannung drauf ist – und komplexe Produkte bauen zusätzliche Zahnräder in das System ein. Daher rührt die Empfehlung, zumindest einen Teil seines Vermögens außerhalb der komplexen Strukturen zu halten, etwa in Form von Bargeld oder physischen Werten.

Antifragilität: In seinem Buch *Antifragilität* prägt Taleb diesen Begriff – »antifragil« sind Vermögenswerte, die durch Volatilität und Schocks stärker werden, im Gegensatz zu fragilen Vermögenswerten, die daran zerbrechen. Ein antifragiles Portfolio wäre beispielsweise so konstruiert, dass es von heftigen Marktschwankungen sogar profitiert. Eine populäre Interpretation davon ist Talebs »Barbell-Strategie«: Einen Großteil (zum Beispiel 80 bis 90 Prozent) des eigenen Vermögens sollte man ultrakonservativ anlegen (etwa in Bargeld, kurzfristigen Staatsanleihen oder physischen Edelmetallen, also Dingen mit minimalem Ausfallrisiko, und einen kleinen Teil (10 bis 20 Prozent) sehr spekulativ mit hohen Chancen, zum Beispiel in weit aus dem Geld liegenden Optionen oder risikoreichen Wetten. So ist man im Alltag sicher, aber wenn ein Schwarzer Schwan auftritt, hat man immerhin die Chance, mit dem kleinen, riskanten Teil riesige Gewinne einzufahren (weil extreme Ereignisse diese Optionen wertvoll machen).

Für Silberinvestments lässt sich daraus schlussfolgern: Der Kern des Edelmetall-Engagements sollte robust sein – etwa physische Bestände oder ein solider, physisch besicherter ETC – und nur ein kleiner Teil des Investments sollte in Hochrisikoprodukte wie Hebelzertifikate oder Minenaktien fließen, die zwar heftige Ausschläge haben können, aber nicht das Gesamtvermögen gefährden. Antifragilität könnte auch bedeuten, über längere Zeiträume Optionen auf drastische Preisbewegungen zu halten (zum Beispiel langfristige Calls auf Silber weit über dem aktuellem Preis). Sollte dann ein unwahrscheinliches Szenario wie Hyperinflation oder ein Lieferengpass eintreten, wären diese plötzlich sehr wertvoll. Wichtig ist jedoch: Antifragilität verlangt, dass man potenzielle Verluste auf das verkraftbare Minimum begrenzt, während man unbegrenztes Upside-Potenzial (Potenzial für Wertsteigerungen) ermöglicht.[386] Viele Privatanleger machen das Gegenteil: Sie begrenzen ihr Upside (zum Beispiel Sparbuch, Anleihen) und haben versteckte Downsides (zum Beispiel durch Immobilienkredite oder komplexe Anlagen, die im Crash wertlos werden).

»Skin in the game« und Transparenz: Taleb propagiert, dass Entscheidungsträger die eigene Haut im Spiel haben sollen – also selbst vom Risiko ihrer Entscheidungen betroffen sein sollten.[387] Übertragen auf Produkte bedeutet das: Als Anleger sollte man bevorzugt Vehikel nutzen, die im Gleichklang mit den Interessen der Anbieter liegen. Außerdem sollte man verstehen, in was man investiert. Ein physischer ETC mit dursichtigem Lagerbestand ist leichter einzuschätzen (man weiß: pro Anteil liegt 1 Unze im Tresor) als die strukturierte Verbindlichkeit einer Investmentbank, bei der man der Bank vertrauen muss. Taleb kritisiert Finanzingenieure, die komplizierte Strukturen schaffen, deren Konsequenzen sie selbst nicht tragen. Sein Credo würde lauten: Investiere nur in das, was du auch erklären kannst, und wo du die Risiken eindeutig benennen kannst. Eine kostenlose Versicherung (kein Risiko, hoher Ertrag) gibt es nicht – irgendwo lauert der Haken.

Talebs Sicht auf Edelmetalle: Interessanterweise hat Taleb selbst in Interviews Gold positiv erwähnt als »Wette auf die menschliche Dummheit«.[388] Er erwartet, dass die Politik weiterhin den Fehler macht, die bestehenden Währungen zu entwerten – in solchen Fällen seien Edelmetalle ein logischer Schutz. Silber erwähnt er nicht direkt, aber die Logik ist ähnlich. Wichtig ist: Er würde physische Edelmetalle als Teil des robusten Anteils sehen, nicht als spekulativen. Die Spekulation sollte woanders stattfinden (zum Beispiel in Optionen auf extreme Marktcrashs). Edelmetalle dienen dem Erhalt und moderatem Schutz, nicht dem schnellen Reichtum – das passt zu seiner Philosophie der Robustheit im Großteil des Portfolios.

Zinsniveau und Derivate: Taleb hat auch auf Makroebene argumentiert, dass zum Beispiel zu niedrige Zinsen Menschen in riskante Anlagen treiben (weil sichere Anlagen nichts mehr abwerfen), was das System fragiler macht.[389] Der aktuelle Kontext (bis 2022 waren Zinsen extrem niedrig, zwischenzeitlich sind sie teilweise wieder gestiegen) beeinflusst, wie viel Risiko Anleger bereit sind einzugehen. In der Nullzinsära hielt mancher es für alternativlos, via ETFs und Derivaten Rendite zu suchen. Taleb würde entgegnen, dass man lieber auf Rendite verzichtet als unkalkulierbare Risiken einzugehen. »Lieber keine Erträge erzielen, als in den Ruin gehen.«

Was uns Talebs Perspektive in Summe lehrt

Vorsicht vor versteckten Risiken und falscher Sicherheit. Man sollte seine Silber-Investments so strukturieren, dass extreme Eventualitäten berücksichtigt sind. Das heißt beispielsweise:

- Vollständige Abhängigkeit vom Finanzsystem vermeiden: Einen Teil des Vermögens sollte man physisch halten oder in auslieferbaren Produkten, um auch im Ausnahmefall Zugriff auf das Edelmetall zu haben.
- Risiken streuen, aber richtig: Nicht nur verschiedene Derivate (die alle am Ende Papierforderungen sind), sondern echte Diversifikation in der Art der Anlage (Sachwerte versus Finanzwerte) ist erforderlich.
- Hebel begrenzen: Man sollte nur einen kleinen Teil des Kapitals hebeln, sodass ein Totalverlust dieses Teils das Gesamtvermögen kaum tangiert.
- Worst-Case-Szenario einkalkulieren: Als Anleger sollte man sich stets fragen: Was passiert im Worst Case mit meinem Produkt? Ist das schlimmste Szenario akzeptabel? (Wenn nein, meiden oder Position verkleinern).
- Einfachheit vor Komplexität: Bevorzuge transparente, verständliche Konstruktionen. Wenn man es nicht versteht, lässt man die Finger davon.

Talebs oft zitierte Maxime der Antifragilität kann für Privatanleger heißen: Baue ein Portfolio, das Schocks aushält oder sogar davon profitiert. Im Kontext zum Silber würde das bedeuten, physisches Silber (robust, keine Verbindlichkeit) zu halten und eventuell mit einer kleinen Beimischung (antifragil) Optionen oder Minenaktien zu halten, die im Szenario explodierender Silberpreise überproportional gewinnen. Was man vermeiden will, ist die fragile Mitte: zum Beispiel ein großes gehebeltes Zertifikate-Portfolio, das in stabilen Zeiten zwar womöglich outperformt, aber im Crash vollständig implodiert.

Steuerliche Aspekte im Detail

Physisches Silber versus Wertpapiere: Wie bereits angesprochen, gilt für physisches Silber (Barren, Münzen) in Deutschland: Verkäufe nach über zwölf Monaten Haltedauer sind steuerfrei (§23 EStG Privatgeschäft), innerhalb zwölf Monaten steuerpflichtig zum Einkommenssteuersatz (mit 1000 Euro Freigrenze).[390] Diese Regel lässt sich womöglich auf einzelne ETCs übertragen: Der Bundesfinanzhof hat 2020 klargestellt, dass physisch lieferbare Edelmetall-ETCs steuerlich wie das Metall selbst behandelt werden.[391] Wichtig: Es muss ein effektiver Sachleistungsanspruch bestehen (das heißt man kann theoretisch die Auslieferung verlangen). Zudem muss eine vollständige Auszahlung in Edelmetall vorgenommen werden, keine Restauszahlung in Form von Geld. Ist das gegeben, fällt keine Abgeltungsteuer an, sondern die Gewinne bleiben nach Ablauf der 1-Jahres-Frist für steuerfreie Veräußerungen steuerfrei. Beispiele solcher Produkte: Xetra-Gold (für Gold), das war der Präzedenzfall, über den der BFH zu entscheiden hatte.[392] Analog existiert mit Wisdom Tree Core Silver nur ein ETC, der mutmaßlich die Anforderungen erfüllt. Anleger sollten sich die Steuerfreiheit vom Broker bestätigen lassen, denn teils sind sie unsicher und behalten vorsorglich die Abgeltungssteuer ein.

ETCs und Zertifikate: Hier greift hingegen die Kapitalertragssteuer (Abgeltungssteuer). Ein klassischer Silber-ETC (synthetisch) oder ein Zertifikat wird als Kapitalforderung gewertet und unterliegt der Abgeltungsteuer von 25 Prozent plus Solidaritätszuschlag und gegebenenfalls Kirchensteuer auf Kursgewinne, unabhängig von der Haltedauer.[393] Es gibt keine Spekulationsfrist. Das bedeutet praktisch: Wenn Silber stark steigt und man seinen ETC (ohne Lieferanspruch) verkauft, gehen 25 Prozent des Gewinns ans Finanzamt (sofern der Sparer-Pauschbetrag schon ausgeschöpft ist). Zwar ist 25 Prozent für viele Anleger niedriger als ihr persönlicher Einkommensteuersatz, aber sie haben eben nicht die Chance, komplett steuerfrei davonzukommen wie bei physischem Silber.

Mehrwertsteuer und Zoll: Beim Kauf von ETCs fällt, wie erwähnt, keine Mehrwertsteuer an.[394] Kauft man Silber physisch, werden 19 Prozent Mehrwertsteuer fällig (Stand 2025; Restbestände importierter Anlagemünzen sind teilweise noch differenzbesteuert erhältlich, das führt zu einem Mehrwertsteueraufschlag von 7 bis 10 Prozent).[395] Beim Verkauf physischen Silbers an Händler bekommt man die Mehrwertsteuer nicht erstattet – man realisiert den Nettopreis. Bei ETCs entfällt dieses Thema komplett, allerdings nur, solange man sich das Silber nicht physisch ausliefern lässt, was ohnehin die wenigsten ETCs anbieten. Ansonsten wird die Mehrwertsteuer nachträglich erhoben beziehungsweise mindert die Menge des ausgelieferten Silbers um den entsprechenden Betrag. Zollfreiheit: Solange man Wertpapiere handelt, gibt es keine Zollformalitäten.[396] Würde man hingegen physisch zum Beispiel im Ausland Silber einlagern und nach Deutschland holen, könnten Import-Umsatzsteuer oder Zoll anfallen. Das ist bei Wertpapieren irrelevant.

Verlustverrechnung: Ein Vorteil der Einordnung als Kapitalanlage (für die nicht lieferbaren Produkte) ist, dass Verluste verrechnet werden können. Beispiel: Man verkauft mit Verlust ein Silber-Zertifikat, dann kann dieser Verlust andere Kapitalerträge (zum Beispiel Zinsen, Dividenden) mindern, soweit nicht spezifische Verlustverrechnungsbeschränkungen greifen.[397] Verluste aus physischem Silberverkauf (bei einer Haltedauer von über einem Jahr) sind steuerlich irrelevant. Verluste, die aus einem Verkauf vor Ablauf eines Jahres resultieren, sind nur mit anderen privaten Veräußerungsgewinnen verrechenbar, die innerhalb der Spekulationsfrist angefallen sind. Es gilt allerdings die Freigrenze von 1000 Euro pro Kalenderjahr.[398] Hier haben Wertpapierlösungen die Nase vorn, da alle in der Abgeltungssteuer-Kategorie zusammengefasst werden.

Empfehlung zur Steueroptimierung

Wer auf die Steuerfreiheit aus ist, sollte einen physisch hinterlegten ETC wie den Wisdom Tree Core Silver bevorzugen, der einen Lieferanspruch bietet, und dieses Papier mindestens ein Jahr halten. Eine Garantie für steuerfreie Gewinne gibt es allerdings nicht. Noch fehlen klare Aussagen der Finanzverwaltung dazu, wie dieses Papier einzustufen ist. Auch ist noch unklar, ob die Depotbanken wirklich auf den Abzug von Abgeltungssteuer verzichten oder diese nicht doch vorsichtshalber abführen. In Sachen Umsatzsteuer sind aber alle ETCs empfehlenswert, weil hier keine Mehrwertsteuer anfällt, die Lagerung bequem im Wertpapierdepot erfolgt und sie zudem jederzeit über die Wertpapierbörse wieder verkauft werden können. Wer kurzfristig tradet, für den sind Steuern weniger entscheidend. Allerdings kann man argumentieren, dass bei kurzfristigem Trading ein Kapitalanlageprodukt steuerlich sogar günstiger sein kann: Gewinne aus ETCs oder Zertifikaten unterliegen pauschal der Abgeltungsteuer von 25 Prozent (zuzüglich Soli/KiSt). Dagegen werden Gewinne aus physischem Silber, wenn sie innerhalb eines Jahres realisiert werden, nach dem persönlichen Einkommensteuersatz versteuert – der bei vielen Anlegern höher als 25 Prozent liegt. Erst nach Ablauf der Spekulationsfrist von zwölf Monaten ist physisches Silber steuerfrei. Insofern sollten Langfristanleger auf idealerweise physisch lieferbare ETCs setzen. Bei einer kurzfristigen Spekulation ist der Steueraspekt nebensächlich; es kommt allein darauf an, Gewinne zu erzielen.

Fazit

Als Anleger sollte man die steuerliche Situation regelmäßig prüfen, da Gesetzesänderungen vorkommen. Im Zweifel gilt es, steuerlichen Rat einholen, was stets empfehlenswert ist, wenn man komplexere Konstrukte nutzt.

Empfehlungen für Anleger: worauf achten?

Am Ende dieses Kapitels fasse ich für Sie einige praxisnahe Empfehlungen dazu zusammen, wie Sie als Privatanleger die vorgestellten Instrumente sinnvoll einsetzen können – und wovon sie besser Abstand nehmen sollten:

Ziele definieren: Überlegen Sie zunächst, warum Sie in Silber investieren. Geht es um langfristige Absicherung und Vermögensschutz? Dann sollten physisches Silber oder physisch besicherte

ETCs den Schwerpunkt bilden, da sie zuverlässig den Wert des Metalls repräsentieren und im Extremfall Zugriff darauf bieten.[399] Geht es um kurzfristige Spekulation oder Trading? Dann können Hebelprodukte wie CFDs, Futures oder Optionsscheine genutzt werden – aber nur mit klarer Strategie und Risikobegrenzung.[400]

Nur Produkte verwenden, die Sie verstehen: Kaufen Sie kein Derivat, dessen Mechanismus Sie nicht vollständig nachvollziehen können.[401] Wenn zum Beispiel ein exotisches Zertifikat auf Silber lockt, dessen Bedingungen seitenlang und unklar sind, lassen Sie die Finger davon. Transparenz geht vor. Ein solider ETC oder ein einfaches Knock-out-Zertifikat ist in der Regel vorzuziehen gegenüber Derivaten, die undurchsichtig wie eine »Black Box« erscheinen.

Physisch hinterlegte ETCs bevorzugen: Für den Core-Investment-Teil in Silber sind aus unserer Sicht physisch besicherte Silber-ETCs die attraktivste Möglichkeit.[402] Sie bieten kostengünstig die Partizipation am Silberpreis, ohne Unternehmensrisiken wie bei Minenaktien. Außerdem ist das Emittentenrisiko minimiert, wenn das betreffende Silber treuhänderisch verwahrt wird. Produkte wie Xtrackers Physical Silver, iShares Physical Silver ETC, WisdomTree Physical Silver et cetera sollten hier den Vorzug erhalten. Achten Sie auf Details: Liegt ein Lieferanspruch vor? Wie hoch sind die Lagergebühren? Wo und bei wem lagert das Metall? Vertrauenswürdige Anbieter veröffentlichen Lagerberichte und haben renommierte Verwahrstellen (HSBC, JP Morgan oder Ähnliche).[403]

Hebel mit Maß einsetzen: Falls Sie Hebelprodukte einsetzen möchten, tun Sie dies nur in dem Umfang, in dem ein Totalverlust verschmerzbar ist. Eine gängige Regel: maximal 5 bis 10 Prozent des Anlagekapitals in hochriskante Trades stecken.[404] Lassen Sie Disziplin walten: Setzen Sie Stop-Loss-Limits bei CFDs oder Knock-out-Zertifikaten, um Verluste zu begrenzen. Und lassen Sie Gewinne auch mal laufen – aber nehmen Sie sie rechtzeitig vom Tisch. Denken Sie an Talebs Barbell-Ansatz: Das Gros sicher anlegen (zum Beispiel mit physisch unterlegten ETCs), einen kleinen Teil aggressiv investieren (etwa mithilfe von Knock-out-Zertifikaten).[405] Vermeiden Sie die Verlockung, Verluste mit einem noch größeren Hebel ausgleichen zu wollen – das endet oft im Desaster.

Diversifikation richtig anwenden: Diversifikation heißt nicht, fünf verschiedene Silber-Zertifikate von fünf Banken zu kaufen.[406] Damit streuen Sie kaum das systemische Risiko. Echte Diversifikation wäre zum Beispiel gegeben mit einem Anteil physischemSilber (im eigenen Schließfach), einem Anteil eines Silber-ETCs im Depot, einem Anteil an Minenaktien oder Silberstreaming-Unternehmen und eventuell einem kleinen Anteil an Optionen. Oder Sie diversifizieren über verschiedene Anlageklassen hinweg und kaufen neben Silber auch etwas Gold und einige Aktien und halten einige Barreserven auf einem Tages- oder Festgeldkonto.[407] Wichtig ist es, Klumpenrisiken zu vermeiden. Auch innerhalb der Produktkategorien gilt: Halten Sie nicht nur Papiere desselben Emittenten. Statt Ihr ganzes Edelmetallinvestment nur über einen ETC-Anbieter abzudecken, können Sie Ihre Anlagen aufteilen zwischen verschiedenen Anbietern, um das Emittentenrisiko zu streuen.

Liquidität und Zeithorizont planen: Silber kann, wie betont, volatil sein. Wenn Sie glauben, in drei Monaten ein Auto von dem Geld kaufen zu müssen, legen Sie es besser nicht komplett in Silber-ETCs an – kurzfristig könnten Sie sonst gezwungen sein, zum falschen Zeitpunkt zu verkaufen.[408] Planen Sie Ihre Investments für einen angemessenen Zeithorizont: Für strategische Positionen erscheint mindestens ein Jahr angemessen, für taktische Trades sollten Sie bereit sein, auch mal Verluste zu realisieren, wenn Ihre Prognose nicht aufgeht. Binden Sie kein Geld, das Sie schon bald wieder brauchen. Achten Sie bei den Produkten auf Laufzeiten: Ein Optionsschein mit nur zwei Monaten Restlaufzeit kann schnell wertlos werden, wenn die erhoffte Kursentwicklung nicht kommt – vielleicht sollten Sie lieber einen mit sechs bis zwölf Monaten Restlaufzeit wählen.[409]

Steueroptimierung nutzen, aber nicht überreizen: Wenn steuerfreie Gewinne nach einem Jahr möglich sind (bei lieferfähigen ETCs), nutzen Sie das für langfristige Bestände.[410] Drehen Sie nicht unnötig das Portfolio innerhalb der Frist. Realisieren Sie umgekehrt kleinere Gewinne gegebenenfalls gestaffelt, um den Sparerfreibetrag zu nutzen (wenn Sie zum Beispiel nebenher noch Kapitaleinkünfte unter 1000 Euro haben, fällt darauf keine Steuer an). Aber Vorsicht: Treffen Sie Anlageentscheidungen nie ausschließlich aus Steuergründen.[411] Ein Investment, das fundamental schlecht ist, wird nicht dadurch gut, dass es Steuerfreiheit bietet. Sie sollten also nicht blind auf einen potenziell steuerbegünstigten ETC setzen, sondern das Gesamtpaket betrachten (Emittent, Kosten et cetera).

Psychologische Disziplin walten lassen: Machen Sie sich bewusst, dass Silberinvestments – vor allem über Derivate – emotional fordernd sein können. Große Kurssprünge können zu Gier oder Panik verleiten. Legen Sie im Voraus Regeln fest, zum Beispiel »Ich verkaufe, wenn Silber um 20 Prozent gestiegen ist, um Gewinne mitzunehmen« oder »Wenn mein Knock-out-Zertifikat

50 Prozent im Plus ist, ziehe ich den Stop nach ins Gewinnterrain«.[412] Vermeiden Sie impulsives Handeln aus dem Bauch heraus. Und ganz entscheidend: Versuchen Sie nicht, Verluste durch Verdopplung des Einsatzes aufzuholen (Martingale-Effekt) – das kann an der Börse ruinös enden, gerade bei Investments mit Hebel. Besser: Fehler eingestehen, Position schließen, auswerten, was schieflief, und in ausgeruhtem Zustand die Situation neu evaluieren.

Ausreichende Informationen beschaffen: Bleiben Sie informiert über Marktentwicklungen in Silber: Terminmarktsituation (zum Beispiel große Abflüsse aus ETCs können auf Liquiditätsengpässe hindeuten), politische/ökonomische Faktoren (zum Beispiel neue Regulierungen, die ETCs betreffen könnten, Änderungen der Mehrwertsteuerregeln, Zollstreitigkeiten, industrielle Nachfragetrends). Vor allem bei Derivaten gilt: Beobachten Sie Volatilitätskennzahlen – hohe Volatilität macht Optionen teurer, niedrige Volatilität macht sie günstiger.[413] Lernen Sie aus seriösen Quellen, statt die unrealistischen Versprechen einschlägiger Wertpapierforen für bare Münze zu nehmen.

Vorsorge für den Worst Case betreiben: Stellen Sie sich theoretisch den Fall vor, es käme zu einer größeren Finanzstörung: Was passiert mit Ihren Anlagen? Wenn ein Anteil in physischer Form existiert, haben Sie zumindest etwas Greifbares. Überlegen Sie auch: Haben Sie Unterlagen/ISINs Ihrer ETCs notiert, falls Ihr Broker einmal ausfällt? Wenn zum Beispiel ein Neobroker insolvent anmelden muss, solle man sein Depot übertragen können. Das ist zwar ein unwahrscheinlicher Fall, aber 2021 etwa sahen wir, wie einige Broker Kaufbeschränkungen auf bestimmte Aktien verhängten – analog könnte es bei extremer Silberknappheit zu Beschränkungen kommen.[414] Seien Sie auf Unvorhergesehenes vorbereitet, sei es durch Diversifikation auch der Verwahrstellen (zum Beispiel ein Teil bei Broker A, ein Teil bei Bank B) oder schlicht durch erhöhte Aufmerksamkeit.

Nicht zu viel Vermögen in Silber investieren: So sehr im vorliegenden Buch das Silber im Vordergrund steht, so sehr gilt zugleich die Empfehlung: Machen Sie Silber nicht zur einzigen Säule Ihres Investments. Es ist sinnvoll, auch in andere Anlageklassen investiert zu bleiben (Aktien, eventuell Immobilien, etwas Liquidität). Silber kann ein sehr dynamischer Performancebringer sein und Sie auch gut gegen bestimmte Szenarien absichern, aber es ist auch spekulativ und volatil. Die alte Regel, »Lege nicht alle Eier in einen Korb«, gilt weiterhin. In Silber sollte man nur den Anteil stecken, den man aufgrund seiner Risikotoleranz vertreten kann.[415]

Zusammenfassung

Nutzen Sie Silber-Derivate und ETCs als nützliche Werkzeuge, nicht aber als Spielcasino. Sie bieten Ihnen Flexibilität, aber erfordern auch Selbstkontrolle. Im Idealfall kombinieren Sie verschiedene Formen von Silber-Investments: etwas physisch (für die Seele und als ultimativer Notgroschen), etwas im ETC (für einfache Skalierbarkeit und gegebenenfalls Steuerfreiheit nach einem Jahr) und – wenn Sie es möchten und können – einen kleinen aktiven Teil etwa mit Knock-out-Zertifikaten oder CFDs (für zusätzliche Renditechancen). Beobachten Sie stets die Kosten und Risiken, und passen Sie Ihre Strategie an veränderte Marktbedingungen an.

Am Ende gilt: »Praxisnah« zu investieren heißt, theoretisches Wissen mit gesundem Menschenverstand zu verbinden. Fragen Sie sich bei jedem Produkt: Würde ich das auch meinen guten Freunden empfehlen? Wenn nein, sollten Sie es selbst auch nicht halten. Mit der in diesem Kapitel vermittelten kritischen Sichtweise sind Sie hoffentlich gewappnet, Chancen zu erkennen, aber auch die Risiken nicht zu ignorieren – so können Sie vom Silberboom profitieren, ohne die Fallstricke der Derivatewelt zu übersehen.

KAPITEL 12

Minenaktien und Explorer – der riskante Hebel

Silberminenaktien gelten als hebelartige Investition auf den Silberpreis. Wenn Silber im Preis steigt, versprechen die Aktien von Silberminen überproportionale Gewinne – doch ebenso drohen überproportionale Verluste bei Preisrückgängen. In diesem Kapitel betrachten wir sachlich und kritisch die Welt der Silberminenunternehmen: von etablierten Großproduzenten (Majors) über kleinere Förderer (Juniors) bis hin zu reinen Explorationsfirmen (Explorer). Wir erklären diese Begriffe, beleuchten die Struktur und Dynamik der Branche und analysieren Chancen und Risiken. Dabei nehmen wir eine Taleb-kritische Perspektive ein: Zwar mögen diese Investitionen vermeintlich antifragil erscheinen, tatsächlich aber sind sie oft hochfragil – mit erheblichen Black-Swan-Risiken und versteckten Fallstricken. Schließlich geben wir Hinweise zur Bewertung solcher Aktien, diskutieren ihre extreme Volatilität und erörtern, wie Anleger Minenaktien sinnvoll als Beimischung im Depot einsetzen, diversifizieren und absichern können.

Majors, Juniors und Explorer – Begriffsdefinitionen

Majors: Als Majors bezeichnet man große, etablierte Bergbauunternehmen mit meist mehreren produzierenden Minen und beträchtlicher Marktkapitalisierung. Diese Konzerne – oft multinationale Unternehmen mit jahrzehntelanger Historie – fördern bereits in großem Stil Rohstoffe und erzielen kontinuierliche Umsätze und Cashflows. Ein Major hat typischerweise Jahresumsätze jenseits von 500 Millionen US-Dollar und ausreichend finanzielle Stärke, um auch eigenständig neue Minenprojekte zu entwickeln.[416] Majors sind in der Regel weniger volatil als kleinere Firmen, da das Ergebnis einzelner Minen das Unternehmen kaum existenziell gefährden – wichtiger sind für sie meist die allgemeinen Rohstoffpreise. Bekannte Beispiele im Silbersektor sind etwa Pan American Silver, Fresnillo oder große diversifizierte Bergbaukonzerne.[417] Ein Major wie Pan American Silver, einer der weltweit größten Produzenten primären Silbers, besitzt mehrere Silberminen in Peru, Mexiko, Argentinien und Bolivien und unterhält Entwicklungsprojekte in weiteren Ländern.[418] Solche Unternehmen bieten Anlegern eine breit diversifizierte Produktionsbasis und oft auch Dividenden, dafür aber ist der Spielraum für spekulative Aufwärtsbewegungen kleiner.

Juniors: Junior-Mininguntemehmen sind deutlich kleiner und jünger, oft mit nur einer Mine oder noch in der Entwicklungsphase eines Vorkommens. Häufig handelt es sich um Firmen mit einer Marktkapitalisierung unter 500 Millionen US-Dollar, die erst wenige Jahre existieren. Viele Juniors stehen kurz vor der Förderung oder betreiben nur eine kleine Anzahl von Minen in begrenztem Umfang. Typisch für Juniors ist ein höheres Wachstumspotenzial, aber auch größere Unsicherheit. Sie konzentrieren sich oft auf die Erschließung neuer Lagerstätten und sind darauf angewiesen, dass Projekte erfolgreich in Produktion gebracht oder von größeren Firmen übernommen werden. Die Aktien von Juniors gelten als spekulative Growth Stocks – in Haussephasen können sie sich vervielfachen, in Schwächephasen aber auch drastisch an Wert verlieren. Viele Junior-Unternehmen haben nur geringe oder keine Gewinne und zahlen keine Dividenden, weil alle Mittel in Exploration und Ausbau fließen. Die Finanzierung erfolgt oft über Kapitalerhöhungen an Venture-Capital-Börsen, was eine ständige Verwässerung bedeuten kann. Das typische Schicksal eines Juniors lässt sich in drei Kategorien einteilen: Die meisten scheitern und lassen Investoren Verluste erleiden; einige haben mäßigen Erfolg und werden von einem Major zu einem Premium aufgekauft; und sehr wenige finden tatsächlich eine riesige Lagerstätte und werden zu regelrechten Gewinnern – solche Glücksfälle können in wenigen Tagen Renditen erzielen, für die ein Major Jahre bräuchte. Juniors sind somit Hochrisiko-Wetten mit Chancen auf exorbitante Gewinne, aber auch mit einem beträchtlichen Risiko, einen Totalverlust zu erleiden.[419]

Explorer: Als Explorer bezeichnet man Unternehmen, die ausschließlich in der Explorationsphase tätig sind, also keine eigene Produktion haben. Explorer können als Unterkategorie der Juniors gesehen werden – oft spricht man von Junior-Explorern.[420] Ihre Aufgabe besteht darin, neue Rohstoffvorkommen aufzuspüren, Bohrungen und Studien durchzuführen und somit den Grundstein für künftige Minen zu legen. Typischerweise haben Explorer keine laufenden Einnahmen, sondern verbrennen Kapital für Geologie,

Bohrprogramme und Machbarkeitsstudien. Sie bestehen häufig nur aus kleinen Teams von Geologen und Geschäftsleuten und finanzieren sich nahezu vollständig über den Aktienmarkt (vor allem in Kanada und Australien).[421] Ein Explorer ist erfolgreich, wenn er eine entdeckte Lagerstätte so weit entwickelt (zum Beispiel durch Ressourcenschätzungen), dass ein größerer Player anbeißt oder der Explorer selbst genug Kapital einsammelt, um eine Mine zu bauen. Die Rolle der Explorer im System ist essenziell: Tatsächlich wurden in den letzten Jahrzehnten viele der größten Rohstofffunde von kleinen Explorationsfirmen gemacht, und nicht etwa von den Majors.[422] Explorer sind jedoch extrem spekulativ – die überwiegende Mehrzahl der Explorationsprojekte führt nie zu einer produzierenden Mine. Laut einer Analyse der Colorado School of Mines schafft es statistisch nur etwa eine von 750 Entdeckungen tatsächlich bis zur Mineneröffnung.[423] Diese ernüchternde Quote zeigt: Die Erfolgsgeschichte eines Explorers ist ein rarer positiver Black Swan, während das Scheitern fast schon die Regel ist. Für Anleger bedeutet das: Eine Explorer-Aktie kann im Erfolgsfall explosionsartig im Wert steigen, ist aber intrinsisch fragil, da ausbleibende Funde oder leere Kassen schnell zur Insolvenz führen.

Struktur und Dynamik der Minenbranche

Die Bergbaubranche – vor allem im Edelmetallsektor – folgt einer klaren Arbeitsteilung zwischen Explorern, Juniors und Majors. Sie gleicht einer Nahrungskette (Mining Food Chain), in der jeder Akteur eine bestimmte Rolle spielt: Juniors/Explorer entdecken neue Rohstofflagerstätten, Majors entwickeln und betreiben große Minen, oft nachdem die riskante Frühphase bereits bewältigt wurde.[424]

Dieses System hat sich herausgebildet, weil große Konzerne zwar die finanziellen Mittel haben, aber oftmals weniger risikofreudig und bürokratischer sind, während kleine Firmen agil und unternehmerisch Chancen wahrnehmen. So investieren Majors zwar jedes Jahr hohe Summen in Exploration, doch statistisch sind kleinere Firmen erfolgreicher dabei, echte Neuentdeckungen zu machen.[425] Gründe: Majors bohren oft im Bereich bestehender Minen (Brownfield) und fokussieren sich auf riesige »World-Class«-Vorkommen, während Juniors auch kleinere oder schwierigere Entdeckungen vorantreiben. Häufig ist es daher ein bewusstes Modell der Großunternehmen, vielversprechende Junior-Projekte erst nach einem Fund durch Übernahmen oder Joint Ventures ins eigene Portfolio zu holen, anstatt die frühen Risiken selbst zu tragen.

Diese Dynamik bedeutet: In Boomzeiten sprießen zahlreiche Explorationsfirmen aus dem Boden, da leicht Kapital zu beschaffen ist (zum Beispiel über die Aktienbörse in Toronto/Vancouver), und die Suche nach neuen Minen läuft auf Hochtouren.[426] Majors konzentrieren sich derweil oft auf den Ausbau bestehender Minen oder auf Zukäufe, anstatt selbst riskant zu explorieren. In Abschwungphasen kehrt sich das Bild um: Das Geld für riskante Projekte versiegt, viele Juniors gehen pleite oder liegen brach. Majors drosseln Investitionen, leben von Reserven und warten auf bessere Zeiten. So waren zum Beispiel nach dem letzten Rohstoffboom die globalen Exploration-Budgets 2021 nur halb so hoch wie 2012.[427] Ein solcher zyklischer Verlauf führt zu einem gewissen strukturellen Engpass: Nach mageren Jahren fehlen neue Funde, was später Angebotsdefizite verursachen kann. Der Nachschub an Silber und Gold hängt also entscheidend davon ab, dass genügend Juniors das Risiko eingehen – und genügend Investoren dieses Risiko finanzieren.

Ein weiteres Strukturelement ist die Erschöpfung bestehender Minen: Jedes Bergwerk ist ein endlicher Schatz, der irgendwann geleert ist. Majors müssen daher stets ihre Reserven ersetzen, um langfristig zu überleben.[428] Diese Pipeline neuer Projekte speist sich oft aus Erfolgen der Juniors. Man spricht hier vom Projektlebenszyklus: Exploration → Entdeckung → Entwicklung (Bau) → Produktion → Erschöpfung/Schließung.[429] Viele Juniors geben ihr Projekt nach der Entdeckung an größere Partner ab, bevor die teuren Bauphasen anstehen. Die großen Minengesellschaften sichern sich dadurch Zugang zu frischen Reserven, während die Entdecker zumindest einen Exit schaffen. So gesehen bilden Junior-Explorer die »Forschungs- und Entwicklungsabteilung« der Minenbranche, allerdings finanziert durch Risikokapital statt durch Gelder von den Majors selbst.

Insgesamt ist die Minenbranche dadurch gekennzeichnet, dass Kooperation und Konsolidierung häufig sind: Joint Ventures, Optionsabkommen und Übernahmen sind an der Tagesordnung. Ein Junior kann etwa einen 70-Prozent-Anteil an einem Fund an einen Major verkaufen, der dann das Projekt zur Produktion führt – der Junior behält einen Anteil oder eine Gewinnbeteiligung (»Royalties«). Alternativ wird ein Junior komplett übernommen, sobald er eine Machbarkeitsstudie mit überzeugenden Zahlen vorlegt. Für den Privatanleger bedeutet diese Struktur: Investments auf verschiedenen Ebenen der Kette haben unterschiedliche Risiko-Rendite-Profile – vom vergleichsweise stabilen Major, der bereits Cashflow generiert, bis hin zum spekulativen Explorer, der auf den großen Wurf hofft. Ein diversifizierter Ansatz, der die gesamte Pipeline berücksichtigt, kann helfen, diese Dynamik zu nutzen, ohne einseitig auf das fragile Glied (Explorer) zu setzen.

Chancen von Minenaktien im Silberaufschwung

Minenaktien werden oft als Hebel auf den Silberpreis bezeichnet. Dahinter steckt die Beobachtung, dass Veränderungen des Silberpreises überproportionalen Einfluss auf die Gewinne von Förderunternehmen haben. Die Fixkosten einer Mine (Maschinen, Personal et cetera) bleiben relativ konstant: Steigt der Silberpreis, fließt jeder zusätzliche Dollar pro Unze fast vollständig in den Gewinn. Dieses Prinzip des »operating leverage« (»operativen Hebels«) führt dazu, dass in einem Haussezyklus die Profitabilität der Minen stark steigt. Bereits moderate Silberpreis-Anstiege können die Margen exponentiell verbessern: Verdoppelt sich etwa Silber von 15 US-Dollar auf 30 Dollar je Feinunze, kann sich der Gewinn einer Mine weit mehr als verdoppeln, sofern die Förderkosten deutlich unter 30 Dollar liegen.[430] Dies erklärt, warum Minenaktien in Aufschwüngen oft die Silberpreis-Performance schlagen. Historisch zeigte sich das zum Beispiel 2010 bis 2011: Der Silberpreis stieg rasant, und viele Silberminenaktien legten auf ein Vielfaches zu.[431]

Hinzu kommt, dass Minengesellschaften oft zusätzliche Hebel bieten: Viele haben ungenutzte Reserven oder Ressourcen, die bei niedrigen Preisen wirtschaftlich wertlos sind, aber bei hohen Preisen plötzlich profitabel ausgebeutet werden können. Ein Unternehmen hält zum Beispiel ein Vorkommen mit hohen Förderkosten (etwa 25 Dollar pro Unze). Solange Silber bei 20 Dollar steht, bleibt das Projekt in der Schublade. Steigt Silber aber über 30 Dollar, wird die Ausbeutung dieses Vorkommens rentabel und erhöht mit einem Schlag den Unternehmenswert – ein Effekt ähnlich einer Call-Option auf den Silberpreis. Wer in Minenaktien anlegt, kauft somit nicht nur das aktuelle Geschäft, sondern oft auch die Option auf zukünftige Projekte oder eine höhere Ausbeutung von Reserven, wenn der Preis steigt. Dieses eingebaute Aufwärtspotenzial macht Minen besonders in Bullenmärkten attraktiv.

Zudem können gute Bergbauunternehmen in Aufschwungphasen ihr Wachstum beschleunigen: Durch die gestiegenen Gewinne können sie Schulden abbauen, neue Minen entwickeln oder andere Firmen übernehmen. So entsteht eine positive Rückkopplung: hohe Preise → höhere Gewinne → Investitionen in Wachstum → noch höhere zukünftige Produktion/Gewinne. Beispielsweise konnten Gold- und Silberkonzerne 2020/21 bei hohen Preisen beträchtliche Barmittel generieren und in Projektpipelines stecken.[432] Wer als Investor frühzeitig gute Minenaktien vor einem Zyklusaufschwung erwirbt, kann daher von multiplen Wertsteigerungseffekten profitieren – einem steigenden Metallpreis, einer steigenden Produktion und gegebenenfalls einer Neubewertung durch Reservenzuwächse.

Allerdings ist zu betonen: Diese Hebelwirkung funktioniert in beide Richtungen. In Abschwüngen fallen Minenaktien meist stärker als der Metallpreis, da sinkende Preise die Gewinne überproportional einbrechen lassen und womöglich sogar zu Verlusten führen.[433] Anleger sollten daher das Timing beachten (dazu später mehr) und sich der Tatsache bewusst sein, dass der Hebel zwar hohe Gewinne ermöglicht, aber nicht nur in eine Richtung wirkt. Dennoch: In einem echten Silberboom – etwa getrieben durch industrielle Nachfrage und monetäre Flucht in Sachwerte – können qualitativ gute Silberminen ihren Aktionären außergewöhnliche Renditen bescheren. Sie profitieren von der Doppelrolle des Silbers als Edel- und Industriemetall zugleich: Steigt die Nachfrage oder kommt es zu Knappheit, dann klettern die Preise und die Minenwerte ziehen mit. So meinte ein Brancheninsider treffend: »Minenaktien bieten die Stabilität von Silber und das Wachstumspotenzial eines Unternehmens.«[434] Anleger kombinieren hier also die Anlage in den Rohstoff (indirekt) mit dem unternehmerischen Kurspotenzial eines Produktionsbetriebs. In Aufschwungphasen kann das Gold wert sein – oder im Falle von Silber eben Silber.

Typische Risiken: politische, finanzielle und operative Stolpersteine

Trotz aller Chancen dürfen die Risiken von Minenaktien und Explorern keinesfalls unterschätzt werden. Nassim Nicholas Taleb würde sagen: Viele dieser Risiken sind verteilungsasymmetrisch und in den Extremwerten versteckt – sprich, es sind häufig seltene Ereignisse mit großer Wirkung im Spiel (Black Swans). Im Folgenden ein Überblick der wichtigsten Risikofaktoren:

Politische Instabilität und Regulatorik: Minen liegen oft in Regionen mit erhöhtem politischen Risiko – etwa in Schwellenländern Lateinamerikas, Afrikas oder Asiens. Regierungen können Steuern und Abgaben erhöhen, Exportzölle einführen oder gar Enteignungen durchführen.[435] Auch Lokalregierungen und indigene Gemeinden haben Mitspracherechte und können Projekte verzögern. Ein prominentes Beispiel ist die Escobal-Mine in Guatemala: 2017 wurde die Lizenz dieses weltweit großen Silberprojekts (damals betrieben von Tahoe Resources) von einem Gericht suspendiert, weil die indigenen Xinka nur unzureichend konsultiert wurden.[436] Die Mine wurde auf unbestimmte Zeit stillgelegt – die Aktien des Betreibers stürzten ab. Schließlich wurde Tahoe von Pan American Silver übernommen, einem Unternehmen, das bis heute auf eine Wiedereröffnung hofft.[437] Dieses Beispiel zeigt, wie soziale Konflikte und Umweltauflagen ein Projekt zum Stillstand bringen können. Auch Resource Nationalism – also die verstaatlichte Kontrolle über Bodenschätze – flackert immer wieder auf, besonders in Zeiten hoher Rohstoffpreise.[438] Unternehmen in politisch stabilen Ländern (Kanada, USA, Australien, Skandinavien) haben diesbezüglich Vorteile, sind aber ebenfalls nicht völlig immun etwa gegen striktere Umweltgesetze oder langwierige Genehmigungsverfahren. Insgesamt gilt: Die Legislative oder Jurisdiktion bestimmt über das Schicksal vieler Minenfirmen. Ein einzelner Ministerialerlass oder Regierungswechsel kann über den Erfolg oder das Scheitern entscheiden.

Finanzierungsrisiken und Verwässerung: Insbesondere Explorer und Juniors ohne positiven Cashflow sind ständig auf frisches Kapital angewiesen. In guten Marktphasen gelingt die Finanzierung durch Aktienplatzierungen oder die Herausgabe von Anleihen relativ leicht – in schlechten Phasen hingegen kann der Geldhahn abrupt versiegen.[439] Viele Juniors mussten in Bärenmärkten Projekte auf Eis legen oder Insolvenz anmelden, weil die Kasse leer war. Für bestehende Aktionäre bedeutet jede neue Finanzierung in der Regel eine Verwässerung: Werden neue Aktien zu niedrigen Kursen ausgegeben, schrumpft der Anteil und oft auch der Wert der alten Aktien.[440] Ein Junior kann über die Jahre seine Aktienzahl vervielfachen, was künftige Gewinne pro Aktie schmälert. Zudem verschulden sich manche Entwickler mit Krediten, um eine Mine zu bauen – fallende Silberpreise können dann die

Schuldentilgung gefährden und den Entwickler zur finanziellen Restrukturierung zwingen (im schlimmsten Fall droht Gläubigerübernahme oder Insolvenz). Taleb würde hier von Fragilität sprechen: Diese Firmen sind stoßempfindlich, da sie keinen Puffer haben – ein externer Schock (Finanzkrise, Rohstoffpreis-Crash) und sie brechen.[441] Investoren tragen somit ein Bonitäts- und Liquiditätsrisiko. Selbst solide Majors können bei allzu aggressiver Expansion in Engpässe geraten, doch haben große Produzenten mit laufenden Einnahmen insgesamt deutlich mehr Resilienz. Nichtsdestotrotz: Man sollte bei jedem Mineninvestment die Bilanz und Finanzierungslage prüfen – ist genug Geld für ein Jahr bis zu Jahren da? Wie hoch ist die Verschuldung? Werden regelmäßig Aktien ausgegeben? Eine gesunde Finanzposition reduziert das Risiko, beim nächsten Sturm kentern zu gehen.

Operative Risiken und Produktionsunsicherheiten: Die Förderung von Silber (und anderen Metallen) ist ein komplexer, riskanter Prozess. Technische Probleme können jederzeit auftreten: Ein Tunneleinbruch im Bergwerk, eine Überflutung, ein Brand in der Anlage, Maschinenausfälle oder geologische Überraschungen (zum Beispiel plötzlich abbauarme Zonen) können die Produktion temporär stoppen oder verteuern.[442] Beispielhaft ist der Einsturz in der Bingham Canyon Mine (Kupfer und Gold) 2013. Er stellte einen der größten Erdrutsche der Bergbaugeschichte dar – monatelang fiel ein signifikanter Teil der Produktion aus.[443] Im Silberbereich kam es etwa bei Pan American Silvers La Colorada Mine in Mexiko zu Belüftungsproblemen, die die Quartalsproduktion 2024 spürbar drückten.[444] Neben technischen gehören personelle und logistische Risiken dazu: Arbeitsunfälle oder Streiks (Arbeitskonflikte in Minen sind nicht selten), fehlende Fachkräfte, Diebstahl oder Sabotage. Auch Umweltauflagen bergen Gefahr: Ein Dammbruch einer Abraumhalde kann nicht nur ökologische Katastrophen auslösen, sondern für die betreffende Firma milliardenschwere Strafzahlungen und Reputationsverluste bedeuten (man denke an den Dammbruch bei Vale in Brasilien 2019, der zwar keine Silbermine betraf, aber exemplarisch für solche Risiken steht).[445] Solche Risiken sind schwer kalkulierbar. Jede einzelne Mine ist letztlich ein individueller Fall mit eigenem geologischen und technischen Profil – daher investieren selbst Majors in mehrere Minen, um nicht alles auf eine Karte zu setzen. Ein Anleger allerdings, der nur in eine einzelne Minenaktie investiert, trägt bis zu einem gewissen Grad das Klumpenrisiko dieser einen Mine mit.

Rohstoffpreis- und Marktvolatilität: Offensichtlich unterliegen Minengesellschaften dem Preis des geförderten Metalls. Fällt der Silberpreis deutlich unter die Produktionskosten (AISC), arbeitet eine Mine mit Verlust – im Extremfall wird der Betrieb vorübergehend eingestellt.[446] In der Vergangenheit kam es mehrfach vor, dass bei Preiseinbrüchen viele hochpreisige Silberminen dicht machten. Da Silber ein besonders volatiles Metall ist (stärker schwankend als Gold, mit typischerweise 2- bis 2,5-facher Amplitude der Goldbewegungen), trifft dies Silberminen besonders hart. Die historischen Preisspannen sind enorm: Allein 2020 schwankte Silber zwischen 12 und 30 US-Dollar je Unze; 2024 lag die Range bei 22 bis 35 Dollar.[447] Diese Ausschläge bedeuten, dass ein Minenbetreiber innerhalb eines Jahres vom Boom in die Krise geraten kann. Wer in Minenaktien anlegt, muss daher mit hohen Kursausschlägen rechnen. Neben dem Metallpreis beeinflusst auch der allgemeine Aktienmarkt das Geschehen: In einem Börsencrash werden auch Minenaktien oft panisch abverkauft (Liquiditätssog), selbst wenn die zugrunde liegenden Metallpreise stabil bleiben. So verlor zum Beispiel im März 2020 der NYSE Arca Gold Miners Index innerhalb weniger Wochen fast 40 Prozent, obwohl Gold nur moderat fiel – Ursache war vor allem eine Flucht aus Aktien zugunsten von Barreserven.[448] Solche systemischen Risiken (Marktliquidität, Zinsentwicklung, Wechselkurse) wirken also zusätzlich zu den idiosynkratischen Risiken des jeweiligen Unternehmens.

Zusammengefasst sind Minenaktien hochgradig riskante Investments, da sie mehreren Risikodimensionen gleichzeitig ausgesetzt sind: Rohstoffpreis, Standortpolitik, Betriebsrisiko und Kapitalmarkt. Diese Faktoren können sich unvorhergesehen und heftig manifestieren. Nassim Nicholas Taleb würde sagen: Minenunternehmen stehen ständig mit einem Fuß auf einer Bananenschale.[449] Was für das gesamte System (die Rohstoffversorgung) nötig und wertvoll ist – viele kleine Player probieren ihr Glück, einige finden etwas Großes – kann für den einzelnen Investor fatal sein, falls er auf das falsche Pferd setzt. Der Talebsche Rat würde hier vermutlich lauten: nur so viel in diese riskanten Wetten investieren, wie man zu verlieren verkraften kann und nie das ganze Vermögen auf eine Mine setzen. Es gilt, einen ruinösen Ausgang gar nicht erst möglich zu machen.

Beispiele aus der Praxis: Unternehmen vom Major bis zum Explorer

Um die Unterschiede und Eigenschaften von Majors, Juniors und Explorern greifbarer zu machen, betrachten wir einige beispielhafte Unternehmen aus dem Silbersektor:

Pan American Silver – der Major-Produzent: Pan American Silver (PAAS, ISIN: CA6979001089) mit Sitz in Kanada ist einer der größten Produzenten primären Silbers weltweit. Das Unternehmen besitzt eine diversifizierte Palette von Minen in Nord- und Südamerika, mit Förderbetrieben in Peru, Mexiko, Bolivien, Argentinien und zuletzt auch in Kanada/Chile (durch Übernahme der Yamana-Minen). Pan American fördert neben Silber auch beachtliche Mengen Gold sowie die Beiprodukte Blei, Zink und Kupfer. 2023 produzierte der Konzern rund 20,4 Millionen Unzen Silber und strebt langfristig weiteres Wachstum an.[450] Die Reserven sind mit etwa 468 Millionen Unzen Silber (Stand Mitte 2024) enorm, was Anlegern eine gewisse Substanz an die Hand gibt.[451] Als echter Major verfügt Pan American über jahrzehntelange Erfahrung, robuste Finanzen und eine Marktkapitalisierung im Milliardenbereich. Die Aktie wird an großen Börsen wie der New York Stock Exchange und Toronto Stock Exchange gehandelt und war in den letzten Jahren weniger volatil als so mancher Junior.[452] Dennoch spürt auch Pan American die Branchenrisiken: 2017 musste der Konzern – wie erwähnt – die Escobal-Mine in Guatemala nach einem sozialen Konflikt stilllegen, was eine teure Lektion war. Insgesamt dient Pan American Silver als Prototyp eines etablierten Silber-Majors: breite geografische Streuung, mehrere Einnahmequellen, weitgehende Kosteneffizienz bei der Produktion und aktive Pipeline an Entwicklungsprojekten. Für Anleger bietet ein solcher Major typischerweise eine Art Hebel auf den Silberpreis mit geringerem Einzelrisiko pro Mine, dazu kommt oft eine kleine Dividendenrendite. In Aufschwüngen steigt die PAAS-Aktie zumeist deutlich, wenn auch nicht so extrem wie kleinere Werte; in Abschwüngen fällt sie, ist aber durch die Diversifikation und Bilanz stärker gepuffert.

First Majestic Silver – der hochspezialisierte Minenkonzern im mittleren Bereich: First Majestic Silver (ISIN: CA32076V1031) ist ein kanadisches Unternehmen, das sich fast ausschließlich auf Silberabbau in Mexiko konzentriert. Es betreibt derzeit drei produzierende Silberminen in Mexiko: San Dimas, Santa Elena und La Encantada.[453] San Dimas und Santa Elena fördern dabei auch nennenswerte Goldmengen, während La Encantada ein reiner Silberbetrieb ist. First Majestic war lange Zeit ein Liebling privater Silberinvestoren, da die Minenaktie offensiv als »reines Silberinvestment« vermarktet wurde – zwischenzeitlich hielt die Firma sogar physische Silberbestände zurück, um auf höhere Preise zu spekulieren (eine ungewöhnliche Strategie in der Branche). Mit einer Marktkapitalisierung um 2 bis 3 Milliarden Kanadischen Dollar (2024) ist First Majestic ein Mid-Tier-Producer: größer als ein typischer Junior, aber kleiner als die ganz großen Fische. 2024 peilt das Unternehmen etwa 9 Millionen Unzen Silberproduktion an.[454] Auffällig ist jedoch seine hohe operative Hebelwirkung: Die Förderkosten sind relativ hoch, sodass die Gewinnschwelle nahe am aktuellen Silberpreis liegt. In einem Bullenmarkt wie 2016 oder 2020 explodierte der Gewinn von First Majestic überproportional – die Aktie vervielfachte sich in kurzer Zeit. Umgekehrt geriet das Unternehmen 2022/23 bei sinkendem Silbergehalt und Produktionsrückgängen unter Druck.[455] First Majestic illustriert somit die Chancen und Risiken eines fokussierten Silberproduzenten: Konzentriert auf ein Metall und ein Land, bei Erfolg aber mit maximaler Volatilität im Vergleich zum Silberpreis. Politisch bietet Mexiko zwar stabile Rahmenbedingungen für den Bergbau, doch die geografisch einseitige Ausrichtung birgt Klumpenrisiko. Für Investoren war First Majestic oft wie ein Silber-Fonds mit Hebel, allerdings mit der Gefahr, dass interne Probleme (wie zum Beispiel der jüngste Ausfall in Jerritt Canyon, einer neu erworbenen Goldmine) erheblichen Schaden anrichten. Wer an stetig steigende Silberpreise glaubt, findet in First Majestic eine pure Wette hierauf; wer Diversifikation sucht, vermisst sie hier. Mit Talebschem Blick könnte man wohl sagen: nicht robust, aber dafür hohe Convexity nach oben, also hohe Chancen, von einer außergewöhnlichen Entwicklung überdurchschnittlich stark zu profitieren.

MAG Silver – vom Explorer zum Produzenten: MAG Silver (ISIN: CA55903Q1046) steht exemplarisch für die Erfolgsgeschichte eines Explorationsunternehmens, das den Übergang zur Produktion geschafft hat. MAG Silver entdeckte vor Jahren in Partnerschaft mit Fresnillo plc die herausragende Juanicipio-Lagerstätte im mexikanischen Silbergürtel (Zacatecas). Diese Lagerstätte erwies sich als Weltklasse mit extrem hochgradigem Silbererz. Fresnillo (ein mexikanischer Major) hält 56 Prozent an diesem Vorkommen, MAG Silver 44 Prozent.[456] Nach umfangreichen Bauarbeiten ging die Juanicipio-Mine 2023 vollständig in Betrieb und produziert seitdem mehrere Millionen Unzen Silber pro Quartal – im ersten Halbjahr 2024 waren es bereits 9,4 Millionen Unzen. MAG Silver, einst reiner Explorer ohne Einnahmen, ist nun ein Cashflow generierendes Unternehmen.[457] Gleichzeitig arbeitet MAG an zwei weiteren Explorationsprojekten (Deer Trail in Utah und Larder in Ontario) zur Diversifizierung.[458] Für Anleger war MAG Silver lange ein spekulativer Explorer-Wert: Die Aktie reagierte stark auf Bohrergebnisse und Studien. Mit dem Übergang zur Produktion wandelt sich das Profil hin zu einem Junior-Produzenten. MAGs Geschichte zeigt, dass Kooperation mit einem Major oft der Schlüssel zum Erfolg ist – Fresnillo brachte das technische Know-how und Kapital mit, um Juanicipio zu entwickeln, während MAG von der Expertise profitierte und nun knapp die Hälfte einer der produktreichsten neuen Silberminen der Welt besitzt. Die Aktie spiegelt diese Entwicklung wider: Von einstelligen Kursen in der Entdeckungsphase stieg sie auf über 20 Kanadische Dollar in Erwartung der Produktion. Dennoch bleibt MAG abhängig von der Performance der Juanicipio-Mine, die vom Partner betrieben wird – ein gewisses strategisches Risiko der Abhängigkeit. MAG Silver ist somit ein Beispiel für einen erfolgreichen Junior-Explorer, der sich hochgearbeitet hat. Solche Beispiele sind rar (wie zuvor erwähnt, liegt die Wahrscheinlichkeit bei 1:750), aber sie liefern den Stoff, aus dem die Träume der Rohstoffinvestoren sind. Aktuell (August 2025) steht MAG Silver Corp. kurz vor der Übernahme durch Pan American Silver Corp. Der kanadische Major hat die Transaktion offiziell angekündigt, die Zustimmung der Aktionäre und Behörden steht noch aus. Damit würde eine weitere Erfolgsgeschichte eines einstigen Juniors – vom Explorer zum produzierenden Unternehmen – in den Besitz eines großen Bergbaukonzerns übergehen, ein klassischer Verlauf in der Mining-Industrie.[459]

SilverCrest Metals – Explorer-Traum und realer Förderer: SilverCrest Metals (ISIN: CA8283631015) ist ein kanadisches Unternehmen, das 2016 als Explorer startete und binnen weniger Jahre eine eigene Mine in Produktion brachte. SilverCrest entdeckte in Sonora, Mexiko, das Las Chispas Silber-Gold-Vorkommen – eine historische hochgradige Ader-Lagerstätte.[460] Dank aggressiver Exploration konnte SilverCrest sehr schnell große Ressourcen abgrenzen und bereits 2019 eine Machbarkeitsstudie vorlegen. Bis 2022 wurde die Mine gebaut und seit 2022 fördert SilverCrest Silber und Gold in Las Chispas. Damit ist SilverCrest Metals heute Silberproduzent mit einer Mine, der 2024 in der ersten Jahreshälfte 2,87 Millionen Unzen Silber (plus Gold) erzeugte.[461] Was SilverCrest besonders auszeichnet, ist das Management von Risiken: Das Unternehmen tilgte zügig seine Schulden aus dem Minenbau und legte sogar einen Teil der Erlöse in physisches Gold und Silber an, um sich gegen Währungs- und Inflationsrisiken abzusichern.[462] Diese unorthodoxe Strategie – ein Minenunternehmen, das einen Teil seines Produkts als Schatz hält – spiegelt ein antifragiles Denken wider: Man bereitet sich auf Krisen vor, in dem man robuste Assets (physische Edelmetalle) hält, anstatt alle Gewinne in Fiatgeld zu tauschen. SilverCrest ist eine Erfolgsgeschichte unter den Explorern: Von der Entdeckung bis zur Produktion vergingen weniger als sechs Jahre, die Kosten hielten sich im Rahmen und es besteht weiterhin ein hochgradiger Erzkörper. Natürlich ist das Unternehmen nun dem Ein-Minen-Risiko ausgesetzt – alles hängt an Las Chispas. Doch die Ressourcenbasis bietet eventuell Expansionspotenzial, und SilverCrest könnte in Zukunft weitere Projekte akquirieren. Für Anleger war SilverCrest ein 10-Bagger (eine Aktie, deren Kurs sich in kürzester Zeit verzehnfacht hat) in der Explorationsphase; heute stellt die Aktie einen interessanten Spezialwert dar – klein, aber profitabel. Die Firma zeigt, dass es doch möglich ist, antifragile Prinzipien in einem fragilen Gewerbe zu leben: durch vorsichtiges Finanzmanagement, Diversifikation der Assets (Cash und Barren) und Fokussierung auf ein qualitativ hochwertiges Projekt, das auch bei niedrigen Preisen profitabel bleibt. Nicht jeder Explorer kann das, aber SilverCrest liefert einen Bauplan, wie man aus einer Lotterie einen soliden Betrieb formen kann.

Diese vier Beispiele – vom multi-nationalen Major bis zum einstigen Explorer – verdeutlichen die Bandbreite der Unternehmen im Silberminensektor. Sie zeigen real, was zuvor theoretisch erläutert wurde: Diversifikation versus Konzentration, Hebelwirkung versus Stabilität, Risikomanagement versus Spekulation. Für Sie als Anleger sind es Anschauungsobjekte, um Ihre Positionierung zu überdenken: Möchten Sie lieber den relativen Schutz eines Majors wie Pan American, der aber begrenzteres Upside hat? Oder einen Pure Player wie First Majestic, mit maximalem Silberfokus, aber auch mehr Risiken? Setzen Sie auf die nächste Erfolgsstory à la MAG Silver oder SilverCrest – in der Hoffnung, den nächsten großen Fund im Depot zu haben? Die Antwort hängt von Ihrer persönlichen Risikoneigung und Marktmeinung ab. In jedem Fall sollten Sie die Unternehmensqualität und Kategorie kennen, bevor Sie investieren.

Antifragil oder hochfragil? – Ein Blick durch Talebs Brille

Nassim Nicholas Taleb prägte den Begriff »antifragil« für Dinge, die durch Volatilität und Schocks stärker werden (im Gegensatz zu »robust« für Dinge, die gleich bleiben, oder »fragil« für Dinge, die schwächer werden).[463] Auf den ersten Blick könnte man argumentieren, Minenaktien seien antifragil: Sie profitieren doch von Unruhe – etwa einer Finanzkrise oder Inflation, die den Silberpreis explodieren lässt, was die Minenwerte in die Höhe schießen lässt. Manche Investoren sehen Minen sogar als Versicherung gegen einen Währungskollaps oder ein Börsenbeben, was in bestimmten Szenarien stimmt (zum Beispiel Goldminen 1979/80 während einer inflationären Panik).[464] Doch Vorsicht: Ein Einzelunternehmen ist selten antifragil. Im Gegenteil, viele Minengesellschaften erweisen sich bei Stress als äußerst fragil. Warum?

Ein antifragiles Investment sollte von Volatilität in jede Richtung profitieren können. Minenaktien profitieren aber nur von einer sehr spezifischen Volatilität, nämlich einem starken Preisanstieg des geförderten Metalls oder einem zufälligen Riesenfund. Alle anderen Schocks – Preisverfall, politische Maßnahmen, Unglücke – schaden ihnen massiv. Taleb spricht oft vom »Schwanz von Risiken« (tail risks), was sozusagen dem sprichwörtlichen »dicken Ende« gleichkommt: Bei Minen gibt es dicke linke Schwänze (Katastrophen, Crashs), denen seltene rechte Schwänze (Glücksfall-Entdeckungen, Preissprünge) gegenüberstehen.[465] Für einen gesamten Sektor mag das System funktionieren (ein paar glückliche Treffer kompensieren die vielen Flops – die Rohstoffversorgung geht weiter). Für den einzelnen Investor, der vielleicht zwei bis drei Aktien hält, kann aber ein einzelner Schwarzer Schwan das Portfolio ruinieren. Ein Minenunternehmen kann über Nacht wertlos werden (etwa durch Enteignung oder Pleite nach einem Fehlschlag), was physisches Silber nicht kann – das Edelmetall verliert vielleicht an Wert, verschwindet aber nicht.[466]

Taleb betont auch das Konzept des »Skin in the Game« und warnt vor Modellen, die Risiken unterschätzen.[467] In der Minenbranche neigen viele Anleger dazu, geologische Modelle und ökonomische Studien für verlässlich zu halten – bis eine unvorhergesehene Variable alles ändert (Stichwort Bre-X-Skandal, in dem sogar die Existenz des Goldes erfunden war).[468] Ein Talebscher Anleger würde jede vorliegende Ressourcenschätzung mit Skepsis betrachten und fragen: Was könnte hier völlig schiefgehen, was nie in den Zahlen stand? Beispielsweise könnten nur 70 Prozent der veranschlagten Metallgehalte tatsächlich gefördert werden (ein häufiger Fallstrick namens Versatzverdünnung) oder ein »Jahrhundertereignis« wie eine Pandemie könnte die Mine monatelang lahmlegen. Die Verletzlichkeit (Fragilität) einer einzelnen Mine ist hoch, da viele Bedingungen simultan erfüllt sein müssen, damit die Förderung wie geplant läuft.

Ein weiterer Aspekt: Viele Junior-Minenfirmen sind im Kern Wetten auf einen Glückstreffer – vergleichbar mit Biotech-Startups, die auf die eine Wunderpille hoffen. Taleb würde sagen, das kann in einem Portfolio vieler solcher Wetten antifragil sein (weil ein großer Erfolg die vielen Misserfolge wettmacht).[469] Aber niemand sollte sein gesamtes Kapital auf eine dieser Wetten setzen. Der Fehler vieler Privatanleger besteht jedoch genau darin: Sie verlieben sich in die Story eines Explorers (»the next big thing«) und gehen all-in – was eher einer fragilen Strategie entspricht (hoch konzentriert, hohe Ruinwahrscheinlichkeit) als einer robusten oder antifragilen.

Antifragil wäre zum Beispiel eine Barbell-Strategie im Sinne Talebs: 80 bis 90 Prozent sehr sichere Anlagen (zum Beispiel physisches Edelmetall, Cash, kurzlaufende Staatsanleihen) und 10 bis 20 Prozent hochriskante, volatile Wetten (etwa Explorationsaktien). So kann man als Anleger von Extremereignissen profitieren, ohne von einem Negativszenario ausgelöscht zu werden. Für den Silbersektor hieße das: Den Großteil vielleicht konservativ in Silberbarren oder einen breiten Minen-ETC investieren (robuste Basis) und einen kleinen Anteil in einige explosive Explorer stecken.[470] Kommt der Schwarze Schwan als positives Zufallsereignis (zum Beipiel ein Anstieg des Silberpreises auf 100 US-Dollar oder ein Megafund bei einem Unternehmen, dessen Aktie man hält), profitiert das Portfolio erheblich. Kommt ein negativer Schock (Explorer geht bankrott, Silber crasht), ist nur der kleine Teil betroffen und das Gesamtvermögen bleibt intakt. Antifragilität durch optionale Risikoverteilung, nicht durch totale Risikoexposure.

Die meisten Mineninvestoren agieren jedoch eher prozyklisch: Sie steigen auf dem Höhepunkt der Hausse ein, weil Gier und FOMO (fear of missing out, die Furcht etwas zu verpassen) treiben und kapitulieren im Tief der Baisse, weil die Angst dominiert.[471] Taleb würde das als fragiles Verhalten kritisieren, da es Verluste maximiert. Ein konträrer, langfristiger Ansatz – qualitativ gute Assets halten, Rücksetzer zum Nachkauf nutzen, Übertreibungen zum Teilverkauf – erfordert Disziplin, zahlt sich aber aus. Letztlich lehren uns die Konzepte Talebs: Überleben steht an erster Stelle! Ein Anleger sollte Risiken begrenzen, niemals alles auf eine Karte setzen und immer das Unerwartete einkalkulieren. Minenaktien mögen auf dem Papier attraktive Erwartungswerte haben, doch ihre Verteilung der Returns ist extrem breit. Wer die Fragilität reduziert (durch Diversifikation, durch kleine Positionsgrößen, durch Absicherungen), erhöht die Chance, auch einen dicken Fisch zu fangen, ohne selbst gefressen zu werden. So kann man die scheinbare Antifragilität – nämlich die Chance auf extreme Gewinne – in eine tatsächlich antifragilere Strategie einbetten.

Bewertung von Minenaktien: worauf achten?

Die Bewertung von Bergbauaktien folgt eigenen Regeln. Klassische Kennzahlen wie das KGV (Kurs-Gewinn-Verhältnis) können herangezogen werden, haben aber Grenzen, da Minengewinne stark zyklisch schwanken.[472] Ein niedriges KGV in Boomjahren ist normal (weil die Gewinne dann hoch sind), aber kein Garant für Unterbewertung – das Unternehmen könnte nahe am Zyklushoch sein. Umgekehrt haben Minen in Abschwüngen oft kein verwertbares KGV (weil sie Verluste schreiben), obwohl sie substanziell günstig sein könnten, wenn sich der Zyklus dreht. Daher nutzen Analysten oft branchenspezifische Maßstäbe:

Reserven und Ressourcen: Die Marktkapitalisierung pro Unze im Boden ist eine wichtige Kennziffer. Sie berechnet sich aus Unternehmenswert (Enterprise Value) geteilt durch die Menge der nachgewiesenen Reserven (beziehungsweise Ressourcen). Dabei ist wichtig, den Unterschied zu verstehen: »Reserven« sind die Teile einer Lagerstätte, die nach heutigem Stand der Technik und zu aktuellen Preisen wirtschaftlich abbaubar sind. »Ressourcen« hingegen umfassen alle bekannten oder vermuteten Vorkommen eines Rohstoffs, unabhängig davon, ob ihre Förderung momentan wirtschaftlich machbar ist.[473] Ressourcen gelten also als geologisch vorhanden, Reserven dagegen als ökonomisch förderbar. Wenn zum Beispiel ein Unternehmen mit 500 Millionen Euro bewertet ist und 100 Millionen Unzen Silberreserve hat, zahlt der Markt 5 Euro pro Unze im Boden. Dies kann mit vergleichbaren Projekten oder Übernahmedeals abgeglichen werden. Generell folgt der Unternehmenswert dem Marktwert seiner Reserven – mit Aufschlag für eine erfolgreiche Produktionshistorie. Allerdings zählen hier vor allem die wirtschaftlich förderbaren Reserven (proven and probable), deren Förderwürdigkeit per Machbarkeitsstudie bestätigt ist. Ressourcen in früheren Stadien werden mit Abschlag berücksichtigt. Eine hohe Reservebasis verleiht einer Mine Substanz – sie zeigt, wie viele Jahre Förderung (Minenleben) noch möglich sind. Wichtig ist auch die Qualität: Gehalte (Gramm pro Tonne) und Metallmix (Beiprodukte) beeinflussen den Wert pro

Tonne Erz. Reserven sind die Lebensversicherung eines Produzenten; ein Explorer wird nach seiner Ressourcenbildung bewertet, lange bevor Gewinne da sind.[474]

Förderkosten (AISC): Das Kürzel AISC steht für All-In Sustaining Costs und ist der heutige Branchenstandard, um die Gesamtkosten pro geförderter Unze anzugeben. AISC umfasst direkt zurechenbare Kosten (Betrieb, Verarbeitung, Royalties, also zu zahlende Tantiemen, Refining) plus nachhaltige Investitionen (Erhaltung von Anlagen, Entwicklungskosten, Verwaltung) pro Einheit. Wenn der Silberpreis über dem AISC liegt, erzielt die Mine operativen Gewinn; liegt er darunter, macht sie Verlust. Daher gilt: Je niedriger die AISC eines Produzenten, desto widerstandsfähiger ist er bei Preisrückgang und desto größer die Marge bei einem Preisanstieg des Silbers. 2024 lagen die durchschnittlichen AISC der Branche um die 25 bis 30 Dollar pro Feinunze für Silber – einige effiziente Minen darunter, manche Hochkostenminen deutlich darüber.[475] Anleger sollten AISC-Werte vergleichen: Eine Mine mit AISC 15 Dollar hat bei 25 Dollar Silber 10 Dollar Marge pro Unze (rund 40 Prozent), während eine mit AISC 22 Dollar nur 3 Dollar Marge (12 Prozent) hat. Die AISC fließen auch in KGV-Schätzungen ein, da sie die Gewinnbasis bestimmen. Wichtig: AISC sind ein durchschnittlicher Richtwert; bei stark steigenden Energiekosten, Löhnen oder Materialpreisen können die AISC anziehen, was die Gewinne drückt. Zudem werden Neubau-Investitionen (CapEx für neue Projekte) nicht in den AISC erfasst – eine wachsende Firma mit niedrigen AISC kann dennoch Cash-Abflüsse haben, wenn sie neue Minen baut. CapEx steht für »Capital Expenditures« und bezeichnet die Investitionsausgaben eines Unternehmens, also das Geld, das für den Erwerb, Bau oder die Erweiterung von langlebigen Vermögenswerten wie Minen, Maschinen oder Anlagen aufgewendet wird.[476] Diese Ausgaben fallen in großen Beträgen an und belasten den kurzfristigen Cashflow, auch wenn sie langfristig die Produktionskapazität erhöhen.

Gewinnmultiplikatoren und Cashflow: Viele Analysten bevorzugen EV/EBITDA oder EV/Cashflow statt KGV, da sie unabhängiger von Abschreibungen und Steuersonderfällen sind. EV steht für »Enterprise Value« und beschreibt den Unternehmenswert. Er berechnet sich aus der Marktkapitalisierung zuzüglich der Nettoverschuldung (Schulden minus liquider Mittel). Damit gilt EV als umfassenderes Maß für den Wert einer Firma, weil es nicht nur den Aktienwert, sondern auch die Kapitalstruktur berücksichtigt.[477] Bergbauunternehmen werden auch oft nach Net Present Value (NPV) ihrer Projekte bewertet: Man nimmt den diskontierten Wert zukünftiger Cashflows (aus den Reserven) – das ist der innere Wert. Ein Kurs/Net Asset Value (Kurs/NAV)-Verhältnis unter 1 kann Unterbewertung signalisieren. NAV steht für »Net Asset Value« und bezeichnet den Nettovermögenswert eines Unternehmens, also den bilanzierten Wert aller Vermögenswerte (zum Beispiel Minen, Projekte, Cash) abzüglich der Verbindlichkeiten. In der Minenbewertung wird er meist auf Basis des NPV einzelner Projekte berechnet. Aber Achtung: Sowohl NPV als auch NAV hängen stark von Annahmen zum langfristigen Metallpreis und zum Abzinsungssatz ab. Im Explorationsstadium wird stattdessen der Expected Value (der erwartete Wert) einer Entdeckung zugrunde gelegt, was sehr subjektiv ist.

Wachstumsaussichten (Pipeline): Ein wertvoller Produzent zeichnet sich dadurch aus, dass er Ersatz für erschöpfte Erzminen in Aussicht hat. Hat die Firma Projekte in der Pipeline (zum Beispiel neue Vorkommen, die demnächst erschlossen werden)? Gibt es Explorationspotenzial auf eigenem Gelände (Brownfield-Exploration, eine Erkundung um bestehende Minen herum)? Hat das Management in der Vergangenheit geschickt Akquisitionen getätigt? Diese Faktoren bestimmen, ob ein Unternehmen über seinen aktuellen Minenlebenszyklus hinaus Wert generieren kann. Eine Firma, die nur fünf Jahre Reserven hat, aber nichts Neues in Arbeit, wird vom Markt niedriger bewertet als eine mit gleicher aktueller Produktion, aber Reserven für 15 Jahre und mehreren Projekten, die in den Startlöchern stehen.[478] Newsflow zu Explorationserfolgen oder einem neuen Minenstart kann große Kursimpulse geben, positiv wie negativ.

Bilanz und Verwässerung: Wie oben bei den Risiken erwähnt, sollte man einen Blick auf Schulden, Cash und Aktienanzahl werfen. Ein niedriger Verschuldungsgrad und solides Working Capital machen eine Firma flexibler. Manchmal lohnt ein Check der Aktienanzahl-Entwicklung im Verlauf der Jahre: Wenn ein Management ständig neue Aktien ausgibt, verwässert das den Anteil der bestehenden Investoren – man sollte prüfen, ob die Verwässerung durch höhere Unternehmenswerte gerechtfertigt war (zum Beispiel wenn das neue Kapital gut investiert wird in ein Projekt, das zu mehr Wert führt).[479] Das Preis-Buchwert-Verhältnis (KBV) kann ebenfalls ein Indikator sein – liegt es unter 1, ist der Marktwert kleiner als das Eigenkapital, was auf eine Unterbewertung hindeuten kann, allerdings ist der Buchwert im Rohstoffsektor trügerisch (wegen Abschreibungen et cetera).[480]

Fazit

Die Bewertung von Minenaktien erfordert einen ganzheitlichen Blick: Substanz (Reserven), laufende Profitabilität (Kosten versus Preis), Wachstum (Projekte) und finanzielle Solidität. Kennzahlen sind nur Hilfsmittel; ebenso wichtig ist qualitative Einschätzung: Hat das Management Erfahrung? Wie ist die politische Lage der Minen? Sind die Aussagen zu Silbergehalt und Geologie zuverlässig? Stimmt die Unternehmensstrategie (etwa in der Hedging-Politik: Hedgt die Firma einen Teil der Produktion zu fixen Preisen? Das kann Stabilität bringen, aber auch den Upside deckeln)? – All diese Überlegungen fließen in die faire Bewertung mit ein. Der kritische Anleger sollte zudem Szenarien testen: Was passiert mit den Gewinnen bei einem Rückgang des Silberpreises um 20 Prozent? Und was bei einem Anstieg um 20 Prozent? So erkennt man, wie sensibel das Investment ist. Nicht zuletzt lohnt der Vergleich mit Peers: Wenn ähnliche Unternehmen wesentlich höher bewertet sind, könnte ein Nachzügler Potenzial haben – oder es gibt spezifische Gründe für den Abschlag (Risiken), die man kennen sollte.

Hohe Volatilität und das richtige Timing

Silberminen sind berüchtigt für ihre Kursausschläge. Diese Aktien können in kurzer Zeit immense Gewinne abwerfen – oder Verluste. Ein bekannter alter Börsenspruch lautet: »Wer die Nerven hat, im Crash Minenaktien zu kaufen, wird in der Hausse belohnt.« Timing spielt hier eine große Rolle, weil die Zyklen in der Branche ausgeprägt sind.

Volatilität: Silberaktien vereinen die Volatilität von Silber (die hoch ist, wie bereits erwähnt) mit der allgemeinen Aktienvolatilität.[481] Das führt dazu, dass zweistellige prozentuale Bewegungen an einem Tag keine Seltenheit sind. In starken Marktphasen 2020/2021 kam es vor, dass einzelne Silberexplorer an einem einzigen Handelstag um +50 Prozent oder -30 Prozent schwankten, zum Beispiel nach Bohrmeldungen oder Gerüchten.[482] Das gilt selbst für große Werte: First Majestic zum Beispiel schoss im Hype Anfang 2021 (als Reddit/WallStreetBets kurzfristig Silber in den Fokus nahm) innerhalb weniger Wochen von rund 10 Kanadischen Dollar auf über 30 Dollar, um dann wieder auf 12 Dollar abzustürzen.[483] Diese extreme Volatilität hat Implikationen: Zum einen bieten sich aktive Trading-Möglichkeiten – wer geschickt kauft und verkauft, kann Gewinne realisieren. Zum anderen ist die Gefahr groß, von Emotionen geleitet falsche Entscheidungen zu treffen (FOMO-Kauf am Höchstpunkt, Panikverkauf am Tiefpunkt).

Zyklus-Timing: Der Silberminensektor bewegt sich grob in mehrjährigen Zyklen. Typischerweise folgt auf eine Boomphase (zum Beispiel 2009 bis 2011) eine brutale Korrektur (2012 bis 2015), dann kommt es zur Bodenbildungsphase und irgendwann zum nächsten Aufschwung. Erfolgreiche Langfrist-Investoren versuchen, antizyklisch zu agieren: Sie steigen zu den Tiefpunkten ein (wenn niemand Silberminen mag, die Stimmung depressiv ist und die Bewertungen am Boden liegen), und in Euphoriezeiten (wenn in Magazinen vom »neuen Silberzeitalter« geschrieben wird und alle gierig kaufen) steigen sie eher aus oder nehmen zumindest Teilgewinne mit.[484] In der Praxis ist das schwierig – den exakten Tief- oder Hochpunkt erwischt man selten. Aber es gibt Hilfsindikatoren: Dazu gehört die Gold-Silver-Ratio (wenn sie extrem hoch ist, ist Silber relativ billig, was zukünftigen Silberboom anzeigen kann).[485] Dazu zählt auch die Bewertung der Minen relativ zum Edelmetallpreis (die sogenannte XAU-Gold-Ratio, oder für Silber analog SIL-Silver Ratio – ist sie historisch niedrig, gilt das als Indiz, dass die Minenaktien weit nach unten geprügelt wurden. Auch die Stimmung [Sentiment] kann ein Kontraindikator sein: Nach Jahren der Baisse sind die meisten Anleger apathisch oder negativ – gerade dann kehrt oft das Interesse zurück, sobald fundamentale Daten sich bessern (zum Beispiel sinkende Lagerbestände, Produktionsrückgänge et cetera).

Nicht auf den längst fahrenden Zug aufspringen: Ein häufiger Fehler besteht darin, erst nach starken Kursanstiegen einzusteigen – aus Angst, etwas zu verpassen. Bei Silberminen kann das fatal sein, da nach einer Verdopplung häufig eine Korrektur von 20 bis 30 Prozent normal ist.[486] Besser ist es, den Positionsaufbau in Tranchen zu betreiben, idealerweise in schwachen Momenten. Die hohe Schwankung kann man zu seinem Vorteil nutzen, indem man Limits setzt oder schrittweise kauft. Umgedreht gilt: Gewinne sollte man auch mal realisieren. Viele Haussephasen enden in Übertreibungen, wo Aktien weit über ihren fairen Wert hinausgeschossen sind. Wer da nicht gierig wird, sichert einen Teil durch Verkäufe. Schließlich weiß man nie, wann der Wind dreht – und bei Minen dreht er mitunter schnell.

Ein weiteres Timing-Element ist die Saisonalität und Nachrichtenzyklen: Häufig treten im Frühjahr und Herbst mehr Explorationsergebnisse auf (nach Bohrprogrammen im Sommer/Winter), was Explorern Schwung geben kann.[487] Oder Großereignisse wie Notenbankentscheidungen, die Edelmetalle bewegen, schlagen auf Minenaktien durch. Beispielsweise reagieren Minenaktien empfindlich auf US-Zinsänderungen (da diese mit Gold/Silber negativ korrelieren).[488] Ein geplanter Einstieg vor einer erwarteten Zinssenkung könnte lohnend sein, während man vor einer ganzen Reihe erwarteter Zinserhöhungen vorsichtiger agieren mag.

Letztlich muss sich ein Privatanleger bewusst sein, dass Volatilität ein zweischneidiges Schwert ist: Sie bietet Chancen für Mutige mit langem Atem, aber sie kann auch zu Nervosität führen und Fehler erzeugen. Taleb würde sagen, man sollte Volatilität begrüßen, aber nur, wenn man darauf vorbereitet ist – also kein Klumpenrisiko eingehen, genug Liquidität vorhalten, um Durststrecken auszusitzen, und idealerweise Stop-Loss- oder Hedging-Strategien verfolgen, wenn man nicht voll auf Buy-and-Hold setzen will.[489] Manche Investoren nutzen zum Beispiel Optionsscheine oder Hebelprodukte, um in Extremphasen Gewinne abzusichern (sie kaufen etwa Put-Optionen auf einen Minenindex, wenn sie starke Kursrückgänge befürchten).[490] Solche Strategien erfordern jedoch Erfahrung.

Zusammenfassung

Timing erhöht den Erfolg bei Minenaktien signifikant. Time in the market (also eine bloße Haltestrategie) kann aufgrund der Zyklen sehr zäh sein – wer 2011 auf dem Höchstpunkt gekauft hat, sah bis 2020 kein neues Hoch. Timing the market (also günstig ein- und teuer wieder auszusteigen) ist die Kunst. Perfekt gelingt das niemandem. Aber Phasen relativer Unter- oder Überbewertung zu erkennen und entsprechend gegenzusteuern, ist bei diesen volatilen Papieren besonders wertvoll. Und wer kein Market-Timing betreiben will, der sollte zumindest mental vorbereitet sein, Schwankungen von ±50 Prozent als normal zu betrachten – also mit einer angemessenen Positionsgröße und einem ebenso angemessenen Anlagehorizont an die Sache heranzugehen.

Minenaktien im Depot: Beimischung, Diversifikation und Absicherung

Angesichts der genannten Risiken und Chancen stellt sich die Frage: Wie kann man Minenaktien sinnvoll im eigenen Portfolio einsetzen? Die Antwort liegt meist in der Dosierung und Streuung.

Beimischung statt Kerninvestment: Für die meisten Anleger dürfte es ratsam sein, Silberminen (und allgemein Rohstoffminen) nur als Beimischung im Depot zu halten, nicht als Herzstück. Aufgrund ihrer hohen Volatilität und spezifischen Risiken wären sie als alleiniger Vermögensbaustein zu riskant. Typischerweise empfehlen Finanzexperten einen ein- oder allenfalls knapp zweistelligen Prozentsatz des Gesamtportfolios in Edelmetallminen zu allokieren – je nach Risikoneigung vielleicht 5 bis 10 Prozent. Diese Quote kann man erhöhen, wenn man sehr überzeugt vom Rohstoffzyklus ist. Man sollte aber immer im Hinterkopf behalten, dass ein Klumpenrisiko droht, wenn man zum Beispiel 50 Prozent seines Vermögens in Minen steckt. Eine kleinere Beimischung kann jedoch das Portfolio bereichern: In Inflations- oder Krisenzeiten performen Minenwerte mitunter gegenläufig zu Tech- oder Konsumaktien und wirken somit diversifizierend; sie mindern das Gesamtrisiko.

Diversifikation innerhalb des Minensektors: Ebenso wichtig ist eine Streuung innerhalb der Mineninvestments. Das heißt: Man sollte nicht nur eine einzelne Aktie kaufen, sondern einen Korb von mehreren Unternehmen.[491] Idealerweise mischt man unterschiedliche Kategorien: Ein paar Majors (stabilere Basis), ein paar Mid-Tier/Juniors (für Wachstum) und vielleicht gezielt einzelne Explorer (als Spekulationsspitze). Ein guter Mix kann zum Beispiel so aussehen: 50 Prozent des Minenanteils werden in etablierten Produzenten angelegt (Gold- und Silber-Majors, gegebenenfalls via ETFs), 30 Prozent in kleinere Produzenten oder Minenentwickler (Developer) mit hohem Silberfokus, 20 Prozent in pure Explorer. Oder man diversifiziert geografisch: Firmen, die in verschiedenen Ländern aktiv sind, um das politische Risiko zu streuen. Auch eine Diversifikation über verschiedene Metalle kann Sinn machen: Silberminen fördern oft Gold als Nebenprodukt – man könnte aber zum Beispiel auch eine Kupfer- oder Goldmine ins Basket nehmen, um weniger abhängig von einer Metallpreisbewegung zu sein. Ein einfacher Weg zur Diversifikation ist der Kauf eines Silberminen-ETF (wie Global X Silver Miners ETF, ISIN:_IE000UL6CLP7), einen Fonds, der einen ganzen Index von Firmen abbildet.[492] Damit eliminiert man das Einzelwertrisiko weitgehend und setzt auf den Sektor-Trend. Allerdings verschenkt man so auch die Chance, bessere Einzelaktien auszuwählen, im Index werden alle mitgeschleppt (auch die schlechten). Viele kombinieren daher einen ETF als Kern mit einigen sorgfältig ausgewählten Minenaktien drumherum.[493]

Wichtig ist auch die Absicherung. Unter Absicherung versteht man im Anlagekontext, Risiken durch Gegenpositionen oder Schutzinstrumente zu begrenzen. Bei Minenaktien gibt es einige Möglichkeiten:

Physisches Silber/Gold halten: Ein Investment in Minen kann man teilweise durch Besitz des physischen Metalls absichern. Wenn zum Beispiel politische Risiken eintreten und Minen verstaatlicht werden, würde zwar die Aktie leiden, aber wahrscheinlich der Silberpreis stark steigen – wer dann echte Silberbarren besitzt, hat einen Ausgleich.[494] Taleb würde dies als barbell-like hedge ansehen: das physische Metall ist robust (keine Schulden, kein Ausfallrisiko), die

Aktie riskant, zusammen aber hat man sowohl Sicherheit als auch Upside.[495] Viele Experten raten daher: erst einen Sockel in physischem Edelmetall halten, darauf aufbauend Minenaktien als Turbo.

Stop-Loss-Limits oder Put-Optionen: Wer Einzelaktien hat, kann mit Stop-Loss-Limits arbeiten – das heißt, vorab Verkaufsmarken setzen, um Verluste zu begrenzen, falls der Kurs zu stark fällt. Allerdings können Stop-Loss-Verkäufe bei volatilen Werten auch ungewollt ausgelöst werden, wenn zeitlich eng begrenzte Ausschläge vorkommen. Eine elegantere (aber kostenpflichtige) Lösung ist der Einsatz von Put-Optionen auf Minenindizes: Das sind Verkaufsoptionen, die im Falle eines Crashs an Wert gewinnen und auf diese Weise die Verluste der Aktien kompensieren. Zum Beispiel könnte man Puts auf den SIL ETF oder HUI Index kaufen.[496] Diese Absicherung kostet allerdings eine Prämie (ähnlich wie eine Versicherungsprämie, die verfällt, wenn nichts passiert). Für Privatanleger ist das oft zu aufwendig; sinnvoller ist meist einfach eine geringere Gewichtung zu wählen, sodass auch ein 50-Prozent-Verlust einer Position das Portfolio im Ganzen nicht bedroht.

Hedging durch Auswahl: Absicherung kann auch heißen, bewusst auf Qualitätstitel zu setzen, die weniger fragil sind. Die Aktien von Barrick Gold oder Newmont (Goldmajors) zum Beispiel sind finanziell sehr stark und die Unternehmen haben Projekte weltweit. Die Wahrscheinlichkeit, dass diese Unternehmen völlig scheitern, ist geringer als bei einem einzelnen Junior beispielsweise in Westafrika.[497] Zwar bergen auch die Großen ihre Risiken, aber als Anleger kann man durch eine gezielte Auswahl größerer Unternehmen etwas Robustheit ins Minen-Exposure bringen: Man kauft dadurch nicht nur die allerriskantesten Titel.

Aktives Monitoring: Minenaktien sind keine »Buy-and-Forget«-Investments. Eine Form der Absicherung besteht auch darin, informiert zu bleiben: die Nachrichten zu verfolgen (Produktionsberichte, politische Entwicklungen, Preisbewegungen) und im Zweifel zu handeln. Wer Warnsignale erkennt – zum Beispiel kontinuierlich steigende Kosten oder sich anbahnende Rechtsstreits vor Ort – kann entscheiden, eventuell auszusteigen, bevor die Situation eskaliert.[498] Das erfordert aber Zeit und Know-how, weshalb manche Anleger lieber auf Fondsmanager oder ETFs setzen, um diese Arbeit zu delegieren.

Ein Ratschlag zum Abschluss dieses Kapitels

Die Selbstkenntnis ist entscheidend. Minenaktien können lukrativ sein, aber sie erfordern einen kühlen Kopf. Nicht jeder Anleger schläft gut, wenn der Wert seines Depots täglich um 5 Prozent nach oben oder unten springt. Wer feststellt, dass ihn die Schwankungen nervös machen, sollte das Engagement verkleinern. Wer hingegen die volatilitätsbedingten Chancen schätzt, kann in diesem Sektor seine Nische finden. Langfristig ist es hilfreich, einen Anlagehorizont von mehreren Jahren mitzubringen, um Zyklen auszusitzen. Zugleich gilt es, flexibel genug zu bleiben, um nach großen Kursgewinnen auch mal Kasse zu machen. Diversifikation, maßvolle Gewichtung und ständiges Abwägen der Chancen und Risiken sind der Schlüssel. Dann kann man tatsächlich vom Silberboom profitieren, ohne von seinem Risiko-Hebel zerquetscht zu werden.

KAPITEL 13

Silber als Bestandteil der Barbell-Strategie

Silber kann Bestandteil einer antifragilen Anlagestrategie sein. In diesem Kapitel wird erörtert, wie sich dies im Rahmen der Barbell-Strategie realisieren lässt.

Die Barbell-Strategie nach Taleb

Die Barbell-Strategie (auf Deutsch oft Hantel-Strategie genannt) wurde durch Nassim Nicholas Taleb bekannt gemacht. Das Grundprinzip besteht darin, ein Anlageportfolio an den beiden Extremen der Risikoskala zu positionieren – extrem sichere und extrem risikoreiche Anlagen – und die Mitte weitgehend zu meiden.[499] Das Bild einer Hantel veranschaulicht dies: An beiden Enden der Hantel befinden sich schwere Gewichte (die sicheren beziehungsweise spekulativen Anlagen), während die Stange dazwischen nur als Verbindung dient und kaum Gewicht trägt. Übertragen auf Anlagen bedeutet dies, dass der Großteil des Vermögens in sehr sichere Werte fließt, während ein kleiner Teil gezielt in hochspekulative Chancen investiert wird. Mittelriskante Anlageklassen dazwischen – etwa Anlagen mit moderatem, aber unsicherem Ertrag – werden bewusst untergewichtet oder ganz vermieden.

Talebs Idee dahinter ist von seiner Skepsis gegenüber Prognosen und Risikomodellen geprägt.[500] Da man die Zukunft nicht verlässlich vorhersagen kann und traditionelle Risikomessungen die Gefahr extremer Ereignisse (»Black Swans«) oft unterschätzen, solle man zwei Wege gleichzeitig gehen: Einerseits so konservativ und risikoarm wie möglich investieren, um einen Großteil des eigenen Vermögens zu schützen; andererseits mit einem kleinen Teil des Kapitals aggressiv auf hohe Chancen setzen, die im Fall des Erfolgs außergewöhnliche Gewinne abwerfen können. Taleb beschreibt das so, dass man »so hyperkonservativ und hyperaggressiv wie möglich« sein sollte, anstatt irgendwo dazwischen. Konkret empfiehlt er beispielsweise, etwa 85 bis 90 Prozent des Kapitals in extrem sichere Instrumente zu stecken (im Original nennt er zum Beispiel kurzlaufende Staatsanleihen höchster Bonität) und die restlichen 10 bis 15 Prozent in äußerst spekulative Wetten zu investieren.[501] Auf diese Weise ist der größte Teil des Vermögens vor Verlusten geschützt (»Kein schwarzer Schwan kann Ihnen ernsthaft schaden«), während der kleine risikoreiche Teil ein offenes Potenzial nach oben hat. Die Mitte der Risikoskala – vermeintlich moderate Risiken – wird gemieden, da man nie sicher sein kann, ob sie nicht doch unkalkulierbare Gefahren bergen. Stattdessen hat man letztlich eine Mischung, die unterm Strich zwar ein mittleres Risikoniveau hat, aber deutlich robuster gegenüber Unvorhergesehenem ist als eine homogene Mittelmaß-Strategie.

Dieses Konzept hat Taleb in seiner eigenen Karriere als Trader erfolgreich angewendet. Während der Finanzkrise 2007/2008 konnte er mit einer solchen Hantel-Allokation erhebliche Gewinne erzielen, während viele traditionelle Investoren Verluste hinnehmen mussten.[502] Der konservative Teil (zum Beispiel Bargeld oder kurzlaufende Staatsanleihen) bildete dabei ein Sicherheitsnetz, und die kleine aggressive Position zahlte sich in der Krise überproportional aus. Die Barbell-Strategie steht damit auch philosophisch für ein Umdenken in der Portfolioallokation: Weg von der scheinbaren Sicherheit durchschnittlicher Risiken hin zu einer Aufteilung, die einen Ruin nahezu ausschließt und zugleich Chancen auf extreme Gewinne eröffnet. Im Kern folgt sie dem Motto, niemals alles zu riskieren, aber stets einen Fuß in der Tür zu haben für den großen Wurf.[503]

Silber im Rahmen der Hantel-Strategie: sicherer Hafen und spekulatives Element

Wie lässt sich Silber in diese Strategie einordnen? Interessanterweise kann Silber – je nach Form der Anlage – sowohl auf der sicheren Seite als auch auf der spekulativen Seite der Hantel eine Rolle spielen. Talebs Barbell-Konzept schließt grundsätzlich keine Anlageklasse explizit aus; entscheidend ist vielmehr das Risiko- und Ertragsprofil. Physisches Silber kann unter bestimmten Voraussetzungen dem sicheren Hantel-Ende zugerechnet werden, während Anlagen in Silberminen-Aktien oder Derivate auf Silber klar dem spekulativen Ende zuzuordnen sind. Im Folgenden betrachten wir die unterschiedlichen Facetten:

Physisches Silber (Münzen/Barren): In Form von Silberbarren oder Münzen gilt Silber für viele Anleger als Sachwert und werterhaltender sicherer Hafen, ähnlich wie Gold.[504] Anders als bei

Bankguthaben oder Anleihen besteht kein Gegenparteirisiko – ein Silberbarren kann nicht pleitegehen. Dieses Silber dient vor allem der langfristigen Vermögenssicherung: Es behält einen inneren Wert, da es ein knappes Edelmetall mit industrieller und historischer, monetär geprägter Nachfrage ist.[505] Somit könnte physisches Silber einen Teil des sicheren Portfoliokerns ausmachen, besonders für Anleger, die Fiat-Währungen misstrauen oder sich gegen Währungsabwertungen absichern wollen. Allerdings ist zu beachten, dass Silberpreis-Schwankungen deutlich stärker ausfallen können als bei Gold.[506] Silber unterliegt Konjunkturzyklen und spekulativen Ausschlägen, was bedeutet, dass der Marktwert selbst physischer Bestände zeitweise stark fallen kann. Wer Silber als mutmaßlich sicheren Anteil hält, muss diese Volatilität aushalten können und einen langen Atem mitbringen. Hinzu kommen praktische Aspekte: Physisches Silber verursacht Lager- und Versicherungskosten und geht beim Handel mit einem Aufgeld (Spread zwischen An- und Verkauf) einher.[507] Kurzfristig Gewinne zu erzielen ist damit schwieriger. Dafür bietet es den Vorteil, in Extremszenarien (zum Beispiel Finanzsystemkrisen) jederzeit einen realen Wert in den Händen zu halten.

Silberaktien und -derivate: Auf der anderen Seite des Spektrums kann man Silber auch in hochspekulativer Form ins Portfolio aufnehmen. Silberminenaktien beispielsweise sind Aktien von Unternehmen, die Silber fördern. Sie reagieren in der Regel überproportional auf Veränderungen des Silberpreises. Steigt Silber, können die Gewinne der Minenbetreiber überproportional zulegen, was oft zu noch größeren Kursgewinnen der Aktie führt. Historisch haben Silberminen in Haussephasen des Silbermarkts teils eine Vervielfachung erzielt, während sie in Abschwüngen stärker als der Silberpreis fallen. Allerdings tragen diese Aktien zusätzliche Unternehmensrisiken: Managementfehler, Produktionsprobleme oder Unglücke in Minen können den Aktienkurs unabhängig vom Silberpreis beeinträchtigen.[508] Noch riskanter sind Junior-Explorationsfirmen im Silbersektor – kleine Unternehmen ohne gesicherte Produktion, die auf neue Funde spekulieren.[509] Sie generieren oft keinerlei Cashflow und sind stark von Kapitalmarktfinanzierungen abhängig. Solche Titel können – wenn ein großer Fund gelingt – extreme Kursgewinne generieren, im Misserfolgsfall jedoch auch wertlos werden. Neben Aktien gibt es Silberderivate wie Futures und Optionen, die ebenfalls in die spekulative Ecke gehören. Mit Silber-Futures lässt sich mit hohem Hebel auf Preisbewegungen wetten, was potenziell hohe Gewinne ermöglicht, aber auch erhebliches Fachwissen erfordert.[510] Optionen auf Silber oder Minenaktien bieten asymmetrische Chancen (begrenzter Verlust durch die gezahlte Optionsprämie, aber theoretisch Gewinne in unbegrenzter Höhe), was sie attraktiv für das Barbell-Prinzip macht. Taleb selbst favorisierte in seiner Beschreibung so weit wie möglich gehebelte Wetten im spekulativen Teil – dazu zählen etwa Optionen oder Investitionen, die mit Venture Capital (Risikokapital) vergleichbar sind.[511] Für Privatanleger bedeuten so gehebelte Silber-Investments allerdings ein hohes Risiko; unerfahrene Anleger sollten sich des Risikos bewusst sein, einen Totalverlust zu erleiden. »Für die meisten sind Futures und Optionen zu riskant«, betont der US-Investor und Autor Nassim Nicholas Taleb, der seit Jahren vor den versteckten Risiken komplexer Derivate warnt.[512]

Insgesamt kann Silber auf der spekulativen Seite also in Form von Aktien, ETFs auf Silberminen, Zertifikaten, Futures oder Optionen gehalten werden – stets mit dem Ziel, mit einem kleinen Einsatz überproportional vom Silberboom zu profitieren.

Zwischen physischem Silber und »Papier«-Silber (wie ETCs oder Zertifikate) gibt es noch Abstufungen, die je nach Strategie zugeordnet werden können. Ein ETC, der physisch besichertes Silber hält, zum Beispiel der Wisdom Tree Physical Silver, bietet direkte Preispartizipation ohne eigene Lagerung.[513] Solche Konstrukte tragen zwar ein minimales Gegenparteirisiko (Emittent/Verwahrer), können aber für manche Anleger als quasi sicherer Silberersatz dienen, da sie sich um Verwahrung nicht kümmern müssen. Im Kontext der Barbell-Strategie könnte ein Anleger physische Bestände (zur langfristigen Sicherheit) halten und zusätzlich einen kleinen Prozentsatz in Silberminen oder Optionen investieren, um beide Enden der Hantel mit Silber abzudecken. Entscheidend ist, dass der Charakter der Anlage zur jeweiligen Seite passt: physisches Silber als konservativer Wertpuffer und Inflationsschutz, Silberpapiere als aggressive Gewinnchance.

Verbindung zu Gold, Cash, Kryptowährungen und anderen Sachwerten

Silber steht nicht isoliert da – in einem breiter gefassten Barbell-Portfolio muss es im Verhältnis zu anderen Vermögenswerten betrachtet werden. Klassischerweise besteht die sichere Seite einer Hantel-Strategie aus Bargeld oder nahezu risikofreien Anleihen (etwa kurzfristigen Staatsanleihen). Diese bieten nominale Sicherheit und Liquidität.[514] Auch Gold wird von vielen Anlegern als Teil des »sicheren Hafens« gesehen: Gold ist seit Jahrtausenden Wertspeicher und in Krisenzeiten gefragt.[515] Silber und Gold weisen Überschneidungen auf – beides sind Edelmetalle mit begrenztem Angebot, die in Zeiten wirtschaftlicher Unsicherheit Zulauf erhalten.[516] Tatsächlich gehören beide zu den wenigen Anlageklassen, die eine geringe Korrelation zu traditionellen Assets wie Aktien aufweisen; wenn also Aktienmärkte turbulent fallen, tendieren Gold und Silber oft dazu, als »sichere Häfen« zu steigen.[517] Allerdings gibt es wichtige Unterschiede: Silber ist volatiler als Gold, da es neben der Wertaufbewahrung auch umfangreiche industrielle Verwendung findet.[518] Seine Preisentwicklung ist stärker von der Konjunktur abhängig (das Edelmetall agiert zyklischer als Gold) und der Markt ist deutlich kleiner, was einzelne Kapitalflüsse stärker auf den Preis durchschlagen lässt. Gold hingegen ist im Allgemeinen träger, wird stärker als Währungsalternative betrachtet und leidet weniger unter Konjunkturschwankungen.[519] Man könnte sagen, Gold ist der stabilere, Silber der dynamischere Edelmetall-Anteil. In einer Barbell-Allokation könnte deshalb Gold eher den ultrakonservativen Part verstärken (Wertspeicher ohne Kreditrisiko), während Silber – je nach Gewichtung – teilweise dem sicheren Teil (als Inflationsschutz mit Schwankungen) und teilweise dem Chancenteil (wegen seines höheren Upside-Potenzials) zugeordnet wird.[520]

Neben Edelmetallen spielt Cash (Bargeld beziehungsweise kurzfristige Bankeinlagen) als stabilster Anker eine wichtige Rolle im sicheren Hantel-Ende. Cash bewahrt nominal den Wert und bietet Flexibilität, hat jedoch in inflationären Phasen den Nachteil des Kaufkraftverlusts.[521] Hier kommen wiederum reale Sachwerte ins Spiel: Sachwertanlagen wie Edelmetalle oder Immobilien können die Inflation ausgleichen. Allerdings sind Immobilien weniger liquide und eher ein mittelfristiges Investment – sie passen nicht ganz so eindeutig in das Barbell-Schema, außer man betrachtet sie als Teil des sicheren (relativ wertstabilen) Vermögens.[522] Kryptowährungen hingegen zählen klar zum spekulativen Ende. Bitcoin wird zwar von Befürwortern als »digitales Gold« bezeichnet. Doch seine Kurshistorie zeigt extreme Volatilität und verweist auf Risiken, die ihn – wenn überhaupt – nur in kleinstem Umfang für eine Barbell-Strategie qualifizieren.[523] Ein Anleger könnte zum Beispiel 1 bis 2 Prozent seines Portfolios in Bitcoin oder andere Kryptowährungen als spekulative Black-Swan-Wette halten, sollte aber nicht darauf vertrauen, dass Kryptowährungen in einer Krise denselben Schutz bieten wie physisches Gold oder Silber.[524] Eher sind sie vergleichbar mit hochriskanten Tech-Investments, die enorme Gewinne oder Verluste liefern können. Daher würden Kryptowährungen, ebenso wie zum Beispiel Rohstoffaktien (Öl- und Gaswerte, Industriemetall-Produzenten et cetera), im riskanten Hantelkorb Platz finden – gemeinsam mit Silberminen und ähnlichen chancenreichen Anlagen.

Betrachtet man Silber im Verbund mit Gold und anderen Assets, so zeigt sich auch ein diversifikatorischer Mehrwert: Eine Studie von Oxford Economics (im Auftrag des Silver Institute) fand, dass Silber eine geringe Korrelation zu den meisten anderen Anlageklassen aufweist (außer zu Gold) und daher das Risiko-Ertrags-Profil eines Portfolios verbessern kann.[525] In langfristigen Simulationen ergab sich eine optimale Silber-Allokation von durchschnittlich etwa 4 bis 5 Prozent im Portfolio, um die risikoadjustierte Rendite zu erhöhen.[526] Silber verdient demnach einen eigenen Platz neben Gold in einem diversifizierten Portfolio – trotz einer gewissen Preisparallelität zu Gold unterscheiden sich die Renditetreiber genug, um beide Metalle zu halten. So wird der Silberpreis zum Beispiel durch industrielle Nachfrage (Elektronik, Solarindustrie et cetera) beeinflusst, was bei Gold kaum der Fall ist. In Zukunft könnte Silber von Trends wie der Energiewende sogar überproportional profitieren (Solarzellen, Elektromobilität), was manchen Experten zu der Prognose verleitet, dass Silber perspektivisch besser abschneiden könnte als Gold.[527] Für die strategische Portfolioaufteilung bedeutet dies: Auf der sicheren Seite könnten Gold und Silber zusammen einen Teil als wertbeständige Sachwerte abdecken – Gold als stabilisierendes Element, Silber als etwas volatilere Beimischung mit Inflationsschutz. Auf der risikoreichen Seite könnten Silberminenaktien oder Silber-ETCs wiederum neben Krypto oder anderen spekulativen Themen stehen, um verschiedene unabhängige Chancen abzudecken. Wichtig ist, dass die Gesamtstruktur stimmt: Der größte Anteil bleibt konservativ (zum Beispiel Cash, Kurzläufer, Gold, gegebenenfalls etwas Silber), und die Summe aller hochriskanten Anteile bleibt klein genug (zum Beispiel 10 bis 20 Prozent) – dafür aber breit genug diversifiziert – um im Erfolgsfall das Gesamtportfolio deutlich nach vorn zu bringen, ohne im Misserfolgsfall seine Existenz zu bedrohen.[528]

Praxisnahe Umsetzung: Silber im Barbell-Portfolio

Wie könnte nun ein konkretes Barbell-Portfolio mit Silber aussehen? Die genaue Ausgestaltung hängt von der Risikoneigung und Überzeugung des Anlegers ab, doch ein Kernprinzip bleibt: Der Großteil des Vermögens wird defensiv gehalten, ein kleiner Teil offensiv. Nehmen wir an, ein Investor möchte die Hantel-Strategie nutzen und Silber dabei einbinden. Eine mögliche Aufteilung könnte so aussehen:

Sicherheits-Teil (zum Beispiel 85 Prozent): Ein Mix aus Bargeld, kurzfristigen Staatsanleihen oder Tagesgeld (etwa 50 bis

60 Prozent des Gesamtportfolios) dient als absoluter Kapitalschutz und Liquiditätsreserve.[529] Hinzu kommen werthaltige Sachwerte – zum Beispiel Gold (etwa 15 Prozent Portfolioanteil) und physisches Silber (zum Beispiel 10 Prozent) –, die als Versicherung gegen Inflation und extreme Währungsrisiken fungieren.[530] Physisches Silber kann in Form von 1-Kilogramm-Barren oder gängigen Bullion Coins (Maple Leaf, American Eagle et cetera) gehalten werden; wichtig ist eine sichere Lagerung, sei es im heimischen Tresor oder in einem Hochsicherheitslager oder Bankschließfach.[531] Dieser konservative Block wird nach dem Buy-and-Hold-Prinzip gehalten: Man erwartet hier keinen schnellen Wertzuwachs, sondern Stabilität. Die Edelmetalle können über Jahre oder Jahrzehnte gehalten werden – ihre Funktion ist die Wahrung der Kaufkraft und die Absicherung gegen Tail-Risiken im Finanzsystem.[532] Durch den hohen Anteil dieses sicheren Blocks ist gewährleistet, dass zwischenzeitliche Schwankungen des Silberpreises (oder anderer volatiler Bestandteile) das Gesamtvermögen nur begrenzt tangieren.

Spekulations-Teil (zum Beispiel 15 Prozent): Dieser Portfolioteil wird bewusst hochrisikoreich gestaltet, um die Chance auf überproportionale Erträge zu eröffnen. Hier könnte der Anleger zum Beispiel Silberminen-Aktien beimischen (etwa 5 Prozent des Gesamtportfolios).[533] Das können größere Produzenten sein – die im Fall eines Silberpreis-Anstiegs erhebliche Gewinnhebel haben – oder gar einige Junior-Silberexplorer als streuende Kleinstpositionen, in der Hoffnung, dass einer davon einen Volltreffer landet. Weitere 5 Prozent könnten in Kryptowährungen fließen (zum Beispiel ein diversifizierter Mix mit Schwerpunkt Bitcoin und Ethereum), um an möglichen »digitalen« Boomphasen teilzuhaben.[534] Die restlichen 5 Prozent könnten auf andere High-Risk-Investments verteilt werden, etwa auf Aktien spezialisierter Rohstoffunternehmen, Hebelprodukte oder Optionen. Denkbar wäre zum Beispiel der Kauf langlaufender Call-Optionen auf Silber oder auf Silberminen – in kleinen Tranchen – was dem Portfolio eine asymmetrische Gewinnchance verleiht (begrenzter Einsatz, aber potenziell ein Vielfaches an Gewinn bei stark steigendem Silberpreis).[535] Wichtig ist, dass jeder dieser spekulativen Posten für sich verkraftbar ist: Fällt eine Position komplett aus (Totalverlust), schmälert das das Gesamtvermögen des Portfolios nur um wenige Prozent. Geht jedoch eine Wette auf – verdoppelt oder verdreifacht sich beispielsweise der Kurs einer Silbermine aufgrund eines neuen großartigen Bohrergebnisses oder verzehnfacht sich der Bitcoin-Preis in einem Kryptobullenmarkt – so steigt das Gesamtportfolio deutlich im Wert. Dieser Effekt ist gewollt: Man züchtet sozusagen mögliche positive Ausreißer im Depot heran. In der Praxis müsste der Anleger diesen Teil auch aktiv überwachen und ein Rebalancing betreiben: Wenn etwa eine spekulative Position sich stark vervielfacht und plötzlich einen viel größeren Anteil am Portfolio ausmacht, sollte ein Teil des Gewinns realisiert und zurück in den Sicherheits-Topf umgeschichtet werden.[536] Umgekehrt gilt: Nach starken Verlusten in diesem Segment, würde man entscheiden, ob man neue spekulative Ideen hinzufügt, um den Anteil wieder auf zum Beispiel 15 Prozent aufzufüllen – allerdings nur, wenn sich lohnende Chancen bieten. Dieser dynamische Umgang ist Teil der Barbell-Philosophie: Die sichere Seite bleibt unangetastet solide, die riskante Seite wird passend zur aktuellen Lage angepasst.[537]

Eine solche Aufstellung ist natürlich nur ein Beispiel. Je nach Markteinschätzung könnte ein konservativerer Anleger den Edelmetall-Anteil im sicheren Teil erhöhen (zum Beispiel mehr Gold, weniger

Cash) oder – falls er dem Silber weniger vertraut – das Silber ganz aus dem sicheren Teil weglassen, dafür aber vielleicht etwas mehr als spekulative Position (zum Beispiel in Form einer gehebelten Silber-Option) halten.[538] Ein offensiverer Anleger wiederum könnte den spekulativen Anteil auf 20 bis 25 Prozent ausweiten (wohl wissend, dass dies das Gesamtportfolio volatil macht) und dort stärker auf Silberwetten setzen, wenn er vom »Silberboom« überzeugt ist. Beispielsweise könnte er alle spekulativen 15 Prozent in verschiedenen Silberminen und Silber-Calls anlegen – das wäre eine sehr fokussierte Wette auf einen starken Silberpreis-Anstieg. Im Gegenzug müsste dann der sichere Teil wirklich krisenfest sein (viel Cash, gegebenenfalls Gold), um einen möglichen Fehlschlag dieser Wette abzufedern. Die Gewichtung ist also flexibel gestaltbar, sollte aber stets dem Barbell-Grundgedanken folgen: kein Risiko eines existenzbedrohenden Verlusts im Gesamtportfolio, aber ausreichende Exposure für außerordentliche Gewinne in Szenarien, in denen Silber (oder andere spekulative Assets) drastisch an Wert gewinnen.

Praktisch bedeutet die Implementierung auch, die richtigen Instrumente zu wählen. Für den physischen Silberanteil im sicheren Portfolio kommen klassische Anlagemünzen (wie Maple Leaf, Philharmoniker, Eagle) oder Barren in Frage.[539] Diese sollten möglichst nah am Spotpreis (also mit geringem Aufgeld) erworben und über einen langen Zeitraum gehalten werden. Die Haltedauer kann hier sehr lang sein – vielfach wird physisches Edelmetall über Generationen weitergegeben. Die Liquidität ist bei üblichen Münzen und Barren jederzeit gegeben, allerdings muss man Verkaufsgebühren beziehungsweise Spreads einkalkulieren. Für den spekulativen Silberanteil bieten sich leicht handelbare Vehikel an: Aktien und ETCs können über Börsen täglich ge- und verkauft werden, Optionen und Futures erfordern ein entsprechendes Depot und Erfahrung.[540] Ein Vorteil von Silberminen-ETFs (zum Beispiel Global X Silver Miners ETF, ISIN:_IE000UL6CLP7) ist, dass sie das Unternehmensrisiko streuen und dem Anleger den Aufwand nehmen, einzelne Minen auszuwählen.[541] Allerdings verwässern sie auch potenzielle Extreme (eine einzelne herausragende Aktie geht im Korb unter) und verursachen Managementgebühren. Je nachdem, wie ausschließlich man auf den Silberboom spekulieren will, kann man also entweder gezielt wenige hochvolatile Titel wählen oder breiter streuen. Die Haltedauer im spekulativen Teil ist schwer planbar – idealerweise so lange, bis eine der Wetten deutlich aufgegangen ist (was Jahre dauern kann und womöglich sogar überhaupt nie eintritt). Taleb betont hier auch die Rolle des Zufalls: Von zehn riskanten Wetten mögen vielleicht nur eine oder zwei zünden, diese müssen dann aber hoch genug im Gewinn stehen, um die Verluste der anderen mehr als wettzumachen. Geduld und Disziplin sind entscheidend.[542] Man sollte sich im Voraus klare Regeln setzen. Beispiel: Welche Gewinne nehme ich mit? Wie viel Verlust toleriere ich pro Position? Diese disziplinierte Vorgehensweise stellt sicher, dass die Barbell-Strategie im Alltag funktioniert und nicht durch Gier (zu viel Risiko) oder Angst (Verkauf der sicheren Anlagen zur falschen Zeit) entgleist.

Risiken und Chancen im Hinblick auf die Antifragilität

Nassim Talebs Barbell-Strategie ist eng mit dem Konzept der Antifragilität verknüpft – also der Fähigkeit, aus Unordnung und Volatilität Nutzen zu ziehen. Ein antifragiles System wird stärker, wenn es Schocks ausgesetzt ist, im Gegensatz zu einem fragilen System, das daran zerbricht, oder einem robusten System, das Schocks lediglich unbeschadet übersteht. Übertragen auf unser Portfolio bedeutet dies: Wir wollen ein Depot, das von Turbulenzen eher profitiert als leidet. Die Hantel-Aufteilung ist genau darauf ausgelegt. Der große sichere Anteil macht das Portfolio robust – Kurseinbrüche an den Märkten können diesem Teil wenig anhaben, er bildet gewissermaßen das unzerbrechliche Fundament (Taleb würde sagen, dieser Teil kann nicht kaputtgehen, beispielsweise Bargeld, kurzlaufende Staatsanleihen oder physisches Gold). Der kleine spekulative Anteil hingegen ist so gewählt, dass er im Falle großer Ausschläge nach oben ein enormes Upside bietet, während das Downside auf den kleinen Einsatz begrenzt bleibt. Ein solches Profil – begrenzter Verlust, unbegrenzter Gewinn – bezeichnet Taleb als konvex und es ist charakteristisch für Antifragilität.[543] Im Idealfall nutzt das Portfolio also die Volatilität: Kommt es zu einem unerwarteten Ereignis (einem »Schwarzen Schwan«), ist der Verlust maximal auf den kleinen aggressiven Teil begrenzt (das Überleben ist gesichert), aber es besteht die Chance, dass genau dieses Event den spekulativen Positionen extreme Gewinne beschert. Antifragilität bedeutet, man hat mehr aufzuwarten als zu verlieren – mehr mögliche Vorteile als Nachteile – und liebt daher die Unsicherheit.

Silber kann in diesem Kontext eine wichtige Rolle spielen. Betrachtet man historische Krisen und Schockphasen, zeigte Silber teils deutliche Preisreaktionen, die ein antifragiles Portfolio begünstigen können.[544] Ein fragiles Portfolio (zum Beispiel 100 Prozent Aktien eines Sektors) würde in einer Finanzkrise massiv an Wert verlieren. Ein robustes Portfolio (zum Beispiel 90 Prozent Anleihen, 10 Prozent Aktien) würde einen Crash vielleicht unbeschadet überstehen, aber auch kaum profitieren. Einem antifragilen Barbell-Portfolio mit Silber hingegen könnte eine Krise sogar nutzen: Etwa wenn eine plötzliche Inflation oder Währungskrise den Silberpreis explodieren lässt und der kleine Silberanteil dadurch enorme Gewinne verzeichnet, während der Rest des Portfolios geschützt bleibt.[545]

Allerdings muss man hier differenzieren: Nicht jede Krise treibt den Silberpreis in die Höhe – und nicht jede Silberbewegung korreliert mit einer Krise. Antifragilität heißt auch, auf verschiedene mögliche Extreme vorbereitet zu sein. Risiken bestehen darin, dass Silber eventuell in bestimmten Stressszenarien nicht wie erwartet reagiert. Beispielsweise fand 2022 (nach Ausbruch des Ukraine-Krieges) zwar zunächst eine Flucht in sichere Häfen statt, doch gleichzeitig stiegen die Zinsen stark an. Das Ergebnis: Gold und Silber konnten ihre übliche Versicherungsrolle nur kurz ausspielen und standen ein Jahr nach Kriegsbeginn sogar im Minus.[546] Steigende Zinsen erhöhen nämlich die Attraktivität von Anleihen gegenüber zinslosen Edelmetallen, was deren Preise belasten kann. Ein antifragiles Portfolio sollte also nicht einseitig von einem einzigen Schockauslöser abhängig sein. Im Barbell-Ansatz erreicht man das durch Diversifikation innerhalb des Risiko-Anteils. Neben Silber könnten zum Beispiel andere unkorrelierte Wetten (etwa auf alternative Assets oder verschiedene Szenarien) platziert werden, sodass irgendein extremer Ausgang dem Portfolio nützt, selbst wenn es nicht der erwartete ist.[547]

Nichtsdestotrotz bietet Silber gerade im Zusammenspiel mit Inflation und Geldsystemrisiken deutliche Chancen unter dem Aspekt der Antifragilität. In inflationären Schüben oder wenn das

Vertrauen ins Finanzsystem schwindet, neigt Silber dazu, dramatisch an Wert zu gewinnen – oft sogar prozentual stärker als Gold.[548] Ein kleines Investment in Silberderivate könnte in solch einem Umfeld zum mehrfachen Multiplikator werden. Zugleich ist der Nachteil begrenzt: Sollte es in einer Phase stabiler oder fallender Inflation passieren, dass Silber lange Zeit nicht vom Fleck kommt oder gar fällt, bleibt der Einfluss auf das Gesamtportfolio gering, solange das Silber nur moderat gewichtet ist. Hier zeigt sich, wie wichtig die richtige Gewichtung ist, um antifragil zu bleiben – zu viel Silber (oder generell zu viel Risiko) würde aus der angestrebten Antifragilität wieder eine Fragilität machen, da dann als ungünstiges Szenario doch großen Schaden anrichten könnte. Daher betont Taleb, dass die Wahrscheinlichkeit des Ruins null sein muss: Das Erreichen dieses Ziels hängt wesentlich davon ab, diszipliniert den sicheren Anteil hoch zu halten.

Unter dem Aspekt der Antifragilität kann man auch sagen: Silber verleiht der Portfoliostrategie eine Option auf Chaos. Kommt es zu einem Chaos (zum Beispiel Hyperinflation, Währungsreform, geopolitischer Schock), dann wird physisches Silber als werthaltiges Metall vermutlich stark nachgefragt – es bewahrt Vermögen, während Papierwerte verfallen. Gleichzeitig könnten spekulative Silberpositionen (Minen, Optionen) von schockartigen Preissteigerungen profitieren und das Portfolio ins Plus katapultieren. In Zeiten ruhiger, geordneter Märkte hingegen bleibt Silber vielleicht hinter anderen Anlagen zurück, doch das schadet dem Gesamterfolg wenig, da das Gros des Kapitals konservativ angelegt ist. Man hat also gewissermaßen eine Versicherung mit positiver Gewinnerwartung: Im schlimmsten Fall kostet sie ein wenig Performance (wenn die spekulativen Wetten nicht zünden), im besten Fall rettet oder vermehrt sie das Vermögen in schwierigen Zeiten erheblich. Dieses asymmetrische Profil – begrenzter Nachteil, unbeschränkter Vorteil – ist das Markenzeichen eines antifragilen Ansatzes.[549]

Silber in historischen Stressphasen

Ein Blick auf die Geschichte zeigt, wie Silber sich in verschiedenen Marktphasen verhalten hat – und liefert damit Anhaltspunkte, was man in einem Barbell-Kontext erwarten kann. Wichtig vorweg: Silber ist bekannt für seine heftigen Preisschwankungen über längere Zyklen. Es gab Phasen, in denen Silber förmlich explodiert ist, gefolgt von langen Durststrecken. Für die Hantel-Strategie bedeutet das, dass kleine Beimischungen von Silber in Krisenzeiten große Wirkung entfalten konnten, während in ruhigen Phasen Silber nicht immer glänzte.

Inflationäre 1970er-Jahre: Ein oft zitiertes Beispiel ist die Hochinflationsperiode der späten 1970er-Jahre. Nach dem Ende des Bretton-Woods-Systems 1971 traten zweistellige Inflationsraten auf, und viele Anleger suchten Zuflucht in Edelmetallen.[550] Der Silberpreis stieg von unter 2 US-Dollar Anfang der 1970er-Jahre auf über 36 Dollar zu Beginn des Jahres 1980 – ein sagenhafter Anstieg um ein Vielfaches innerhalb weniger Jahre.[551] Tatsächlich spielten neben Inflation auch Spekulationen (wie die der berühmt-berüchtigten Gebrüder Hunt, die den Silbermarkt fast leerkauften) eine Rolle.[552] Wer damals Silber hielt – sei es physisch oder in Form von Terminkontrakten – erzielte extreme Gewinne. In einem Barbell-Portfolio jener Zeit hätte ein kleiner Silberanteil den gesamten Depotwert massiv nach oben gezogen, während der Rest (zum Beispiel Anleihen, die unter Inflation litten) die Basis absicherte. Allerdings folgte auf den Boom ein drastischer Einbruch: Durch Maßnahmen der Börsenaufsicht und Zinsanhebungen brach der Silberpreis Ende 1980 ein, von knapp 50 Dollar auf unter 10 Dollar.[553] Anleger, die den Ausstieg verpassten, erlitten erhebliche Wertverluste. Hier zeigt sich die Stärke und Schwäche von Silber: in Extremen nach oben außergewöhnlich, aber auch fähig, einen Großteil der Gewinne wieder abzugeben. Während der 1980er- und 1990er-Jahre blieb der Silberpreis dann erstaunlich flach – lange Zeit lag er unter 10 Dollar pro Unze.[554] Ein Barbell-Ansatz hätte in diesen beiden Jahrzehnten vermutlich den Silberanteil klein gehalten (weil keine großen Chancen sichtbar waren) und primär von den Zinsen und Aktien profitiert. Doch die Edelmetall-Beimischung hätte zumindest als Versicherung gedient, falls es zu neuen Inflationsschüben gekommen wäre.

Finanzkrise 2008 und ihre Nachbeben: Im Jahr 2008 kam es erneut zu einem markanten Muster. Im Vorfeld der globalen Finanzkrise stieg Silber von Anfang 2006 bis Anfang 2008 von rund 9 auf 20 US-Dollar je Unze, fiel aber während des akuten Liquiditätsschocks im Herbst 2008 kurzfristig auf unter 10 Dollar zurück. Wer also genau im Crash Silber hielt, sah zunächst Verluste – ähnlich wie Aktieninvestoren. Doch dann griff die Antifragilität: Die Reaktion der Notenbanken (Nullzinsen, Quantitative Easing) und die Angst vor Geldentwertung ließen Silber ab 2009 einen historischen Höhenflug antreten. Das Metall kletterte bis April 2011 fast bis zur 50-Dollar-Marke, angetrieben von enormer Investorennachfrage und Flucht aus Papierwährungen.[555] In inflationsbereinigten Preisen war das sogar ein Allzeithoch (höher als 1980).[556] Ein

Barbell-Portfolio, das zum Beispiel zu 5 bis 10 Prozent in Silberinvestments positioniert gewesen wäre, hätte in diesen Jahren eine überragende Performance erzielt – der kleine spekulative Anteil hätte ein Vielfaches an Wert gewonnen und hätte die Gesamtperformance dominiert, während der sichere Teil (zum Beispiel Staatsanleihen) stabil blieb. Nach 2011 folgte allerdings erneut eine lange Korrektur: Silber sank in den folgenden Jahren kontinuierlich und fand erst 2015/2016 im Bereich von 13 bis 14 Dollar je Unze einen Boden. Für den langfristigen Anleger bedeutete dies eine fast vierjährige Baisse, in der der Silberpreis 70 Prozent unter seinem einstigen Hoch notierte. Hier hätte es sich ausgezahlt, wenn im Rahmen einer Barbell-Strategie Gewinnmitnahmen getätigt worden wären: Idealerweise hätte man nach dem Parabolanstieg 2011 einen Großteil der Gewinne gesichert (zurück in den »sicheren Hafen« umgeschichtet). Wer dagegen Silber als dauerhaften sicheren Hafen ansah und dauerhaft einen hohen Anteil hielt, musste eine harte Geduldsprobe bestehen. Die Lehre daraus: Silber kommt phasenweise groß heraus, verlangt aber eine flexible Handhabung.

Jüngste Entwicklungen (2020er-Jahre): Die COVID-19-Krise 2020 bot ein aktuelles Beispiel für das Verhalten des Silberpreises in Stressphasen. Im März 2020, als weltweit die Märkte einbrachen, fiel Silber kurzfristig von rund 18 Dollar auf unter 12 Dollar pro Feinunze – ein Absturz von etwa 35 Prozent binnen weniger Tage.[557] Das tat auf den ersten Blick weh, doch bereits im Verlauf des Jahres drehte der Markt: Massive Konjunkturpakete und Geldmengenausweitung schürten Inflationsängste, und Silber schoss bis August 2020 wieder hinauf auf circa 28 bis 30 Dollar.[558] Zum Jahresende 2020 stand es bei etwa 26 Dollar (rund +47 Prozent gegenüber Jahresbeginn), während viele Aktienmärkte sich ebenfalls schon erholt hatten.[559] Ein Barbell-Portfolio mit Silber hätte also 2020 zunächst auf den sicheren Teil bauen müssen (um den Einbruch auszusitzen) und wäre dann belohnt worden, als das Silber sich spektakulär erholte. In den Folgejahren 2021 bis 2022 pendelte Silber zwischen 22 und 28 Dollar pro Unze, geriet aber Ende 2022 durch steigende Zinsen wie erwähnt unter Druck.[560] Die hohe Inflation 2021/22 half zwar grundsätzlich, doch der Gegenwind höherer Anleiherenditen bremste die Edelmetalle. Erst als die Zinserwartungen 2023 wieder moderater wurden, zog Silber erneut an. Im Frühjahr 2025 notiert Silber etwa bei einer 25- bis 30-Dollar-Marke, womit es inflationsbereinigt deutlich unter früheren Spitzen liegt, aber immer noch höher als vor einigen Jahren. Langfristig betrachtet hat Silber jedoch trotz aller Schwankungen seinen Wert erhalten und gesteigert: Seit 1915 hat sich der inflationsbereinigte Silberpreis mehr als verdoppelt.[561] Das zeigt, dass Silber über sehr lange Zeiträume zumindest die Inflation schlagen konnte – wenn auch mit schmerzhaften zwischenzeitlichen Einbrüchen (zum Beispiel wer 1915 gekauft hätte, sah sein Investment bis 2001 real halbiert, bevor es danach wieder emporschnellte).

Für die Strategie bedeutet diese Historie: In echten Stressphasen – seien es Währungskrisen, Inflationsschübe oder Finanzmarktkrisen – hat Silber häufig außergewöhnliche Kursgewinne verzeichnet, die ein Portfolio mit kleinem Silberanteil überproportional stärken konnten. Jedoch traten diese Gewinne meist nicht während des unmittelbarsten Schocks auf (oft fiel Silber zunächst mit allen anderen Assets, da in einer Panik zunächst die Liquidität zählt), sondern in der Reaktionsphase danach – wenn etwa Geld in echte Werte flüchtet oder Angebots- beziehungsweise Nachfrageschocks auftreten. Ein gut strukturiertes Barbell-Portfolio würde dies antizipieren, indem es das Sicherheitspolster groß genug hält, um die erste Schockphase zu überstehen, und den volatilen Teil geduldig weiter hält, um die spätere Erholung oder gar Preisexplosion spekulativer Werte mitzunehmen. Historische Stresstests legen nahe, dass diese Strategie mit Silber funktioniert: Weder in den 1970er-Jahren noch 2008 noch 2020 hätte ein 5- bis 10-prozentiger Silberanteil das Portfolio ruiniert – im Gegenteil, jeweils nach kurzer Zeit hätte er das Gesamtvermögen erheblich gesteigert.

Fazit

Silber als Bestandteil der Barbell-Strategie kann dem Anleger helfen, sein Portfolio robuster und zugleich chancenreicher aufzustellen. Durch die strikte Trennung von Sicherheit und Spekulation nach Talebscher Manier ermöglicht die Hantel-Strategie, die Antifragilität des Depots zu erhöhen – das heißt, von Ungewissheit eher zu profitieren als geschädigt zu werden. Silber spielt dabei eine doppelte Rolle: als realer Wert zur Absicherung gegen extreme Risiken und als spekulative Beimischung mit erheblichem Upside-Potenzial. In Kombination mit anderen Vermögenswerten wie Gold, Cash, Krypto oder Rohstoffaktien lässt sich so ein ausgewogenes Gefüge schaffen, das in guten Zeiten solide bleibt und in schlechten Zeiten möglicherweise ungeahnte Stärke entwickelt. Letztlich verdeutlicht die Einbindung von Silber in die Barbell-Strategie den philosophisch-strategischen Ansatz Talebs: Gegen das Unbekannte gewappnet zu sein, ohne auf die Chancen des Unvorhersehbaren verzichten zu müssen. Mit einer solchen Aufstellung kann man gelassen in die Zukunft blicken – bereit für das Beste wie für das Schlimmste, wenn der nächste Silberboom kommt.

KAPITEL 14

Silber im Rahmen der Drei-Speichen-Regel

Die sogenannte Drei-Speichen-Regel ist ein antiker Grundsatz der Vermögensaufteilung mit über 1600 Jahren Geschichte. Ursprünglich im jüdischen Kulturkreis verankert, besagt diese Regel vereinfacht: »Man soll sein Vermögen stets in drei Teile teilen: ein Drittel Land, ein Drittel Handelswaren und ein Drittel bar zur Hand.« In diesem Kapitel wird beleuchtet, was diese Aufteilung zur Zeit ihrer Entstehung bedeutete – also in der ursprünglichen Auslegung vor über anderthalb Jahrtausenden – und welche Rolle Silber darin spielte. Es geht dabei um

- den historischen, Kontext der Regel in der Finanztradition,
- die Römischen drei Vermögensspeichen,
- die Einordnung von Silber in dieses System,
- seine Bedeutung als Liquiditätsreserve in Krisenzeiten,
- den Nutzen der Gleichverteilung zur Risikominimierung sowie
- die dahinterstehende philosophisch-ethische Idee einer weisen und ausgewogenen Vermögensführung.

Ursprung und Originalbedeutung der Drei-Speichen-Regel

Die Wurzeln der Drei-Speichen-Regel liegen in der Spätantike. Überliefert ist sie im Babylonischen Talmud, der zentralen Schrift des rabbinischen Judentums, niedergeschrieben etwa im 4./5. Jahrhundert n. Chr.[562] Genannt wird dort der Rat des Rabbi Jitzchak bar Aha, sein Vermögen gleichmäßig in drei Teile aufzuteilen: »ein Drittel Land, ein Drittel Handelswaren und ein Drittel Geld griffbereit«.[563] Diese einfache Formel war seinerzeit eine Antwort auf die Unsicherheiten und Bedürfnisse des Wirtschaftslebens. Im Nahen Osten der Antike – ob in Babylon, im Römischen Reich oder in anderen Regionen – war das finanzielle Umfeld von Risiken wie Kriegen, politischen Umwälzungen und Marktschwankungen geprägt. Die Talmudregel legte einen ausgewogenen Vermögensmix nahe, der in guten Zeiten Wachstum ermöglicht und in schlechten Zeiten vor dem Totalverlust schützt.[564] Es handelt sich also um eines der ältesten schriftlich fixierten Diversifikationsprinzipien der Welt – lange vor modernen Portfolio-Theorien –, entstanden aus praktischer Erfahrung und kluger Beobachtung der Wirtschaft in der Antike.

Interessant ist, dass ähnliche Diversifikationsideen auch schon in früheren Traditionen anklingen. So findet sich etwa im biblischen Buch Kohelet (Prediger) der Rat, seinen Besitz auf sieben oder acht Teile zu verteilen, da man nie wisse, welches Unglück eintreffen könne.[565] Solche Ratschläge zeigen, dass Risikostreuung als Konzept bereits im Altertum verstanden wurde. Die Drei-Speichen-Regel des Talmud konkretisierte diese Idee und sprach von drei Anlagekategorien, was ihr einen besonderen Platz in der Finanzgeschichte verleiht. Ihre Originalbedeutung liegt darin, Vermögen fest zu strukturieren und damit gegen alle Eventualitäten abzusichern – ein Ansatz, der von babylonischen Händlern bis zu jüdischen Gelehrten als zeitlos gültig erachtet wurde.[566] Dabei ging es ausdrücklich um die klassische damalige Wirtschaftsrealität, nicht um abstrakte Quoten oder moderne Finanzinstrumente. Kurz: Die Regel war ein pragmatischer Leitfaden, wie man im alten Weltbild seinen Besitz weise ordnet, um sowohl Prosperität als auch Sicherheit zu gewährleisten.

Die drei traditionellen Speichen des Vermögens

Traditionell umfasste das Vermögen nach dieser Lehre drei Arten von Werten, sinnbildlich als Bereiche zwischen den Speichen eines Rades dargestellt. Jeder Bereich stand für eine Kategorie von Besitz, die unterschiedlichen Charakter hatte. Diese drei Kategorien sind im Einzelnen:

1. Unbewegliches Vermögen (Substanzwerte): Hierunter fiel vor allem Landbesitz – zum Beispiel Ackerland, Gärten, Weinberge – und gegebenenfalls damit verbundene Immobilien wie Häuser. Solcher Besitz galt als greifbare, dauerhafte Substanz. Land verlor niemals komplett seinen Wert und bot eine gewisse Grundsicherheit, da es – im Gegensatz zu Geld – nicht einfach verschwinden konnte. Ein Stück fruchtbares Land konnte Erträge abwerfen (Ernte, Pacht) und stellte einen realen Wert dar, der Generationen überdauerte. Allerdings war Land illiquide und seine Rendite eher bescheiden; der Besitz brachte Stabilität, jedoch kein rapides

Wachstum des Vermögens.[567] Nicht umsonst hieß es schon in biblischer Zeit, dass einer der größten Reichtümer eines Mannes sein Grund und Boden sei.[568]

2. Bewegliches Vermögen (Handels- und Ertragswerte): Dazu zählten alle mobilen Werte, die man zur Vermögensmehrung einsetzen konnte – vor allem Handelswaren, Warenbestände und auch Viehherden als lebendes Kapital.[569] In der Agrar- und Handelsgesellschaft der Antike waren Tierbestände (zum Beispiel Schaf- oder Rinderherden) und Waren (Gewürze, Stoffe, Metalle et cetera) typische Formen von Reichtum, die man bewegen, tauschen oder verkaufen konnte. Tatsächlich bestanden die großen Reichtümer patriarchaler Familien in biblischer Zeit vor allem aus Vieh und Edelmetall – im alten Orient galten Herden als wichtigste Reichtumsform, ergänzt durch Silber und Gold als Tauschmittel.[570] Bewegliches Vermögen dieser Art hatte den Vorteil, Ertrag zu generieren: Handelsgüter konnten mit Gewinn verkauft werden, Vieh vermehrte sich oder lieferte Produkte (Milch, Wolle). Im Gegensatz zu Land konnte man mit Handelsgeschäften also aktiv Gewinne erwirtschaften.[571] Bewegliche Vermögensteile bildeten somit die dynamische Speiche des Rades, die Wachstum ermöglichte, aber ständiger Aufmerksamkeit bedurfte.

3. Liquide Mittel (Barmittel und Edelmetalle): Die dritte Kategorie umfasste flüssiges Vermögen, also sofort verfügbare Geldmittel. In der Antike bedeutete dies vor allem Edelmetallgeld – insbesondere Silbermünzen (und zu einem Teil auch Goldmünzen) sowie andere schnell einlösbare Forderungen. Bargeld im heutigen Sinne (Papiergeld oder Bankguthaben) gab es nicht; stattdessen erfüllten Silber und Gold die Funktion des allgemeinen Zahlungsmittels. Etwas »bar zur Hand« zu haben, bedeutete also, einen Vorrat an Münzen oder Barren aus Edelmetall griffbereit zu besitzen. Solche liquiden Reserven waren jederzeit einsetzbar – sei es für spontane Gelegenheiten, für dringende Ausgaben oder um Verluste in anderen Bereichen auszugleichen. Im Unterschied zu Land oder Waren brachten gehortete Münzen zwar keinen laufenden Ertrag, galten aber als nahezu risikolos in dem Sinne, dass sie ihren nominalen Wert behielten und unmittelbar verfügbar waren.[572] Diese Liquidität verschaffte ihrem Besitzer Handlungsfreiheit und erhöhte die Krisenfestigkeit des Gesamtvermögens. Kurz gesagt fungierte Edelmetallgeld als Sicherheitsnetz und Notgroschen: Es war das universelle Tauschmittel, das in jeder Lage akzeptiert wurde, und damit als ultimative Reserve geeignet war. Nach Aussage von Finanzhistorikern existiert diese monetäre Rolle von Gold und Silber bereits seit Jahrtausenden – sie gehören gewissermaßen zu den ältesten Weltwährungen der Geschichte.[573]

Jede dieser drei Speichen erfüllte somit im klassischen Verständnis einen bestimmten Zweck. Land stand für Beständigkeit und Greifbarkeit, Handelskapital für Wachstum und Gewinnstreben, flüssige Mittel für Flexibilität und Sicherheit. Wichtig war, dass ein ausgewogenes Gleichgewicht zwischen allen dreien gehalten wurde – denn nur so konnten sich ihre Vorzüge entfalten und die Nachteile gegenseitig ausgeglichen werden. Genau hierin liegt das Wesen der Drei-Speichen-Regel: Diversifikation des Besitzes in unterschiedliche Formen, um von den jeweiligen Stärken zu profitieren und die Risiken zu streuen.

Silber als Bestandteil der ursprünglichen Systematik

Betrachten wir speziell die Rolle des Silbers in diesem Drei-Speichen-Modell. Silber gehörte eindeutig zur dritten Speiche, den liquiden Mitteln. In der Welt von vor 1600 Jahren (und lange davor) war Silber eines der wichtigsten Geldmetalle. Tatsächlich war das Wort »Silber« in vielen Sprachen synonym für Geld – so bedeutet das hebräische *kesef* ursprünglich Silber und wurde im täglichen Gebrauch gleichbedeutend mit Geld, weil Silber das vorherrschende Zahlungsmittel war.[574] Ähnliches findet sich im Lateinischen (*argentum* = Silber, *argentarii* = Geldwechsler) und in modernen Sprachen wie Französisch (*argent* = Geld).[575] Dies verdeutlicht bereits, dass Silber in der ursprünglichen Systematik ganz selbstverständlich als Bargeldersatz betrachtet wurde.

Historisch gesehen dominierte Silber das alltägliche Geldwesen viel stärker als Gold. In der Antike prägten nahezu alle großen Kulturen Silbermünzen für den Zahlungsverkehr: Die Griechen nutzten zum Beispiel ihre Silberdrachmen als weithin beliebte Handelsmünzen, im Perserreich zirkulierte der Silber-Siglos, und Rom verwendete über Jahrhunderte den Silberdenar als Währung.[576] Goldmünzen gab es zwar ebenfalls, doch waren sie wegen ihres hohen Wertes meist für Großgeschäfte, Schätze oder Staatsschätze reserviert. Silber hingegen war das »Arbeitstier« des Geldwesens – es handelte sich um das übliche Zahlungsmittel für Handel, Steuern und Löhne. So entsprach im klassischen Griechenland eine Drachme etwa dem durchschnittlichen Tageslohn eines Arbeiters, was zeigt, dass Silbermünzen die Einheit des täglichen Wirtschaftslebens waren.[577]

In der Praxis bedeutete dies: Wer der Drei-Speichen-Regel folgte, hielt typischerweise einen Teil seines Vermögens in Form von Silbermünzen. Dabei handelte es sich oft um lokale Prägungen (etwa Denare, Schekel, Dirhem et cetera), die im eigenen Land gültig, aber auch darüber hinaus akzeptiert waren, da der Metallwert überall geschätzt wurde.[578] Silber ließ sich bei Bedarf rasch in Waren eintauschen oder als Zahlungsmittel auf Reisen mitführen. Außerdem war es teilbar – man konnte auch kleinere Beträge leicht darstellen (im Gegensatz zu Land, von dem man nicht einfach ein Stück verkaufen konnte, oder einer Herde Vieh, die man nicht beliebig halbieren konnte, ohne Wert zu verlieren).[579] Silber vereinte also gleich mehrere wichtige Eigenschaften: Es war universell begehrt, gut transportierbar und leicht gegen Güter oder Dienste einzutauschen.

Dabei war Silber nicht nur in Form von Münzen relevant. Auch Schmucksilber (zum Beispiel Gefäße, Schmuckstücke) konnte im Notfall als Wertreserve dienen, die eingeschmolzen oder gehandelt werden konnte.[580] Dennoch lag der Fokus der klassischen Drei-Speichen-Lehre auf Silber als Geldmetall, nicht in Form von Schmuck. Man hielt Silber explizit als Liquiditätsreserve vor – im sprichwörtlichen Sinne ein Notpolster, auf das man jederzeit zurückgreifen konnte. Zeitgenössische Quellen und Funde bestätigen diese Rolle: Archäologen entdecken immer wieder Verstecke mit Silbermünzen aus Krisenzeiten, die zeigen, dass Menschen ihr Silber vergruben oder versteckten, um es über Gefahren hinwegzuretten.[581] Solche »Schatzfunde« stammen häufig aus Phasen von Krieg oder Unruhe und illustrieren genau den Gedanken der Drei-Speichen-Regel: Wenn alles andere versagt, bietet Silber noch Halt.

Zusammenfassung

Silber spielte in der ursprünglichen Systematik der Drei Speichen den Part der sofortigen Liquidität und Mobilität. Es war der Vermögensanteil, der im täglichen Leben zirkulierte, der aber auch in der Kasse blieb, um bei Gelegenheit oder in Notsituationen eingesetzt zu werden. Indem man einen Teil seines Besitzes in Silber hielt, war man für alle Eventualitäten gerüstet – sei es ein Geschäft, das sich plötzlich bot und Bargeld verlangte, oder eine Flucht, bei der man nur das mitnehmen konnte, was in eine Tasche passt. Silber war in gewisser Weise das Schmiermittel der Wirtschaft und zugleich das Notfallreservoir. Kein Wunder also, dass es fester Bestandteil der klassischen Vermögensaufteilung war.

Silber als Liquiditäts- und Mobilitätsreserve in Krisenzeiten

Eine besondere Stärke von Silber (und Gold) im Rahmen der Drei-Speichen-Regel zeigte sich stets in Krisenzeiten. In politischen oder wirtschaftlichen Umbrüchen konnten Grundbesitz und Handelsgüter schnell an Wert verlieren oder gar verloren gehen – doch Edelmetalle boten einen letzten Anker. Historisch haben Silber und Gold in praktisch jeder Krise als konstante Wertversicherung gedient. Ob in Zeiten von Krieg, Vertreibung oder Währungsreformen: Wer rechtzeitig in ein Edelmetall flüchten konnte, bewahrte zumindest einen Teil seines Vermögens.[582]

Man stelle sich eine typische Notsituation in der Antike oder im Mittelalter vor: Eine Region wird von Krieg überzogen, der Boden verwüstet, die Städte geplündert. Ein Landbesitzer sieht seine Felder zerstört – das erste Drittel (Land) ist gefährdet. Ein Kaufmann bleibt auf seinen Waren sitzen oder verliert sie an marodierende Truppen – das zweite Drittel (Handelsgüter) erleidet Schaden. Doch das dritte Drittel in Form von Silber und Gold kann der Besitzer vielleicht retten.[583] Edelmetall konnte man verstecken oder auf der Flucht mitnehmen, ohne abhängig von Infrastruktur zu sein. Es ließ sich vergraben und Jahre später wieder ausgraben, oder in Kleidung eingenäht über Grenzen schmuggeln.[584] Viele Flüchtlinge und Vertriebene haben in der Geschichte genau dies getan – ihr tragbares Vermögen an Münzen und Schmuck ermöglichte ihnen den Neuanfang in der Fremde. Ein bekanntes Beispiel: Während der jüdischen Vertreibungen im Mittelalter und der Frühen Neuzeit konnten jüdische Familien oft nur ihr Gold und Silber mitnehmen, da Immobilien zurückgelassen werden mussten.[585] Ähnliches gilt für Adels- oder Händlerfamilien in Revolutionszeiten, die ihre Wertgegenstände in Sicherheit brachten, als alles andere konfisziert wurde.

Silber hatte hierbei den Vorteil, dass es in kleinen Einheiten transportierbar war. Gold war zwar wertvoller pro Gewicht und daher besser geeignet, um größeren Reichtum unauffällig zu verstecken oder über Grenzen hinweg zu retten – ein paar eingenähte Goldmünzen konnten ein kleines Vermögen darstellen.[586] Silbermünzen hingegen spielten ihre Stärke im Alltag aus: Sie waren die gängige Umlaufwährung in vielen Kulturen, in praktischen Stückelungen vorhanden und fast überall akzeptiert. Wer also unterwegs kleinere Ausgaben bestreiten musste, reiste mit Silber als praktischer Reisekasse, während Gold eher als konzentrierte Wertreserve diente. Zudem eignete sich Silber besser für den Alltagsgebrauch nach der Krise: Nach einer Flucht musste man Nahrung, Unterkunft und Werkzeuge beschaffen – dafür waren Silbermünzen praktischer, da ihr Wert nicht zu hoch war, um damit gewöhnliche Dinge zu bezahlen.[587] So diente Silber nicht nur als gespeicherter Wert, sondern unmittelbar als Tauschmittel zum Überleben.

Auch in wirtschaftlichen Krisen – zum Beispiel bei einer schweren Inflation oder Währungskrise – bewährte sich Silber traditionell als Schutz. Wenn etwa eine staatliche Währung verfiel, flüchteten die Menschen seit jeher in hartes Metall. In der römischen Antike, als die Denare gegen Ende des Imperiums immer weniger Silber enthielten (Inflation durch Münzverschlechterung), behielt reines Silber seinen Wert und war begehrt. Im Mittelalter, als Münzverschlechterungen oder Währungsumstellungen vorkamen, war das gehortete Silber die »harte« Alternative zum entwerteten Zählgeld.[588] Und in jüngerer Zeit – auch wenn das über die Epoche dieses Kapitels hinausgeht – sieht man ein ähnliches Phänomen: In jeder Hyperinflation oder Währungskrise (sei es 1923 in Deutschland oder anderswo) suchten die Menschen Zuflucht in Gold und Silber.[589] Edelmetalle fungieren in Krisen als wertbeständige Parallelwährung, die nicht von der Regierung gedruckt und dadurch entwertet werden kann.

Die Drei-Speichen-Regel hatte solche Szenarien implizit im Blick. Wer sein Vermögen zu einem Drittel in Edelmetall hielt, konnte mit relativer Gelassenheit selbst harten Umbrüchen entgegensehen. Zwar konnte auch Silber gestohlen werden oder verloren gehen, doch war die Chance, wenigstens diesen Teil zu retten, weitaus höher. Gleichzeitig bot das Metall in unsicheren Zeiten oft sogar zusätzliche Chancen: Während andere vielleicht ihr Land unter Wert verkaufen mussten oder ihre Waren gegen entwertetes Geld tauschten, konnte derjenige mit Silber günstig Vermögenswerte erwerben. Beispielsweise berichteten Chronisten, dass in Hungerkrisen Grundstücke für Silberstücke verschleudert wurden – wer also liquide in Silber war, konnte nach der Krise unterbewertetes Land kaufen und seinen Besitzstand wieder ausbauen.[590] Silber war somit nicht nur eine defensive Reserve, sondern auch ein flexibles Instrument, um auf Krisen strategisch zu reagieren.

Zusammenfassung

Silber erwies sich im Laufe der Jahrhunderte als ultimative Krisenversicherung im Sinne der Drei-Speichen-Regel. Es verkörperte Mobilität (man konnte es mitnehmen, wohin man auch ging) und Liquidität (man konnte es sofort einsetzen). Gewissermaßen bietet Silber damit einen Existenzschutz, wenn ein normales Wirtschaften gerade nicht möglich ist oder auch der eigene Wohnsitz gefährdet ist. Damit erfüllt es perfekt die Absicht der Regel: selbst im Ernstfall handlungsfähig zu bleiben und einen Neuanfang finanzieren zu können. Diese Erkenntnis – in historischen Berichten und Erfahrungen immer wieder bestätigt – trägt wesentlich dazu bei, dass die alte Regel als weise und vorausschauend betrachtet wurde.

Gleichverteilung als Prinzip: Diversifikation und Risikoausgleich

Die gleichmäßige Verteilung des Vermögens auf die drei Speichen war im damaligen Weltbild der Schlüssel zur Stabilität. Indem je ein Drittel in Substanz, Ertrag und Liquidität gehalten wurde, sollte sichergestellt sein, dass keine dieser Säulen vernachlässigt wurde. Jede Kategorie – Land, Handelsgut, Bargeld – brachte unterschiedliche Vorteile, aber auch Risiken mit sich, wie oben beschrieben. Durch die Aufteilung zu gleichen Teilen wurde ein natürlicher Risikopuffer geschaffen: Die Vermögensteile entwickelten sich idealerweise unabhängig voneinander und wiesen eine geringe Korrelation zueinander auf.[591] Fiel einer mal aus oder geriet er in eine Krise, konnten die anderen das auffangen.

Die talmudischen Weisen haben diese Logik implizit begriffen. Spätere Kommentatoren wie der Gelehrte Maharsha analysierten sie auch explizit: Land hat geringes Risiko, bietet aber auch eine geringe Rendite; Warenhandel verspricht eine hohe Rendite, trägt aber auch ein hohes Risiko; Barmittel (Silber/Gold) haben nahezu kein Ausfallrisiko und sind jederzeit verfügbar, werfen aber von sich aus keine Erträge ab. Genau deshalb, so Maharsha, riet Rabbi Jitzchak zum ausgewogenen Portfolio – ein Drittel in jeder Klasse, um das Gesamtvermögen auszubalancieren.[592] Modern gesprochen erreicht man dadurch eine Diversifikation über verschiedene Asset-Klassen, die eine Optimierung des Chance-Risiko-Profils bewirkt. Die drei Teile reagieren auf äußere Umstände oft unterschiedlich: Ein Missernteјahr trifft das Land, lässt aber vielleicht die Getreidepreise steigen, was Händlergewinne kompensieren kann; ein Handelsverlust schmerzt, aber Grund und

Boden bleiben dennoch wertvoll; eine Währungsreform entwertet das Bargeld, doch Sachwerte wie Land und echte Werte wie Silber behalten ihre Kaufkraft. So ergibt sich ein Risikoausgleich durch Diversifikation, wie ihn die Drei-Speichen-Regel beabsichtigte. Im Ergebnis wird das Vermögen robuster gegenüber dem unerwarteten Schlag des Schicksals – ganz nach dem Motto: »Lege nicht alle Eier in einen Korb.«

Wichtig war zudem das dynamische Gleichgewicht der drei Vermögensanteile. Die Regel implizierte, dass man von Zeit zu Zeit nachjustiert, um die Drittelung zu erhalten. Wenn eine Speiche übermäßig groß wurde – etwa durch Gewinne im Handel oder Wertzuwächse beim Land – dann sollte man einen Teil der Gewinne entnehmen und in die anderen Bereiche umschichten, um wieder auf jeweils ein Drittel zu kommen. Die alten Kaufleute nannten dies sinnbildlich das »Drehen des Rades«: Man lässt das Vermögensrad rotieren, indem man bei Bedarf das Gewicht von einer Speiche auf die anderen verteilt. Dadurch nahm man Gewinne rechtzeitig mit und verhinderte, dass ein Bereich zu dominant (und damit riskant) wurde.[593] Diese Praxis entspricht genau dem zweiten Grundprinzip erfolgreicher Anlage: neben der Risikostreuung auch den richtigen Moment zur Gewinnmitnahme zu erkennen. Die Drei-Speichen-Regel vereinte somit zwei Aspekte: statische Diversifikation und dynamisches Rebalancing. Beides trug zur Stabilisierung bei – das Vermögen blieb immer im ausgewogenen Verhältnis und konnte so auf Dauer wachsen, ohne einseitigen Risiken ausgesetzt zu sein.

Die Gleichverteilung in je ein Drittel hatte noch einen weiteren psychologischen Effekt: Sie disziplinierte die Person, die sie anwendete, dazu, Maß zu halten. Anstatt gierig alles in das momentan profitabelste Abenteuer zu stecken oder aus Angst alles im Tresor zu horten, zwang die Regel zu einer gemäßigten, ausgewogenen Strategie. Dieses disziplinierte Vorgehen schützte vor extremen Ausschlägen – das Rad der Fortuna sollte eben rund laufen und nicht eiern.[594] Im damaligen Verständnis war dies der klügste Weg, um Vermögen über lange Zeit zu bewahren. Viele Sprichwörter und Lehrsätze jener Epoche laufen auf genau diese Balance hinaus: vom Gleichnis der sieben fetten und sieben mageren Jahre (was Vorsorge für schlechte Zeiten lehrt) bis zur schon erwähnten Weisheit, den Besitz auf viele Teile zu streuen.[595] Die Drei-Speichen-Regel war die konkrete handlungsleitende Vorgabe zur Umsetzung dieser Ideen.

Philosophisch-ethischer Hintergrund: Klugheit, Gerechtigkeit und Stabilität

Jenseits der finanziellen Zweckmäßigkeit galt die Drei-Speichen-Regel im antiken Weltbild auch als ethisch klug und gerecht. Die Talmudgelehrten präsentierten solche Ratschläge nicht bloß als nüchterne Finanztipps, sondern betteten sie in einen ganzheitlichen Lebensentwurf ein. Das Rabbi Jitzchaks Dreiteilung überhaupt im Talmud – einem primär religiös-juristischen Werk – erwähnt wird, zeigt, dass das Judentum die Verteilung des Vermögens als Teil der verantwortungsvollen Lebensführung ansah.[596] Spätere jüdische Autoritäten haben die Drei-Speichen-Regel zwar nicht als bindendes Gesetz, aber doch als empfehlenswerte Leitlinie in ihren Schriften aufgeführt.[597] Das Befolgen dieser Regel wurde somit als Ausdruck von Weisheit und Umsicht verstanden, nahezu als Tugend eines vorausschauenden Menschen.

In der jüdischen Ethik jener Zeit galt Reichtum nicht als etwas von Grund auf Verwerfliches – im Gegenteil wird in rabbinischen Kommentaren betont, dass materieller Wohlstand dem Frommen die Möglichkeit gibt, Gutes zu tun.[598] Allerdings wurde betont, dass Geld eine Prüfung darstellt: Man könne es edel oder falsch einsetzen. Die Drei-Speichen-Regel half dem Einzelnen, dieser Verantwortung gerecht zu werden. Klug und gerecht im alten Sinne bedeutete nämlich, sein Vermögen weder leichtsinnig aufs Spiel zu setzen noch ungenutzt brach liegen zu lassen. Die ausgewogene Drittelung konnte man als Akt der Mäßigung verstehen – eine Art Mittelweg zwischen Gier und Angst.[599] Klug war sie, weil sie dem Menschen und seiner Familie Sicherheit gab; gerecht (im Sinne von angemessen und rechtschaffen) war sie, weil sie dem Wohl aller diente: Wer finanziell solide aufgestellt ist, wird nicht so schnell zur Last für andere und kann eher anderen helfen. Indem man ein Drittel in Liquidität hält, ist man etwa in der Lage, Almosen zu geben oder zinslose Darlehen an Bedürftige zu gewähren, ohne selbst in Not zu geraten – ein Aspekt, der in der jüdischen Tradition von Zedaka (Wohltätigkeit) durchaus mitschwingt.[600] Ebenso vermeidet jemand, der nur ein Drittel seines Kapitals im riskanten Handel hat, eine ungerechte Konsequenz von Überschuldung oder Insolvenz, die Gläubiger und Familie mit in den Abgrund reißen könnte.[601] In diesem Sinne förderte die Regel eine gerechte Balance zwischen Eigennutz und Verantwortung gegenüber Gemeinschaft und Gott.

Manche Ausleger gingen sogar noch weiter und sahen in der Dreiheit der Vermögensarten eine symbolische Entsprechung zu höheren Prinzipien. Der chassidische Lehrer Rabbi Nachman von Breslov (1772–1810) etwa interpretierte die drei Speichen allegorisch als Hinweise auf spirituelle Werte: Das Land stehe dafür, dass sowohl die Erträge des Ackers als auch geistiger Gewinn nur durch beständige Arbeit und Mühe zustande kommen – es erinnert den Menschen daran, dass Segen (materiell wie spirituell) Engagement erfordert. Die Handelsware (bewegliches Vermögen) symbolisiere die Bedeutung von zwischenmenschlicher Kooperation, denn Handel verbindet Menschen über Regionen hinweg – kein Kaufmann gewinnt allein, er braucht Partner und Kunden, was an die Tugend der Eintracht und Zusammenarbeit mahnt.[602] Und das Bargeld in der Hand schließlich stehe für die Idee, dass der Mensch zwar frei ist, über sein Geld zu verfügen, aber diese Freiheit immer unter dem Vorbehalt des höheren Willens steht – letztlich liegt alles in Gottes Hand, und der liquide Teil des Vermögens erinnert an die Unberechenbarkeit und Gnade des Schicksals.[603] Diese tiefsinnigen Deutungen mögen auf den ersten Blick weit von der schnöden Finanzregel entfernt sein, doch sie zeigen, wie harmonisch, gerecht und stabil die Dreiteilung auch im moralischen Verständnis galt: als Abbild einer göttlichen Ordnung, in der Ausgewogenheit herrscht.

Schließlich ist noch die Langzeitperspektive zu erwähnen, in der die Drei-Speichen-Regel als stabil wahrgenommen wurde. Über Generationen hinweg hat sich gezeigt, dass diese Strategie Vermögen tatsächlich erhalten konnte. In der Tat wurde berichtet, dass viele wohlhabende Familien – ob Händlerdynastien, Adelsgeschlechter oder Gemeinwesen – ihren Reichtum über Jahrhunderte bewahrten, weil sie stets auf die Dreiteilung achteten.[604] Die Regel galt als Erfolgsgeheimnis alter Handelshäuser: Diversifiziere und teile auf, dann wirst du nicht arm. Selbst in schriftlichen Zeugnissen aus dem Mittelalter findet sich der Grundgedanke wieder, und man weiß, dass etwa jüdische Kaufleute in Babylon, Armenier in der Diaspora oder überseeische chinesische Händler ähnliche Aufteilungen praktizierten – was als Schlüssel zu ihrem langfristigen Erfolg betrachtet wurde.[605] Diese empirische Bewährung über so lange Zeiträume verlieh der Regel einen normativen Charakter: Was sich so oft als richtig erwiesen hatte, das wurde geradezu als Weisheit angesehen. Und Weisheit – *Chokmah* im Hebräischen, die Fähigkeit klug und richtig zu handeln – hat im philosophisch-ethischen Denken der Antike höchsten Stellenwert.[606]

Zusammenfassung

Die Drei-Speichen-Regel verkörpert in ihrem ursprünglichen Verständnis eine Verbindung von Pragmatismus und Prinzipientreue. Sie ist pragmatisch, weil sie handfeste Ratschläge zur Vermögenssicherung und Risikominimierung gibt. Sie ist aber auch prinzipientreu, weil sie auf den Wert der Ausgewogenheit verweist – einem Wert, der als »gerecht und stabil« galt und dem Menschen half, ein tugendhaftes, vorausschauendes Leben zu führen. Im Kontext eines Buches über Silber lässt sich festhalten: Silber spielte in dieser alten Regel eine unverzichtbare Rolle als Sicherheitsanker und ist damit ein Zeugnis dafür, wie klug die frühen Finanzdenker bereits das Potenzial des Edelmetalls erkannten. Die ursprüngliche Drei-Speichen-Regel lehrt uns also nicht nur historisch Interessantes, sondern vermittelt einen zeitlosen Grundsatz: Beständiger Wohlstand beruht auf Diversifikation in Sachwerte, Ertragsquellen und liquide Reserven – eine Einsicht, die bis heute Gültigkeit hat und gerade in unsicheren Zeiten nichts von ihrer Bedeutung verloren hat.

KAPITEL 15

Was Silber-Anleger vom Gold lernen können

Gold fasziniert die Menschheit seit Jahrtausenden und hat sich als zeitloser Wertspeicher etabliert. Silber hingegen wird oft als »Gold des kleinen Mannes« bezeichnet. Obwohl Silber in vielen Phasen eine überragende Wertentwicklung zeigen kann, steht es meist im Schatten des Goldes. Für Silber-Anleger kann es daher äußerst lehrreich sein, einen Blick auf Gold zu werfen. Welche bewährten Strategien und Erfahrungen aus dem Gold-Investment lassen sich auf Silber übertragen? Wo liegen die Unterschiede zwischen den beiden Edelmetallen bei der Geldanlage? Und welche Anlegerfehler rund um Gold bieten wertvolle Lektionen für Silberinvestoren? Das vorliegende Kapitel liefert fundierte, sachliche Antworten auf diese Fragen und zeigt, was Silberanleger von der »Leitwährung« Gold lernen können.

Klassische Goldstrategien – übertragbar auf Silber

Viele Strategien, die sich im Umgang mit Gold bewährt haben, lassen sich auf Silber anwenden. Im Folgenden einige klassische Ansätze von Goldanlegern, die auch Silberinvestoren berücksichtigen sollten:

Physischer Besitz und sichere Lagerung: Gold-Anleger setzen traditionell auf handfeste Werte – Münzen und Barren zum Anfassen. Physisches Gold bietet greifbare Sicherheit, da es kein Emittenten- oder Kontrahentenrisiko gibt.[607] Ebenso können Silberinvestoren erwägen, einen Teil ihres Investments in Form von Silbermünzen oder -barren zu halten. Wichtig dabei ist die sichere Lagerung der Edelmetalle. Bewährte Optionen sind Bankschließfächer, spezialisierte Edelmetalldepots oder ein hochwertiger heimischer Tresor.[608] Bei der Lagerung müssen Sicherheit und Kosten abgewogen werden – ein Prinzip, das für Gold wie Silber gleichermaßen gilt.

Antizyklisches Investieren: Eine weitere Goldstrategie ist das antizyklische Vorgehen, also Kaufen bei Pessimismus und Verkaufen bei Euphorie. Bereits die Börsenlegende André Kostolany riet: »Kaufen, wenn die Kurse niedrig sind … und verkaufen, wenn die Kurse hoch sind.«[609] Goldanleger, die diesem Rat folgen, kaufen typischerweise in Phasen schwacher Preise oder negativer Marktstimmung hinzu – etwa wenn Edelmetalle allgemein unbeliebt sind – und nehmen in Boomphasen Gewinne mit. Dieses Prinzip lässt sich ebenso auf Silber übertragen. Gerade weil Gold und Silber Phasen von Über- und Untertreibungen durchlaufen, kann ein kühler Kopf und antizyklisches Handeln langfristig Erfolg bringen.[610] Silber neigt sogar zu stärkeren Ausschlägen, was für antizyklische Investoren Chancen, aber auch Risiken mit sich bringt.

Krisenvorsorge und Werterhalt: Gold gilt als klassisches Krisenmetall. In turbulenten Zeiten – von Finanzkrisen bis zu geopolitischen Konflikten – suchen Anleger Schutz im Gold, das wegen seiner Beständigkeit und Seltenheit geschätzt wird.[611] Es dient der Absicherung des Vermögens, da es unabhängig von Kreditversprechen funktioniert. Silber erfüllt eine ähnliche Funktion: Auch Silber ist ein Sachwert, der keinen Zahlungsversprechen Dritter unterliegt.[612] In extremen Krisen schätzen manche Investoren Silber sogar als praktischer ein, da Silbermünzen in kleinen Einheiten leichter handelbar sind und sich für alltägliche Tauschzwecke eher eignen.[613] Historische Beispiele – etwa aus Weltkriegszeiten – zeigen, dass Menschen Edelmetalle gegen Lebensmittel tauschten, wobei kleinere Einheiten oft vorteilhaft waren.[614] Wer also zur Vorsorge Edelmetalle hält, kann vom Goldanleger lernen: Eine durchdachte Mischung aus größeren (Gold-) und kleineren (Silber-)Einheiten sowie anderen Vorräten schafft Sicherheit in Ausnahmesituationen. Natürlich sollte niemand allein auf Edelmetalle setzen, aber als Teil eines Krisenvorsorge-Konzepts sind Gold und Silber bewährte Bausteine.[615]

Zusammenfassung

Physische Substanz, ein langer Atem und der Gedanke an Sicherheit prägen klassische Goldstrategien. Diese lassen sich – angepasst an die Eigenschaften von Silber – auch von Silberinvestoren erfolgreich nutzen.

Unterschiede zwischen Gold und Silber aus Anlegersicht

Trotz vieler Gemeinsamkeiten als Edelmetalle unterscheiden sich Gold und Silber in einigen wichtigen Punkten, die für Anleger relevant sind:

Volatilität und Marktdynamik: Gold zeichnet sich durch relativ geringe Preisschwankungen aus und gilt langfristig als stabilere Anlage. Silber dagegen ist deutlich volatiler. Der Silbermarkt ist viel kleiner als der Goldmarkt, wodurch bereits vergleichsweise geringe Kapitalbewegungen große Ausschläge auslösen können. In bestimmten Phasen, wenn Spekulanten den kleinen Silbermarkt für sich entdecken, erzielt Silber zwar überproportionale Gewinne, übertrifft also Gold deutlich. Doch diese Chancen gehen mit höheren Risiken einher: Silberpreise können in kurzer Zeit stark steigen, aber auch abrupt einbrechen. Gold bewegt sich oft ruhiger, was konservative Anleger bevorzugen. Silber ähnelt eher einem »High-Beta«-Gold, also einem Gold mit überdurchschnittlicher Volatilität – verstärkte Ausschläge in beide Richtungen gehören dazu.[616]

Industrielle Nachfrage versus monetärer Wert: Gold wird vor allem als Wertaufbewahrungsmittel und Investment gehalten (neben der Schmucknachfrage). Sein Preis hängt stark von Anlegerstimmung, Zentralbankkäufen und makroökonomischen Faktoren ab. Silber hingegen hat eine Doppelfunktion: Es ist teils Wertmetall, teils Industriemetall. Etwa die Hälfte der jährlichen Silberproduktion fließt in industrielle Anwendungen (Elektronik, Solarzellen, Medizin et cetera). Dadurch reagiert Silber stärker auf Konjunkturzyklen und wirtschaftliche Trends.[617] Wächst die Wirtschaft oder boomt die Solarindustrie, kann die Silbernachfrage (und damit der Preis) steigen; bei Abschwächung der Konjunktur fällt die industrielle Nachfrage und belastet den Preis. Gold ist weniger von der industriellen Konjunktur abhängig, es wird primär von Investoren als sicherer Hafen nachgefragt.[618] Dies macht Gold in Krisen oft robuster, während Silber in einer Rezession auch mal unter Druck geraten kann.

Marktgröße und Liquidität: Der Goldmarkt ist global, hochliquide und wird von Zentralbanken gestützt – viele Notenbanken halten erhebliche Goldreserven.[619] Silber wird von Zentralbanken heute kaum noch gehalten, was die Marktstütze durch offizielle Akteure geringer ausfallen lässt.[620] Das Fehlen dieser Akteure und der kleinere Markt sorgen dafür, dass Silber preislich anfälliger ist und stärker von spekulativen Positionen beeinflusst wird. Auf der anderen Seite besitzt Silber langfristig ein größeres Aufholpotenzial, wenn es gegenüber Gold als unterbewertet angesehen wird. Ein Beispiel, das diesen Umstand gut illustriert, ist die Gold-Silber-Ratio: Geologisch ist Silber etwa 17-mal häufiger als Gold, doch an den Märkten lag das Preisverhältnis zuletzt bei etwa 83 : 1.[621] Einige Anleger sehen darin eine Unterbewertung des Silbers gegenüber Gold. Allerdings kann dieses Verhältnis für lange Zeit so vermeintlich unbalanciert bleiben – ein Unterschied, den Silberanleger kennen sollten: Gold folgt eigenen Gesetzen, Silber aber auch.

Steuerliche Behandlung: In vielen Ländern – so auch in Deutschland und der EU – wird Anlagegold steuerlich begünstigt. Anlagegold (Barren mit Feingehalt ≥995/1000 und gängige Münzen) ist von der Mehrwertsteuer befreit. Silber dagegen unterliegt beim Kauf der vollen Mehrwertsteuer (in Deutschland 19 Prozent).[622]

Zwar gibt es legale Umgehungen (Differenzbesteuerung für Altbestände importierter Silbermünzen oder Lagerung in Zollfreilagern), doch in der Praxis bedeutet ein Silberkauf meist einen spürbaren Steueraufschlag auf den Preis.[623] Darüber hinaus sind Veräußerungsgewinne bei physischem Gold und Silber in Deutschland nach einer Haltezeit von mindestens einem Jahr steuerfrei.[624] Bei einem Verkauf innerhalb des ersten Jahres wären Gewinne hingegen einkommensteuerpflichtig (mit Freibetrag 1000 Euro). Für börsengehandelte Produkte (ETCs) gelten teils andere Regeln – zumeist unterliegen sie der Abgeltungsteuer, außer bei bestimmten physisch hinterlegten ETCs auf Gold oder auch Silber, deren Statuten einen Auslieferungsanspruch vorsehen.[625] Unterm Strich hat Gold aus Steuersicht Vorteile (keine Umsatzsteuer, einfache steuerfreie Veräußerung nach einem Jahr), während Silberanleger die Mehrwertsteuerproblematik berücksichtigen und gegebenenfalls langfristig denken müssen, um steuerliche Nachteile zu minimieren.

Fazit

Diese Unterschiede bedeuten nicht, dass eines der Metalle besser als das andere ist – sie erfüllen nur teils verschiedene Rollen. Gold bietet Stabilität, hohe Liquidität und wird vom Markt als ultimativer sicherer Hafen betrachtet. Silber punktet mit hoher Dynamik und Industrie-Bedeutung, was in bestimmten Phasen zu höheren Renditen führen kann. Ein informierter Anleger nutzt diese Eigenschaften: Er nutzt etwa Gold als Basisinvestment zur Absicherung und Silber als chancenreichere Beimischung, stets im Bewusstsein der höheren Schwankungsintensität.

Anlegerfehler und Mythen über Gold – Lektionen für Silberinvestoren

Rund um das Thema Gold gibt es einige verbreitete Vorstellungen, die nicht immer der Realität standhalten. Aus diesen Mythen und typischen Fehlern können Silberinvestoren viel lernen, um nicht in ähnliche Fallen zu tappen:

Mythos 1: »Gold ist immer sicher«, bietet also ein garantiertes Wertplus ohne Risiko. Viele unerfahrene Anleger wähnen Gold als unantastbaren sicheren Hafen, der niemals an Wert verliert. Die historische Realität zeichnet ein differenzierteres Bild. Zwar hat Gold langfristig seinen Ruf als wertbeständige Anlage untermauert, doch starke Preisschwankungen sind durchaus möglich. So fiel der Goldpreis nach seinem Hoch Anfang 1980 (damals bei rund 850 US-Dollar/Unze) über die folgenden 20 Jahre massiv – gegen Ende der 1990er-Jahre notierte Gold zeitweise nur noch bei rund 280 Dollar. Wer auf dem Höhepunkt der Gold-Hausse 1980 einstieg, brauchte zwei Jahrzehnte Geduld, um wieder schwarze Zahlen zu sehen.[626] In ähnlicher Weise verlor Gold zwischen 2011 und 2015 fast die Hälfte an Wert, bevor es sich erholte.[627] Lektionen für Silberanleger: Auch Silber ist keineswegs ein Selbstläufer. Gerade Silber unterliegt teils noch heftigeren Schwankungen. Anleger dürfen nicht davon ausgehen, dass der Preis für ein Edelmetall automatisch und jederzeit nur nach oben geht. Sicherheit bieten Gold wie auch Silber vor allem im Sinne von Kaufkrafterhalt über sehr lange Zeiträume – kurzfristig jedoch sind beide spekulative Anlagen mit erheblichen Risiken, wie auch neutrale Stellen betonen. Die Verbraucherzentrale etwa warnt, Gold sei trotz seines Rufes »alles andere als eine sichere Geldanlage«, da die Preise teils heftig schwanken.[628] Folgerichtig raten Experten, Edelmetalle nur dosiert ins Portfolio zu mischen (etwa 5 bis 10 Prozent des Vermögens in Gold).[629] Wer also in Silber investiert, sollte ebenfalls nie sein ganzes Kapital darauf setzen und sich der Risiken bewusst sein – scheinbare Sicherheit darf nie zu Sorglosigkeit verleiten.

Mythos 2: »Gold wirft keine Zinsen ab, also ist es unattraktiv.« Dieser oft gehörte Vorwurf – Gold habe keinen laufenden Ertrag – wird als Totschlagargument gegen Investments in das Edelmetall genutzt. Tatsächlich bringt Gold weder Zinsen noch Dividenden, genauso wenig wie Silber. Doch dieser Vergleich mit zinstragenden Anlagen greift zu kurz. Zum einen sind Nominalzinsen nichts wert, wenn sie unter der Inflationsrate liegen – und genau das war in den letzten Jahren oft der Fall.[630] Sparbücher und Tagesgeld warfen lange Zeit Zinsen unterhalb der Teuerungsrate ab, was real zu einem Vermögensverlust führte. Gold dagegen hat im selben Zeitraum erheblich an Wert gewonnen: Seit Beginn der großen Goldhausse 2001 hat sich der Goldpreis in der Spitze etwa versechsfacht.[631] Langfristig konnten Anleger mit Gold eine jährliche Wertsteigerung erzielen (durchschnittlich rund 3,5 Prozent pro Jahr über 40 Jahre, rund 6 Prozent pro Jahr über 20 Jahre) – und das bei geringer Korrelation zu anderen Anlagen, was in einem Portfolio wertvoll ist.[632] Entscheidend sind also Werterhalt und realer Zugewinn im Laufe der Jahre, nicht der fehlende Zinskupon. Zudem hängt die Attraktivität von Gold (und Silber) vom geldpolitischen Umfeld ab: In Niedrigzinsphasen steigt oft die relative Attraktivität von zinslosen Anlagen, da die Opportunitätskosten gering sind.[633] Steigen die Zinsen deutlich über die Inflationsrate, kann dies auf Gold drücken – aber selbst dann behalten viele Anleger Gold als Versicherung im Portfolio.[634] Die Lehre für Silberinvestoren: Auch Silber hat keinen laufenden Zins und liefert keinen Dividendenertrag. Das sollte aber nicht als Argument gegen Silber zählen, solange die Funktion klar ist: Edelmetalle dienen primär dem Vermögensschutz und der Diversifikation, weniger dem Einkommen. Wer sich nur auf laufende Erträge fokussiert, verkennt den Zweck von Gold und Silber als Versicherung gegen Währungsrisiken und Extremereignisse. Wichtig ist vielmehr, ob das Edelmetall seine Kaufkraft hält oder steigert – und hier hat Gold historisch überzeugt. Silber hatte ebenso Phasen spektakulärer Wertzuwächse, wenn auch volatil. Kurz gesagt: Ein fehlender Zins- oder Dividendenertrag ist kein Grund, auf Edelmetalle zu verzichten, solange die Gesamtstrategie stimmt.

Mythos 3: »Gold sollte man in Krisen kaufen.« Panikkäufe und -verkäufe sind leider häufig. Viele Goldanleger machen den Fehler, in der Panik einer Krise plötzlich teuer Gold zu kaufen, wenn der Preis schon hoch ist, nur um es später günstiger wieder zu verkaufen, wenn die Lage sich beruhigt und sie von der jüngsten Goldpreisentwicklung enttäuscht sind – das ist ein klassisches prozyklisches Verhalten, das unterm Strich zu Verlusten führt. Silberanleger können daraus lernen, antizyklisch vorzugehen (wie oben beschrieben), statt der Masse hinterherzulaufen.[635]

Mythos 4: »Sammlermünzen sind besonders lohnend.« Ein anderer Fehler ist die falsche Produktwahl: Unerfahrene Anleger kaufen mitunter überteuerte Sammlermünzen, Medaillen oder exotische Anlageprodukte mit hohen Gebühren, anstatt auf etablierte Bullion Coins oder Barren mit engem Spread zu setzen.[636] Goldanleger, die sich auskennen, vermeiden solche Ladenhüter –

Silberinvestoren sollten ebenfalls auf Liquidität und geringe Aufgelder achten. Schließlich gibt es den Mythos, man könne bei Gold (oder Silber) nichts falsch machen, weil es ja immer wertvoll bleibe. Dieser Glaube führt bisweilen zu Nachlässigkeit: Etwa lagern einige ihr Gold unversichert zu Hause an unsicheren Orten oder versäumen es, sich über den Markt zu informieren.[637] Die Realität ist: Auch beim Umgang mit Edelmetallen sind Wissen, Planung und Vorsicht vonnöten. Gold ist kein magisches Schutzschild gegen jeden Fehler – und das gilt für Silber gleichermaßen.

Was Goldanleger oft besser machen – und Silberinvestoren sich abschauen sollten

Erfahrene Goldanleger zeichnen sich durch bestimmte Verhaltensweisen und Prinzipien aus, die ihnen langfristig Erfolg und Stabilität sichern. Silberinvestoren können von diesen Best Practices profitieren:

Langfristiger Zeithorizont und Geduld: Typische Goldanleger denken in Jahren oder Jahrzehnten, nicht in Wochen. Sie wissen, dass Gold seine Stärken über lange Zeiträume ausspielt – nämlich Wert zu bewahren und in Krisen zu schützen – und jagen daher keinen kurzfristigen Trends hinterher.[638] Studien zeigen, dass der durchschnittliche Goldinvestor langfristig orientiert ist und keine kurzfristigen Spekulationsgewinne sucht.[639] Diese Ruhe und Geduld zahlt sich aus: Wer etwa die turbulenten frühen 1980er-Jahre oder die Korrektur 2013 bis 2015 aussitzen konnte, wurde später mit neuen Höchstständen belohnt.[640] Silberanleger sollten sich ähnlich wappnen: Aufgrund der höheren Volatilität ist ein langer

Atem bei Silber sogar noch wichtiger. Erfolgreiche Silberinvestoren verfolgen einen mehrjährigen Anlagehorizont und lassen sich von zwischenzeitlichen Ausschlägen nicht vom Grundkonzept abbringen.

Fokus auf Werterhalt und Diversifikation statt auf maximalen Gewinn: Goldanleger haben häufig das primäre Ziel, Werte zu erhalten, Kaufkraft zu sichern und das Gesamtportfolio robuster zu machen.[641] Kurzfristige Rendite steht nicht im Vordergrund. Dieses Mindset führt dazu, dass Gold in angemessener Gewichtung (zum Beispiel rund 5 bis 10 Prozent des Vermögens) beigemischt wird, um Risiken zu streuen, anstatt alles auf eine Karte zu setzen.[642] Goldfans schätzen die geringe Korrelation zu Aktien und Anleihen – in Börsencrashs oder bei Inflation entwickelt sich Gold oft gegenläufig und fängt Verluste anderer Anlagen ab.[643] Silberinvestoren können sich daran ein Beispiel nehmen: Statt Silber nur als Spekulationsobjekt zu betrachten, kann man es strategisch als Teil der Diversifikation einsetzen. Wichtig ist die richtige Dosis: Auch wer von Silber überzeugt ist, sollte es als Beimischung sehen, nicht als alleiniges Investment. Die Historie lehrt, dass eine vernünftige Aufteilung (Gold, Silber, andere Anlagen) das Chance-Risiko-Profil verbessert.[644] Goldanleger, insbesondere die erfolgreichen, bleiben bei ihrer Aufteilung diszipliniert – dieses disziplinierte Vorgehen schützt vor Übermut und Klumpenrisiken.

Disziplin und Sachlichkeit im Markt: Viele Goldinvestoren halten sich konsequent an ihre Strategie – sei es durch regelmäßige Ratenkäufe (Cost-Average-Effekt) oder durch strikte Buy-and-Hold-Mentalität.[645] Sie lassen sich weniger vom täglichen Auf und Ab nervös machen. Ein Grund dafür ist sicher, dass Goldkäufer oft einen klaren Zweck mit dem Investment verbinden (Krisenvorsorge, Inflationsschutz) und diesem Zweck treu bleiben.[646] Silberanleger neigen wegen der stärkeren Schwankungen manchmal eher dazu, impulsiv zu agieren – hier lohnt der Blick auf die Gelassenheit der Goldbesitzer. Diese informieren sich zwar über Marktbedingungen, treffen Entscheidungen aber auf Basis von Fakten und langfristigen Überlegungen, nicht aus Angst oder Gier. Auch behalten Goldanleger die Kosten im Blick: Sie vermeiden unnötig teure Produkte und lagern effizient.[647] Silberinvestoren sollten ähnlich nüchtern kalkulieren: Wer physisches Silber hält, muss Lagerkosten und Mehrwertsteuer einkalkulieren; wer stattdessen auf einen physisch hinterlegten ETC setzt, spart beides, trägt aber das Emittentenrisiko.[648] Anleger sollten ihre Positionen also so strukturieren, dass sie zu den eigenen Zielen passen.

Vertrauen in den inneren Wert: Goldanleger vertrauen darauf, dass Gold unabhängig von Moden oder Währungen einen inneren Wert behält.[649] Dieses Vertrauen hilft, in Krisen nicht in Panik zu verfallen. Statt bei jedem Kursrückgang an der ganzen Anlage zu zweifeln, sehen sie das Metall als Bestandteil eines größeren Plans. Auch Silber hat als physisches, begrenzt vorhandenes Edelmetall einen inneren Wert und eignet sich für eine vielfältige Verwendung.[650] Wer sich das goldene Mindset aneignet, versteht, dass kurzfristige Marktpreise nicht immer den wahren Wert spiegeln. So bleiben Goldanleger ruhig, wenn der Markt gegen sie läuft, und Silberinvestoren können davon lernen, nicht jede Korrektur als Weltuntergang zu interpretieren.

Fazit

Gold und Silber sind zwar unterschiedliche Anlageinstrumente, doch die Erfahrungen mit Gold bieten eine wertvolle Richtschnur. Goldanleger handeln meist aus einer langfristigen, werterhaltenden Perspektive heraus – eine Haltung, die auch dem Silberanleger gut zu Gesicht steht. Wer die bewährten Strategien anpasst, die Unterschiede beider Metalle versteht und typische Fehler vermeidet, kann als Silberinvestor vom »silbernen Boom« nachhaltig profitieren, ohne den Kompass zu verlieren, den das »Königsmetall« Gold über Jahrhunderte geliefert hat.

KAPITEL 16

Timing, Psychologie und Strategie

Beim Investieren in Silber – einem Rohstoff mit teils heftigen Kursschwankungen – entscheiden nicht nur Zahlen und Charts über den Erfolg, sondern auch die eigene Psyche. Timing bezeichnet den Versuch, den perfekten Kauf- oder Verkaufszeitpunkt zu treffen. Doch gerade in psychologisch anspruchsvollen Marktphasen werden Anlegerentscheidungen oft von Emotionen und kognitiven Verzerrungen beeinflusst, die zu klassisch schlechten Timing-Entscheidungen führen. In diesem Kapitel betrachten wir zunächst die psychologischen Fallstricke (Gier, Angst, Verlustaversion, Herdentrieb) und zeigen dann praxisorientierte Strategien, mit denen Silberanleger Timing-Fehler vermeiden können. Ziel ist es, rationale und strategisch kluge Entscheidungen zu fördern – gerade wenn der Markt verrückt zu spielen scheint.

Psychologie: typische Fallstricke für Silberanleger

Volatile Märkte wie Silber bieten Nährboden für psychologische Fallen. Im Folgenden die wichtigsten Faktoren, wie sie Anlegerverhalten negativ beeinflussen können:

Angst und Gier: Diese beiden Ur-Emotionen gelten als Haupttreiber irrationalen Verhaltens an Börsen. Gier verführt in Boomphasen dazu, zu spät (oder gar nicht) zu verkaufen, weil Anleger auf noch höhere Gewinne hoffen. Angst wiederum führt in Crashphasen zu vorschnellen Panikverkäufen. Der deutsche Psychologe Arnold Kitzmann beschreibt, dass Gier oft verhindere, im Aufschwung rechtzeitig Gewinne mitzunehmen, während Angst im Abschwung zu übermäßigen Ausverkäufen führt.[651] In beiden Fällen lässt man sich von kurzfristigen Emotionen leiten und verpasst den optimalen Zeitpunkt.

Verlustaversion: Menschen neigen dazu, Verluste deutlich stärker zu gewichten als Gewinne in gleicher Höhe. Der Schmerz eines Verlustes wird – das ist empirisch belegt – ungefähr doppelt so stark empfunden wie die Freude über einen gleich großen Gewinn.[652] Diese Verlustaversion kann zu irrationalem Verhalten führen: Aus Angst vor Verlusten scheuen Anleger Risiken oder halten an verlustreichen Positionen zu lange fest, anstatt sie konsequent zu beenden. So wird etwa häufig beobachtet, dass Trader in einer Verlustposition mit einem Verkauf zögern – auch wenn rationale Gründe dafür sprechen – weil bereits investiertes Geld und Zeit im Spiel sind (Sunk-Cost-Effekt).[653] Sie hofft lieber, ohne Verlust aus der Position zu kommen, statt einen sicher realisierten Verlust hinzunehmen, selbst wenn letzterer geringer wäre.

Herdentrieb (Bandwagon-Effekt): Der Herdentrieb beschreibt die Tendenz, dem Verhalten der Masse zu folgen. Ein anderes Wort dafür ist der Bandwagon-Effekt – ein Bandwagon ist der Wagen, auf dem fahrende Musikanten spielen. Gerade in hochvolatilen Phasen neigen Anleger dazu, in Euphorie einzusteigen, weil alle es tun, oder in Panik überhastet auszusteigen. Typische Folge: Man kauft nahe am Preisgipfel und verkauft nahe dem Tiefpunkt – genau das Gegenteil einer erfolgreichen Strategie.[654] Ein Blick auf die Märkte zeigt, dass solche prozyklischen Aktionen leider häufig sind. Wenn der Silberpreis von einem Rekordhoch zum nächsten eilt und in den Medien jeder vom »Silberboom« spricht, fühlen sich viele bestätigt, jetzt noch zu kaufen – selbst wenn die Preise schon sehr hoch sind. Umgekehrt verfallen manche bei einem plötzlichen Absturz in Panik und stoßen ihr Silber ab, nur um »weitere Verluste« zu verhindern. Der Herdentrieb verstärkt also die Marktausschläge: In guten Zeiten übertreiben die Kurse nach oben, in schlechten Zeiten nach unten, weil die Mehrheit der Anleger jeweils in die gleiche Richtung rennt.

Diese psychologischen Verzerrungen – ob Gier, Angst, Verlustaversion oder Herdentrieb – sind tief in uns verankert und haben evolutionsbiologische Wurzeln.[655] Für Anleger können sie jedoch hochgradig kontraproduktiv sein. Emotionen sind an der Börse keine guten Ratgeber. Wer sich von Stimmungsschwankungen mitreißen lässt, trifft oft genau die falschen Entscheidungen zur falschen Zeit. Wichtig ist daher, sich dieser inneren Fallen bewusst zu werden. Schon das Wissen darum, dass man als Mensch zu solchen Mustern neigt, hilft, im Ernstfall innezuhalten und nicht blind dem ersten Impuls zu folgen. Im nächsten Schritt kommt die Strategie ins Spiel: Wie lässt sich verhindern, dass man überhaupt in diese Timing-Fallen tappt?

Strategie: erfolgreiche Ansätze gegen Timing-Fehler

Weil das Market-Timing – also das Vorhersehen des besten Ein- oder Ausstiegszeitpunkts – erwiesenermaßen selbst Profis nur selten gelingt, sollten Privatanleger gar nicht erst versuchen, ständig durch hektisches Handeln den Markt schlagen zu wollen.[656] Statt panisch dem Markt hinterherzulaufen, bewährt sich eine strategische Vorgehensweise, die systematisch und emotionsunabhängig ist. Im Folgenden finden Sie vier zentrale Strategien, mit denen Silberanleger Timing-Fehler vermeiden und bessere Ergebnisse erzielen können:

Cost-Averaging (den Durchschnittskosteneffekt nutzen): Anstatt zu versuchen, den perfekten Einstiegszeitpunkt zu treffen, setzen erfahrene Anleger auf regelmäßige Investments mit immer gleichen Raten in festen Intervallen – zum Beispiel monatliche Käufe für einen festen Euro-Betrag. Dieses Prinzip, bekannt als Cost-Averaging, führt dazu, dass man zu durchschnittlich günstigen Preisen einsteigt: Ist der Silberpreis gerade hoch, kauft man wenig, ist er niedrig, kauft man viel. Insgesamt bildet sich im Laufe der Zeit damit ein günstiger Mittelkurs. Der große Vorteil dieser Methode: Sie glättet die Auswirkungen von Kursschwankungen. Gerade bei einem so volatilen Asset wie Silber reduziert regelmäßiges Nachkaufen das Risiko, ausgerechnet zum ungünstigsten

Zeitpunkt alles zu investieren.[657] Zudem nimmt ein automatisierter Sparplan viel emotionalen Druck heraus.[658] Ist die Sparrate und das Intervall einmal festgelegt, läuft das Investment »auf Autopilot«. Man muss nicht ständig den Markt beobachten, und kurzfristige Preissprünge oder -stürze lösen keine impulsiven Aktionen aus. Auf diese Weise wird man unabhängiger von tagesaktuellen Ereignissen und von der eigenen Psychologie, die sonst zu irrationalen Entscheidungen verleiten könnte. Mit Cost-Averaging baut man diszipliniert ein Vermögen auf und umschifft elegant die Timing-Falle, denn das Timing erledigt gewissermaßen der Durchschnitt.

Antizyklisches Investieren: »Sei ängstlich, wenn andere gierig sind, und gierig, wenn andere ängstlich sind.« – Dieses berühmte Zitat der Börsenlegende Warren Buffett bringt antizyklisches Verhalten auf den Punkt.[659] Anstatt dem Herdentrieb zu folgen, handelt man konträr zur vorherrschenden Marktstimmung. Praktisch heißt das: In Phasen, in denen die Mehrheit euphorisch kauft (und die Preise entsprechend hoch sind), übt sich der antizyklische Investor in Zurückhaltung oder nimmt sogar Gewinne mit. Umgekehrt nutzt er Krisenzeiten, in denen alle Angst haben und verkaufen, gezielt für Zukäufe. Diese Strategie erfordert Mut und Disziplin – man stellt sich gegen das eigene Bauchgefühl und gegen den Strom. Doch sie zahlt sich aus, weil man tendenziell günstig einkauft und teuer verkauft.[660] Zahlreiche Beispiele untermauern den Wert antizyklischen Handelns: So haben etwa während des Corona-Crashs im Frühjahr 2020 selbst namhafte Profi-Investoren (zum Beispiel große Versicherungskonzerne) in Panik am Tiefpunkt Aktien abgestoßen.[661] Umgekehrt schossen in Boomphasen wie der Gamestop-Spekulationsblase 2021 zahllose

Neulinge aus Gier in den Markt.[662] Wer hier antizyklisch agierte – also in der Krise die Füße stillhielt oder nachkaufte und in der Euphorie vorsichtig blieb – war klar im Vorteil. Antizyklisches Investieren setzt allerdings voraus, dass man genügend Liquidität und Nervenstärke hat, um gegen den Strom zu schwimmen. Langfristig ist es jedoch eine der effektivsten Methoden, um die von Angst und Gier getriebenen Fehlentscheidungen der Masse auszunutzen und bessere Timing-Ergebnisse zu erzielen.

Rebalancing (die ursprüngliche Gewichtung wieder herstellen): Diese Strategie stammt aus der Portfolio-Theorie und hilft insbesondere dann, wenn Silber Teil eines größeren Anlageportfolios ist.[663] Rebalancing bedeutet, das Portfolio in regelmäßigen Abständen oder bei starken Marktbewegungen wieder auf die ursprünglich festgelegte Gewichtung zurückzusetzen. Hintergrund: Im Laufe der Zeit verändern sich die Anteile der einzelnen Anlageklassen automatisch durch die unterschiedliche Wertentwicklung. Beispiel: Ein Anleger hat ursprünglich 15 Prozent seines Vermögens in Silber investiert, den Rest in Aktien und Anleihen. Wenn Silber nun eine starke Rally hinlegt (wie etwa zeitweise 2020 bis 2021) und stark an Wert gewinnt, kann es passieren, dass Silber plötzlich zum Beispiel 25 Prozent des Gesamtportfolios ausmacht – einfach weil der Silberanteil schneller gewachsen ist als der Rest. Diese Verschiebung erhöht das Risiko des Portfolios, weil nun eine einzelne volatile Anlage (Silber) überproportional vertreten ist. Rebalancing tritt hier auf den Plan: Man verkauft einen Teil der übergewichteten Position (Silber) und schichtet in untergewichtete Bereiche um, bis die Zielallokation wiederhergestellt ist.[664] So werden automatisch Gewinne mitgenommen (bei den überteuerten/übergewichteten Assets) und es wird in relative

Verlierer nachinvestiert – ein disziplinierter, regelbasierter Prozess, der dem Grundsatz »Buy low, sell high« folgt, ohne dass man versuchen muss, den exakten Hoch- oder Tiefpunkt zu erwischen. Wichtig beim Rebalancing ist, diesen Schritt in sinnvollen Intervallen zu vorzunehmen (zum Beispiel jährlich oder halbjährlich) oder ihn an Schwellenwerte zu binden (etwa sobald eine Position +/-5 Prozent vom Ziel abweicht). Zu häufiges Umschichten wäre ineffizient und würde unnötige Transaktionskosten verursachen. Doch auf lange Sicht sorgt Rebalancing dafür, dass das Risiko im Portfolio im Lot bleibt und man gleichzeitig antizyklisch handelt, ohne auf sein Bauchgefühl hören zu müssen – die vorab festgelegte Strategie gibt die Schritte vor.

Langfristiger Fokus: Geduld ist eine der unterschätztesten Tugenden beim Investieren, besonders bei Anlagen wie Silber, die in kurzen Zeiträumen stark schwanken können. Viele der zuvor genannten Fehler passieren, weil Anleger einen zu kurzen Zeithorizont haben und von kurzfristigen Ereignissen verunsichert werden. Ein langfristiger Anlagehorizont dagegen wirkt fast schon wie ein Gegenmittel gegen Timing-Stress. Wer sich vornimmt, Silber über Jahre oder sogar Jahrzehnte zu halten, braucht zwischenzeitliche Rückschläge nicht zu fürchten – sie sind in der langen Perspektive meist nur temporär.[665] Historische Erfahrungen untermauern dies: Der Silberpreis hat in der Vergangenheit schon mehrfach dramatisch an Wert verloren, sich aber jedes Mal wieder erholt.[666] Wer etwa in den 1990er-Jahren Silber hielt, musste lange Durststrecken ertragen (der Preis lag damals teils bei nur 4 bis 5 US-Dollar pro Unze), doch Jahrzehnte später stand Silber zeitweise über 30 Dollar.[667] Langfristig zahlt sich Geduld also aus. Mit diesem Wissen im Hinterkopf fällt es viel leichter, während kurzer Turbulenzen ruhig zu bleiben und nicht hektisch zu verkaufen. Ein langer Atem glättet nicht nur die Kurven der Wertentwicklung (denn über genug Jahre gleichen sich viele Schwankungen aus), er befreit auch mental: Man ist weniger versucht, jedem Gerücht oder jeder Preisbewegung hinterherzujagen, sondern bleibt seiner grundlegenden Überzeugung treu. Natürlich setzt ein langfristiger Fokus voraus, dass man von der Werthaltigkeit der Anlage überzeugt ist und nicht auf das investierte Geld kurzfristig angewiesen ist. Daher sollte man immer nur frei verfügbares Kapital investieren, das man im Zweifel über Jahre liegen lassen kann. Dann aber gilt die alte Börsenweisheit: »Time in the market beats timing in the markt.« (Zeit im Markt schlägt Market-Timing.) Wer Silber langfristig im Portfolio hält und regelmäßig eventuell auftretende Überbewertungen korrigiert (Stichwort Rebalancing), kann gelassen zuschauen, wie sich der Wert im Zuge der Megatrends (etwa industrielle Nachfrage, Inflationsschutz et cetera) entfaltet, und er kann zwischenzeitliche Einbrüche einfach aussitzen.

Fazit

Die besten Ergebnisse erzielen Silberanleger, wenn sie Psychologie und Strategie miteinander vereinen. Zum einen heißt das, sich der emotionalen Fallen bewusst zu sein und nicht zum Spielball von Angst oder Gier zu werden. Zum anderen heißt es, einen klaren Plan zu haben und sich diszipliniert daran zu halten – gerade dann, wenn es schwerfällt. Methoden wie Cost-Averaging, Antizyklik, Rebalancing und langfristiges Denken helfen dabei, die eigenen Emotionen auszuschalten und systematisch richtige Entscheidungen zu treffen. Wer diese Prinzipien befolgt, wird turbulente Marktphasen deutlich ruhiger meistern. Man kann sogar sagen: In stürmischen Zeiten trennt sich die Spreu vom Weizen – Anleger mit einem kühlen Kopf und einer durchdachten Strategie bleiben standhaft, während andere in Panik geraten. Mit der hier vorgestellten Kombination aus Verständnis für Anlegerpsychologie und bewährten Investmentstrategien sind Sie bestens gerüstet, um vom Silberboom zu profitieren, ohne den Launen des Marktes oder der eigenen Psyche zum Opfer zu fallen. Langfristig wird Ihr Vermögen es Ihnen danken – und Sie behalten auch in aufregenden Phasen die Nerven und den Überblick.

KAPITEL 17

Fallbeispiele erfolgreicher Silberinvestments

Silber fasziniert Anleger seit Jahrhunderten – doch Erfolg am Silbermarkt erfordert neben dem richtigen Timing auch eine durchdachte Strategie, die Krisen als Chancen nutzt, Rebalancing-Regeln befolgt, für Diversifikation sorgt und psychologische Stärke beweist. In diesem Kapitel betrachten wir historische und aktuelle Fallbeispiele erfolgreicher (und lehrreicher) Silberinvestments. Anhand jedes Beispiels werden Schlüsselfaktoren und Learnings für heutige Investoren abgeleitet.

Die Hunt-Brüder: Silbermanie der 1970/80er-Jahre

Eines der berühmtesten Kapitel der Silbergeschichte ist untrennbar mit den Gebrüdern Hunt verbunden. In den 1970er-Jahren begannen Nelson Bunker Hunt und William Herbert Hunt – Söhne eines texanischen Öl-Tycoons – massiv Silber aufzukaufen. Getrieben von der Überzeugung, dass Papiergeld durch Inflation entwertet würde und Sachwerte wie Silber einen sicheren Hafen bieten, stockten sie ihr Silbervermögen aggressiv auf. Bereits Anfang der 1970er-Jahre erwarben sie ihre ersten 200.000 Unzen zu etwa 1,50 US-Dollar pro Unze; der Preis verdoppelte und verdreifachte sich schnell. Bis 1974 hatten die Hunts rund 55 Millionen Unzen angesammelt, Silber notierte bei etwa 6 Dollar. Mit Unterstützung arabischer Investoren und enormer Kredite kauften sie weiter. Zusätzlich wurden etwa 40 Millionen Unzen erworben, als Sicherheit dienten ihre Silberbestände, und der Silberpreis stieg bis auf rund 16 Dollar.

Ihre Gier kannte kaum Grenzen: Die Hunts kauften nicht nur physisches Silber, sondern auch Silber-Futures in großem Stil und ließen sich viele Kontrakte in Metall ausliefern. Aus Angst vor staatlicher Konfiszierung (man erinnerte sich an das US-Goldverbot 1933) schafften sie etwa 40 Millionen Unzen ins Ausland. Ihr Silber füllte Schweizer Tresore bis zum Rand. Zum Höhepunkt dieses Kaufrausches um die Jahreswende 1979/80 kontrollierten die Hunt-Brüder circa 150 Millionen Unzen physisches Silber sowie Terminkontrakte über weitere 200 Millionen Unzen – schätzungsweise 15 Prozent der weltweiten Silbervorräte.[668] Der Markt war faktisch leergekauft, das verfügbare Silber befand sich im Besitz der Hunts.

Diese extreme Konzentration trieb den Silberpreis binnen weniger Monate von rund 6 US-Dollar (Anfang 1979) auf ein Rekordhoch von knapp 50 Dollar pro Unze im Januar 1980.[669] Silber wurde in dieser Phase so teuer, dass selbst Industriezweige litten – Röntgenfilme und Schmuck wurden unbezahlbar; Tiffany & Co. schaltete 1979 eine Protestanzeige gegen das »unmoralische« Horten von Silber.[670] Doch die Hunts wähnten sich auf dem richtigen Weg, zumal ihre Strategie zunächst mit Buchgewinnen in Milliardenhöhe belohnt wurde (ihr Silberbestand war auf dem Papier bis zu 10 Milliarden Dollar wert).

Die Eskalation rief jedoch die Börsenaufsicht und weitere Regulatoren auf den Plan. Die New Yorker Warenterminbörse COMEX sah die Stabilität des Finanzsystems gefährdet und beschloss im Januar 1980 drastische Maßnahmen. Unter der neuen »Silver Rule 7« wurden Positionslimits eingeführt: Spekulanten durften nur noch maximal 3 Millionen Unzen in Terminkontrakten halten, Überschüsse mussten bis Ende Februar 1980 abgebaut werden. Außerdem setzte die Börse an kritischen Tagen den Handel zeitweise aus – es waren nur noch Verkäufe erlaubt (»liquidation only«), um den Aufwärtsdruck zu brechen. Diese Eingriffe entzogen den Hunts den Boden: Der Silberpreis, der im Januar 1980 noch bei rund 50 Dollar stand, kollabierte bis Ende März und lag dann bei unter 20 Dollar. Am berüchtigten Silver Thursday (27. März 1980) halbierte sich der Preis sogar an einem einzigen Tag – zeitweise fiel Silber auf 10,80 Dollar je Unze. Die Hunts, die ihre Käufe größtenteils auf Kredit finanziert hatten, konnten den nötigen Marginausgleich nicht mehr leisten. Ihre buchhalterischen Silber-Milliarden verwandelten sich in einen Schuldenberg von rund 1,5 Milliarden Dollar, der sie in den Bankrott trieb.[671] Der spektakuläre Versuch, den Welt-Silbermarkt zu monopolisieren, endete damit in einem der größten finanziellen Fiaskos der Börsengeschichte.

Welche Lehren lassen sich für Anleger daraus ziehen? Der Fall der Hunt-Brüder ist ein Lehrstück über extremes Risiko und Marktmanipulation. Einige zentrale Erkenntnisse:

Überschätzte Hebelwirkung: Exzessiver Einsatz von Fremdkapital und der Versuch, einen Markt zu beherrschen, können katastrophal enden. Die Hunts erzeugten zwar kurzfristig eine beispiellose Preisblase, doch am Ende platzte diese Blase und erschütterte das Finanzsystem.[672] Für Privatanleger heißt das: Es gilt, Übermut und hohe Verschuldung zu vermeiden, denn was in der Euphorie an Buchgewinnen entsteht, kann in der Panikphase alles vernichten.

Regulatorisches Risiko: Die Hunts ignorierten die Macht der Regulierer – das hatte fatale Folgen. Die Börsenaufsicht kann drastisch eingreifen, Positionen zwangsliquidieren lassen und so extreme Spekulation ins Leere laufen lassen. Auch Börsen können schließen oder den Handel mit bestimmten Produkten beschränken. Anleger sollten stets im Blick haben, dass außerordentliche Marktentwicklungen (zum Beispiel der Versuch, einen Markt zu manipulieren oder künstlich Engpässe zu schaffen) Gegenmaßnahmen hervorrufen können.[673]

Disziplin statt Gier: Während die Hunts bis zuletzt nachkauften, hätten disziplinierte Investoren bei einem derart steilen Preisanstieg zumindest Teilgewinne realisiert. Frei nach dem Motto »sell on hype« wäre es klug gewesen, bei Preisen jenseits aller Fundamental-Kennzahlen Kasse zu machen.[674] Eine feste Exit-Strategie schützt davor, im Rausch immer weiter auf steigende Kurse zu setzen. Wie eine Analyse von Forbes betont, muss man der Versuchung widerstehen, noch mehr Geld in bereits stark gestiegene Assets zu stecken – das Beste für die Gesundheit des Portfolios ist, von Zeit zu Zeit Gewinne mitzunehmen.[675]

Die Silber-Rally 2008 bis 2011: Dynamik eines Booms

Nach fast zwei Jahrzehnten Flaute erwachte der Silbermarkt in den 2000er-Jahren zu neuem Leben. Auslöser dieser Rally waren mehrere Faktoren, die zusammenwirkten: Ab 2001 stieg Gold stark an, getrieben von Unsicherheiten (Platzen der Dotcom-Blase, 9/11 und später der Finanzkrise). Silber profitierte als »kleiner Bruder« von Gold und als Krisenmetall mit Inflationsschutz.[676] Vor allem nach der Bankenkrise 2008 suchten viele Anleger Sicherheit außerhalb des klassischen Währungssystems – Edelmetalle standen hoch im Kurs.[677] Die US-Notenbank flutete die Märkte mit Liquidität, was Inflationsängste schürte und den US-Dollar schwächte.[678] In diesem Umfeld wuchs die Nachfrage nach Silber als Wertaufbewahrungsmittel rasant: »Investors can't sit on cash anymore... they're parking money in precious metals«, erklärte ein Händler 2011 – Silber übernahm verstärkt die Rolle eines sicheren Hafens, zumal der Dollar an Wert verlor und Inflationsängste umgingen.[679]

Hinzu kam die technisch getriebene Dynamik: Neue Anlageprodukte (dazu im nächsten Abschnitt mehr) ermöglichten es auch großen Investoren, bequem in Silber zu investieren.[680] Die Kombination aus fundamentaler Nachfrage (Industrie und Anleger) und spekulativem Interesse führte schließlich zu einer atemberaubenden Preisrally. Von einem Tiefpunkt um 9 US-Dollar pro Unze in der Finanzkrise Ende 2008 explodierte der Silberpreis innerhalb von zweieinhalb Jahren auf fast 50 Dollar im Frühjahr 2011 – ein Anstieg von über 400 Prozent (einer der extremsten Bullenmärkte der Silbergeschichte). Tatsächlich markierte Silber Ende April 2011 mit circa 48,70 Dollar pro Unze den höchsten

Stand seit 1980.[681] Diese Marke entsprach dem gleichen Nominalpreis-Niveau wie beim Hunt-Hoch – allerdings waren 50 Dollar im Jahr 1980 inflationsbereinigt weit mehr wert (über 100 Dollar in heutiger Kaufkraft).[682] Dennoch: Die Euphorie im Frühjahr 2011 war greifbar. Der Silberpreis verdoppelte sich binnen sechs Monaten vor dem Hoch, Medien sprachen vom bevorstehenden Sprung über 50 US-Dollar und immer neuen Rekorden.[683] Gold erreichte gleichzeitig Rekordstände (es lag bei rund 1900 Dollar pro Feinunze), und Silber – oft »Gold des kleinen Mannes« genannt – zog relativ betrachtet noch stärker an.

Für disziplinierte Investoren bot diese Rally enorme Chancen. Antizyklisches Handeln zahlte sich aus: Wer in der Panik der Finanzkrise Ende 2008 mutig Silber aufkaufte (für rund 9 bis 10 US-Dollar pro Feinunze) und einige Jahre Geduld bewies, konnte sein Investment bis zum Hoch im Jahr 2011 vervier- bis verfünffachen. Ein Beispiel: Hätte man im Oktober 2008 eine Silberunze für 9,09 Dollar erworben (dem Tiefpunkt der Krise) und bis April 2011 gehalten, wäre ihr Wert auf etwa 48,70 Dollar gestiegen – ein Plus von rund 436 Prozent.[684] Diese Zahlen demonstrieren die Kraft des richtigen Timings: Krisentiefs bieten Einstiegschancen, die in nachfolgenden Boomphasen überproportionale Gewinne ermöglichen. Erfolgreiche Silberanleger wie etwa der kanadische Investor Eric Sprott erkannten früh das Potenzial – Sprott investierte ab 2009 massiv in Silber und profitierte vom steilen Anstieg bis 2011 (später gründete er sogar einen eigenen Silberfonds, siehe weiter unten).[685]

Doch die Silber-Rally 2011 hatte auch eine Kehrseite: Wer spät einstieg, zahlte einen hohen Preis. Im April 2011, als Silber nahe 50 Dollar notierte, herrschte bereits Überschwang. Viele Privatanleger ließen sich von der Euphorie anstecken und kauften zu Kursen über 40 Dollar. Für sie endete der Traum vom schnellen Gewinn schmerzhaft. Binnen weniger Monate brach der Silberpreis ein: Bereits im Mai 2011 kam es – begünstigt durch mehrere Erhöhungen der Margin-Anforderungen an den Terminbörsen – zu einem heftigen Rücksetzer um über 30 Prozent.[686] Bis zum Jahresende 2011 sank Silber auf etwa 30 Dollar, und der Abwärtstrend setzte sich in den Folgejahren fort. Ende 2015 wurde Silber zeitweise unter 14 Dollar gehandelt.[687] Wer am Top gekauft hatte, sah einen Wertverlust von bis zu 70 Prozent auf dem Papier. Dieses Beispiel unterstreicht die Gefahr, blind dem Herdentrieb zu folgen. Silber erwies sich einmal mehr als extrem volatil – in der Presse war vom »launischen Teufelsmetall« die Rede.[688]

Learnings aus der Rally 2008–2011: Der Boom und anschließende Bust liefern mehrere wichtige Lektionen:

Krisen als Einstiegschance nutzen: Mutige, langfristig orientierte Anleger, die antizyklisch in der Krise 2008/09 Silber kauften, wurden reich belohnt. Dieses Fallbeispiel zeigt, dass gerade in Phasen maximaler Angst (Finanzkrise) die besten Kaufgelegenheiten liegen. Wer entgegen dem Strom investiert, braucht allerdings Überzeugung und starke Nerven – aber die mögliche Rendite (hier über 400 Prozent in wenigen Jahren) entschädigt für das Risiko.[689]

Hypes erkennen und handeln: Ebenso wichtig ist es, Übertreibungsphasen zu erkennen. Spätestens Anfang 2011, als Silber binnen kurzer Zeit explosionsartig stieg und selbst in Mainstream-Medien zum Gesprächsthema wurde, war Vorsicht angebracht. Disziplinierte Investoren begannen zu diesem Zeitpunkt, Gewinne mitzunehmen, anstatt gierig noch auf den letzten Dollar Kursanstieg zu spekulieren.[690] Wer eine Ausstiegsstrategie oder klare Kursziele hatte, konnte sein Silber nahe dem Hoch verkaufen und enorme Profite realisieren – und sich damit gegen den folgenden Absturz wappnen.

Psychologische Stärke zeigen: Die Ereignisse lehrten einmal mehr, wie wichtig psychologische Disziplin ist. In Boomphasen die eigene Gier zu zügeln und in Crashphasen die Angst zu überwinden, sind entscheidende Fähigkeiten.[691] Silber-Anleger müssen »ein kleines Spekulations-Gen in sich tragen«, wie ein Marktkenner pointiert bemerkte – sprich: Sie brauchen Risikobewusstsein und starke Nerven, um die Schwankungen dieses Metalls erfolgreich zu meistern. Dazu gehört auch, im richtigen Moment gegen den Strom zu schwimmen (sowohl beim Kaufen in der Krise als auch beim Verkaufen in der Euphorie).

Institutionelle Investoren und Silber: ETCs und Fonds

In den 2000er-Jahren veränderten institutionelle Akteure und neue Anlagevehikel den Silbermarkt grundlegend. Zuvor waren der direkte Kauf von Barren oder Münzen sowie der Terminhandel die Hauptwege, in Silber zu investieren. Doch 2006 wurde mit dem iShares Silver Trust (SLV, ISIN: US46428Q1094) der erste große börsengehandelte Silber-ETF aufgelegt – ein Meilenstein, der Silber einem viel breiteren Anlegerkreis zugänglich machte.[692] Dieser ETF wird durch physische Silberbestände gedeckt und ermöglichte es sowohl Privatanlegern als auch großen Fonds, einfach und kosteneffizient Silber zu handeln. Die Auswirkungen waren schnell spürbar: Bis Ende 2010 hatten Silber-ETFs, beziehungsweise ETCs, wie sie hier heißen, weltweit einen Rekordbestand von

448,9 Millionen Unzen aufgebaut, davon entfielen über 326 Millionen Unzen allein auf den iShares Silver Trust. Zum Vergleich: Diese Menge entspricht fast der vierfachen Jahresproduktion aller Silberminen. Die Schaffung von ETFs beziehungsweise ETCs führte somit zu einer enormen zusätzlichen Investmentnachfrage, da nun Kapitalströme, die zuvor vielleicht in andere Anlagen geflossen wären, mühelos in Silber investiert werden konnten.[693]

Parallel dazu etablierten sich Spezialfonds für physisches Silber. Ein prominentes Beispiel ist der Sprott Physical Silver Trust (PSLV, ISIN: CA85207K1075), initiiert vom kanadischen Vermögensverwalter Eric Sprott im Jahr 2010. Dieser Fonds sammelte in seinem IPO Hunderte Millionen Dollar ein und tauschte sie in Silberbarren um, die für die Anleger verwahrt werden. Solche Vehikel zielen darauf ab, Großanlegern und institutionellen Investoren die Sicherheit physischen Silbers zu bieten, kombiniert mit der Handelbarkeit einer Aktie. Die Beteiligung von namhaften Investoren wie Sprott signalisierte zudem, dass professionelle Marktakteure Silber als Anlageklasse ernst nehmen.[694]

Die Rolle institutioneller Investoren zeigte sich deutlich im Boom 2010/2011: Große Hedgefonds und Vermögensverwalter sprangen vermehrt auf den fahrenden Zug auf. Berühmt ist etwa der Fall von Warren Buffett: Schon Ende der 1990er-Jahre hatte der Starinvestor rund 129 Millionen Unzen Silber gekauft, weil er den Preis für unterbewertet hielt. Als Silber dann in den 2000er-Jahren stieg, erzielte Buffett damit einen dreistelligen Millionenprofit.[695] Solche Beispiele trugen dazu bei, Silber aus dem Schatten des Goldes zu holen. Das »Smart Money« erkannte Silber zunehmend als Diversifikationsbaustein und Inflationshedge an.

Allerdings können institutionelle Engagements den Markt auch volatiler machen. So flossen 2010/11 Milliarden in Silber-

ETFs beziehungsweise -ETCs und -Futures, was die Aufwärtsbewegung beschleunigte – aber bei einer Trendwende ziehen große Player ihr Kapital ebenso schnell ab.[696] Im Mai 2011, nach dem Höhepunkt, verzeichnete SLV erstmals größere Abflüsse, und Leerverkäufer (darunter US-Banken) erhöhten ihre Short-Positionen, was den Preisverfall verstärkte.[697] Institutionelle Aktionen wirken also wie ein Verstärker: Sie können Rallys antreiben, aber auch Abstürze verschärfen.

Learnings für Anleger: Das Verhalten institutioneller Investoren und die Existenz von ETFs bieten wichtige Erkenntnisse:

Sich durch einfache Zugänglichkeit nicht zu Leichtsinn verleiten lassen: Dank ETCs können heute auch Kleinanleger mit wenigen Klicks in Silber investieren. Dies fördert die Diversifikation – ein Portfolio lässt sich um eine strategische Silber-Position ergänzen, ohne selbst für Lagerung oder Versicherung von Barren sorgen zu müssen. Allerdings verleitet die leichte Handelbarkeit auch zu Aktionismus. Anleger sollten ETCs mit der gleichen Disziplin nutzen wie physisches Metall: also eher für langfristige Positionshaltung oder geplantes Rebalancing, nicht für impulsives Trading bei jedem kurzen Preisschwung.[698]

Marktimpulse verstehen: Beobachten Sie die Kapitalflüsse großer Fonds. Hohe Zuflüsse oder Bestände in ETFs/ETCs können auf eine positive Stimmung hindeuten (und den Preis stützen), während schnelle Abzüge Warnsignale für eine Überhitzung sind. 2011 etwa hielt SLV über 10.000 Tonnen Silber und erreichte damit einen historischen Rekord – ein Indikator, dass sehr viel spekulatives Geld im Markt war.[699] Solche Extreme rechtzeitig zu erkennen, ermöglicht es Privatanlegern, gegebenenfalls vorsichtiger zu agieren.

Diversifikation und Rebalancing nicht vernachlässigen: Institutionelle Investoren nutzen Silber meist als Beimischung. Dieser Ansatz ist auch für Privatanleger sinnvoll: Silber sollte selten 100 Prozent des Vermögens ausmachen, aber zum Beispiel 1 bis 15 Prozent als Depotbeimischung können das Risiko-Return-Profil verbessern.[700] Wichtig ist dann ein regelmäßiges Rebalancing. Steigt Silber stark und macht plötzlich einen viel höheren Depotanteil aus, sollte man Gewinne umschichten. Diese disziplinierte Methode »zwingt einen dazu, hoch zu verkaufen und niedrig zu kaufen« – man nimmt Gewinne aus dem überperformenden Silber heraus und erhöht gegebenenfalls später wieder die Position, wenn der Preis gefallen ist. Institutionelle Investoren folgen solchen Regeln strikt; Privatanleger können davon lernen, um nicht vom Emotionstempo des Marktes mitgerissen zu werden.[701]

Privatanleger im Silberboom: Strategien und Lessons Learned

Neben den großen Marktakteuren gibt es unzählige Einzelanleger, die mit Silber bemerkenswerte Erfolge erzielt haben – oft durch eine Mischung aus kluger Strategie, Timing und Geduld. Einige typische Fallbeispiele illustrieren, wie unterschiedliche Ansätze zum Erfolg führen können:

Antizyklischer Krisennutzen: Ein Privatanleger, nennen wir ihn Herr A., verfolgt aufmerksam die Märkte und erkennt im Herbst 2008 die Panikstimmung. Während viele aus Angst verkaufen, sieht er die historische Chance: Silber ist mit unter 10 US-Dollar so billig wie seit Jahren nicht und die langfristigen Aussichten (wegen möglicher Inflation durch die Rettungspakete) sind positiv. Herr A. kauft im November 2008 konsequent eine größere Menge Silberbarren zu etwa 10 Dollar pro Feinunze. Dann braucht er Geduld und Nerven, denn zunächst dauert es, bis sich das Blatt wendet – Silber schwankt 2009, klettert 2010 aber stetig höher. Anfang 2011 notiert Silber schon über 30 Dollar. A. bleibt diszipliniert. Er hat sich vorgenommen, bei einem Silberpreis von etwa 40 bis 50 US-Dollar zu verkaufen, weil dies historische Höchststände sind. Im April 2011 erreicht Silber dieses Ziel – Herr A. verkauft den Großteil seiner Position bei rund 45 US-Dollar je Unze. Aus seinem Einsatz hat er fast das Fünffache gemacht. Rückblickend war seine Strategie genau richtig: in der Krise mutig kaufen, im Boom zügig verkaufen.[702] Viele seiner Bekannten hingegen, die erst 2011 auf den Trend aufmerksam wurden, kauften zu spät und schauten dann entsetzt dem Verfall bis 2014 zu.[703] Dieses Beispiel zeigt, wie erfolgreich antizyklisches Handeln sein kann, wenn man einen kühlen Kopf bewahrt.

Langfristiges Stapeln und Rebalancing: Ein weiteres Beispiel ist Frau B., eine Anlegerin mit langer Perspektive. Sie glaubt an die Sachwert-Philosophie und ist überzeugt, dass Silber über Jahrzehnte Wert behält oder steigert. Seit 2005 kauft sie jeden Monat für einen festen Betrag Silbermünzen – egal, ob der Preis bei 7 US-Dollar, 15 Dollar oder 30 Dollar liegt. Dieses Cost-Average-Konzept führt dazu, dass sie im Laufe der Jahre zu einem günstigen Durchschnittspreis einen beachtlichen Silberbestand aufbaut.[704] Frau B. verkauft nicht beim Hoch 2011, weil sie kein Market-Timing betreiben will. Entsprechend erlebt sie den vollen Zyklus: Ihr Depot schwillt 2011 stark an (Silber trägt zeitweise über 25 Prozent ihres Gesamtvermögens aus), schrumpft dann aber wieder, als Silber bis 2015 fällt. Frau B. nutzt jedoch Rebalancing-Regeln: Als Silber 2011 überproportional steigt, verkauft sie einen Teil, um die ursprüngliche Vermögensaufteilung beizubehalten (sie schichtet die Gewinne in unterbewertete Aktien um).[705] Als Silber später fällt, kauft sie mit freien Mitteln wieder etwas nach, um den Anteil aufzustocken. So zwingt sie sich, hoch zu verkaufen und niedrig nachzukaufen, ohne zu spekulativ zu agieren. Im Jahr 2020 etwa, als der Corona-Schock Silber kurzfristig auf etwa 12 US-Dollar drückt, kauft B. nach – und schon wenige Monate später notiert Silber wieder über 25 Dollar. Auf lange Sicht hat Frau B. dank diszipliniertem, regelmäßigem Investieren und Rebalancing ein solides Vermögen aufgebaut, profitiert von Aufwärtsphasen, ohne in Abwärtsphasen in Panik zu verfallen. Ihr langfristiger Ansatz zeigt, dass man Silber auch ohne perfektes Timing erfolgreich einsetzen kann – Voraussetzung sind allerdings ein langer Atem und das Vertrauen in die Werthaltigkeit des Metalls.

Agiler Trader mit Strategie: Nicht zuletzt gibt es aktive Trader wie Herr C., die versuchen, kurzfristige Silber-Schwankungen auszunutzen. Herr C. verfolgt genau technische Charts und Stimmungsindikatoren. Beispielsweise spekuliert er im Frühjahr 2020 auf eine Gegenbewegung: Silber ist im März 2020 im Zuge der COVID-19-Panik von rund 18 US-Dollar auf rund 12 Dollar eingebrochen. Dieser Absturz erscheint ihm übertrieben, zumal gleichzeitig massive Konjunkturpakete geschnürt werden (ein Umfeld, das mittelfristig gut für Edelmetalle ist). Herr C. kauft Silber-Futures nahe dem Tief Ende März. Tatsächlich erholt sich Silber schnell: Bereits im August 2020 erreicht es Kurse von etwa 28 Dollar. C. nimmt zu diesem Zeitpunkt Gewinne mit – über 100 Prozent Profit in weniger als fünf Monaten.[706] Solche Timing-Erfolge sind spektakulär, erfordern aber hohe Aufmerksamkeit, Risikobereitschaft und auch Glück. Herr C. schützt sich stets mit Stop-Loss-Orders, um Verluste zu begrenzen, falls sein Timing doch falsch liegt.[707] Dieses Beispiel illustriert, dass aktive Strategien im volatilen Silbermarkt profitabel sein können, jedoch mit großem Aufwand und erhöhtem Risiko einhergehen. Für die meisten Privatanleger dürfte solch ein taktisches Vorgehen nur einen kleinen Depotteil betreffen, während der Hauptteil nach den beiden anderen oben genannten Strategien langfristig gehalten wird.

Abschließend lässt sich aus all diesen Fällen ein roter Faden erkennen: Erfolgreiche Silberinvestments basieren auf Disziplin und Planung. Ob man nun antizyklisch die Krise nutzt, stetig langfristig akkumuliert oder taktisch agiert – entscheidend ist, einen Plan zu haben und sich nicht von Emotionen leiten zu lassen. Diversifikation spielt ebenso eine Rolle: Keiner der obigen Anleger setzte ausschließlich auf Silber. Vielmehr diente Silber als wichtiger Baustein in ihrem Gesamtportfolio, mal als Renditeturbo, mal als Absicherung. Durch Rebalancing und Gewinnmitnahmen wurde sichergestellt, dass Erfolge auch realisiert werden. Und nicht zuletzt erfordert es psychologische Stärke, an der Strategie festzuhalten – sei es auszuhalten, wenn der Markt gegen einen läuft (wie Herr A. 2009 oder Frau B. in schwachen Jahren), sei es, rechtzeitig die Gier zu zügeln und Gewinne mitzunehmen (wie alle obigen Beispiele demonstrieren).

Silber wird aufgrund seiner Volatilität manchmal das »Metall des Teufels« genannt. Doch die Fallbeispiele zeigen: Mit klugem Verhalten lässt sich dieser Teufel bändigen. Timing, Strategie, Krisennutzung, Rebalancing, Diversifikation und Nervenstärke – auf diese Faktoren kommt es an, um vom Silberboom nachhaltig zu profitieren.

KAPITEL 18

Der Weg zur finanziellen Antifragilität

Die Frage nach der Antifragilität stellt sich nicht nur im Zusammenhang mit Silber-Investments. Sondern es ist die Aufgabe eines jeden Anlegers, sich so gesund aufzustellen, dass sein Portfolio Krisen möglichst nicht nur unbeschadet übersteht, sondern sogar davon profitiert. Dieses Kapitel wirft noch einmal einen umfassenderen Blick auf das Prinzip der Antifragilität und die Frage, wie sie sich – bezogen auf die ganze Anlagestrategie – erreichen lässt.

Antifragilität verstehen

Wie gesagt: Der Begriff Antifragilität wurde vom Risikoforscher Nassim Nicholas Taleb geprägt und beschreibt Systeme, die durch Ungewissheit, Störungen und Stress besser statt schlechter werden. Antifragilität geht damit über bloße Resilienz oder Robustheit hinaus: Ein robustes oder resilientes System übersteht Schocks und bleibt weitgehend unverändert, wogegen ein antifragiles System aus den Schocks lernt und gestärkt daraus hervorgeht. Taleb illustriert dies mit anschaulichen Beispielen – etwa dem Vergleich von Fragilität, Robustheit und Antifragilität anhand von Berufsgruppen oder Fabelwesen. Während Fragiles (wie ein Porzellan oder ein starres Geschäftsmodell) unter Stress zerbricht, bleibt Robustes (vergleichbar mit einem Plastikschildkrötenpanzer) im besten Fall unversehrt. Antifragiles jedoch gleicht dem sagenhaften Hydra-Wesen, dem für jeden abgeschlagenen Kopf zwei neue nachwachsen: Es profitiert von Unordnung und Schocks. Für Privatanleger bedeutet antifragiles Denken, Strategien und Anlagen zu wählen, die in turbulenten Zeiten nicht nur Schutz bieten, sondern idealerweise einen Nutzen aus der Volatilität ziehen.[708] In diesem Kapitel zeige ich Ihnen, wie Sie Ihre Finanzen insgesamt so aufstellen können, dass sie Krisen standhalten und daran wachsen – ein Ansatz, der besonders im Kontext des Silberbooms spannende Chancen eröffnet.

Die Fragilität klassischer Portfolios

Traditionelle Anlagestrategien – etwa das berühmte 60/40-Portfolio (60 Prozent Aktien, 40 Prozent Anleihen) – galten lange als ausgewogener Kompromiss aus Rendite und Sicherheit. Doch warum erweisen sich solche Portfolios in der heutigen Zeit oft als fragil? Ein zentrales Problem ist, dass die vermeintliche Diversifizierung genau dann versagt, wenn man sie am dringendsten braucht: In Finanzkrisen bewegen sich plötzlich alle risikobehafteten Anlageklassen im Gleichschritt abwärts, die Korrelationen steigen drastisch. Es gibt ein Sprichwort an den Börsen: »In der Krise sinkt alles, außer der Korrelation.«[709] Das heißt, vormals unkorrelierte oder gegenläufige Investments verlieren in panischen

Phasen alle gleichzeitig an Wert – Diversifikation greift dann kaum noch. Beispielsweise mussten Anleger im März 2020 beobachten, wie Aktien, Unternehmensanleihen, Rohstoffe und sogar Edelmetalle zeitweise synchron fielen, da Liquidität über alles ging.[710] Wer glaubte, mit einer Mischung aus Aktien und Staatsanleihen (dem 60/40-Ansatz) immer auf der sicheren Seite zu sein, wurde in solchen Momenten eines Besseren belehrt.

Hinzu kommt die Abhängigkeit traditioneller Portfolios von Schulden und Zentralbankpolitik. Die letzten Jahrzehnte waren geprägt von sinkenden Zinsen und immer größerer Liquiditätszufuhr durch die Notenbanken – eine Ära, in der sowohl Aktien als auch Anleihen außergewöhnlich gut liefen. Diese Entwicklung hat jedoch ein fragiles Gefüge geschaffen: Weltweit ist der Stand der Verschuldung auf ein Rekordniveau gestiegen.[711] Dieses Schuldengebirge macht das Finanzsystem anfällig, denn es verlangt förmlich nach dauerhaft niedrigen Zinsen und fortgesetzter Unterstützung durch die Zentralbanken. Kippt dieses Umfeld, stehen klassische Portfolios vor gleich mehreren Risiken: Steigende Zinsen, notwendig um etwa Inflation zu bekämpfen, lassen Anleihenkurse purzeln und belasten Aktienbewertungen durch teurere Finanzierungskosten. So war das Jahr 2022 eine der schlechtesten Phasen für 60/40-Portfolios seit Jahrzehnten, weil sowohl Aktienmärkte als auch Anleihemärkte parallel verloren.[712] Die negative Korrelation zwischen Aktien und Anleihen, auf der der Erfolg solcher Portfolios beruhte, war plötzlich aufgehoben – mit schmerzhaften Folgen. Wie ein Finanzanalyst treffend schrieb, ist das vermeintlich sichere 60/40-Konzept letztlich auf die Annahme angewiesen, dass Aktien und Anleihen sich gegenläufig verhalten – entspricht die Realität nicht dieser Annahme, brechen beide Säulen gleichzeitig in sich zusammen.[713]

Zudem besteht ein wesentliches Zentralbankrisiko: Die Notenbanken haben durch jahrelange Nullzinspolitik und Anleihekäufe die Märkte stabilisiert, aber dadurch auch Kurse und Bewertungen verzerrt. Anleger verließen sich zunehmend auf den Schutz durch die Notenbank – den Glauben, die Zentralbanken würden im Zweifel immer eingreifen (Stichwort Fed-Put).[714] Dieser Glaube schuf Sorglosigkeit und Fragilität. Sollte das Vertrauen in die Allmacht der Notenbanken erschüttert werden – sei es durch eine unbeherrschbare Inflation, durch politische Zwänge oder den Verlust von Vertrauen in Papierwährungen –, könnten traditionelle Portfolios drastisch an Wert einbüßen. Ein hoch verschuldetes System kann entweder nur durch finanzielle Repression (Inflation, Nullzinsen) oder durch Schuldenschnitte und Krisen bereinigt werden.[715] Beide Szenarien bedeuten für 08/15-Portfolios nichts Gutes: Entweder wird die Kaufkraft der nominalen Anlagen aufgefressen, oder es kommt zu Zahlungsausfällen und Marktturbulenzen. Fragil ist, was auf das Ausbleiben von Schocks angewiesen ist – und genau das sind klassische Portfolios in ihrer jetzigen Konstruktion.

Zentrale Prinzipien finanzieller Antifragilität

Wie kann man als Privatanleger nun entscheidend anders denken und die eigenen Finanzen antifragil aufstellen? Im Kern geht es darum, Redundanzen aufzubauen, Abhängigkeiten zu reduzieren und sich Optionen für alle Wetterlagen offen zu halten. Im Folgenden die wichtigsten Prinzipien, mit denen Sie Ihre persönliche Finanzstruktur antifragiler machen können:

Redundanz schaffen: In der effizienzgetriebenen Finanzwelt klingt Redundanz zunächst negativ – es bedeutet ja Überkapazität oder scheinbaren Überschuss. Doch in unsicheren Zeiten sind Puffer und Reserven Gold wert. Ein antifragiles System hält bewusst überflüssige Ressourcen bereit, die in der Krise zum Trumpf werden können.[716] Das können finanzielle Liquidität (Cash-Polster), materielle Vorräte oder auch doppelte Sicherungsnetze sein. Taleb betont, Redundanz sei keineswegs eine »Versicherung für Ängstliche«, sondern sie sei im Gegenteil oft hochgradig vorteilhaft und gewinnbringend. Wer zum Beispiel zusätzliches Kapital zurückgelegt hat, kann einen Börsencrash nutzen, um günstig Vermögenswerte einzukaufen. Redundanz verschafft Handlungsfreiheit und Chancen, wo andere in der Krise zum Verkauf gezwungen sind. Frei nach einem Motto im Militär, »Two is one, one is none«, gilt es, stets einen Plan B (oder C) zu haben, denn wenn ein Anleger nur eine Lösung hat und diese Lösung scheitert, steht er mit leeren Händen da.

Dezentrale Strukturen nutzen: Antifragilität bedeutet auch, nicht alles auf eine Karte zu setzen oder sich nicht von einem einzelnen System abhängig zu machen. Das gilt im Kleinen wie im Großen. Für Ihre Finanzen heißt das: Streben Sie eine Verteilung auf verschiedene Lagerstätten, Währungen und Anlageklassen an. Verzichten Sie darauf, Ihr gesamtes Vermögen in einem einzigen Land, bei einer einzigen Bank oder in einem einzigen Anlageinstrument zu konzentrieren. Dezentrale Strukturen sorgen dafür, dass ein einzelner Ausfall nicht das Gesamtsystem lahmlegt.[717] Ein Beispiel ist die geografische Diversifikation: Wer etwa einen Teil seines Edelmetallschatzes außerhalb der EU lagert, entzieht diesen der Zugriffsmöglichkeit hiesiger Behörden.[718] Auch im Alltag lassen sich dezentrale

Ansätze umsetzen, zum Beispiel durch den Aufbau mehrerer Einkommensquellen (statt nur dem Arbeitgeber zu 100 Prozent ausgeliefert zu sein) oder der Nutzung alternativer Zahlungs- und Versorgungssysteme. Kurzum: Schaffen Sie Netze neben dem offiziellen Netz, die im Notfall tragen. Dezentrale, verteilte Systeme – ob in der IT, der Energieversorgung oder beim Geld – zeigen sich fast immer robuster und anpassungsfähiger gegenüber lokalen Störungen als monolithische Zentralstrukturen.[719]

Asymmetrische Chancen suchen: Antifragile Portfolios zeichnen sich dadurch aus, dass Verluste begrenzt, aber extreme Gewinnchancen möglich sind. Dieses Prinzip der Asymmetrie bedeutet, Positionen zu halten, deren maximales Risiko klein ist, deren potenzieller Aufwärtsertrag aber um ein Vielfaches höher liegen kann. Taleb veranschaulicht asymmetrische Wetten oft mit der in Kapitel 13 bereits beschriebenen Barbell-Strategie (Hantelstrategie): Auf der einen Seite sehr sichere Anlagen, auf der anderen Seite eine Auswahl hochriskanter, aber chancenreicher Wetten – und nichts dazwischen. Durch diese hantelförmige Risikoverteilung entsteht ein Portfolio, das einerseits vor dem Schlimmsten schützt, andererseits vom Unerwarteten profitieren kann. Asymmetrische Chancen finden Privatanleger zum Beispiel in Optionen, Start-up-Investments oder spezialisierten Branchen. Wichtig ist, dass ein möglicher Totalverlust dieses »High-Risk«-Anteils das Gesamtvermögen nicht gefährdet, während ein Erfolg sich überproportional auswirkt.[720] Ein praktisches Beispiel: Hätte man vor Jahren einen kleinen Betrag in ein damals unbekanntes Tech-Start-up investiert, das schließlich von einem Tech-Giganten für Milliarden übernommen wurde, hätte dieser kleine Einsatz einen riesigen Gewinn abwerfen können – während im Misserfolgsfall maximal der kleine Einsatz verloren gewesen wäre. Antifragilität heißt, sich diese Lotterie-Tickets mit positivem Erwartungswert ins Portfolio zu legen, ohne davon existenziell abzuhängen.

Optionalität bewahren: Eng verwandt mit asymmetrischen Chancen ist das Prinzip der Optionalität. Optionalität bedeutet, Wahlmöglichkeiten zu besitzen, ohne zum Handeln gezwungen zu sein. In der Finanzpraxis spiegelt sich das zum Beispiel darin wider, liquide Mittel zu haben, um bei Bedarf schnell reagieren zu können – aber nicht zu müssen. Wer keine Optionen hat, wird in Krisen leicht zum Opfer, weil er mangels Alternativen schlechte Deals akzeptieren muss. Optionalität erreichen Sie, indem Sie Flexibilität in Ihre Finanzplanung einbauen: Halten Sie einen Teil Ihres Kapitals verfügbar und ungebunden, reduzieren Sie fixierte Verpflichtungen, und meiden Sie »Alles-oder-nichts«-Situationen. Ein Anleger mit hoher Optionalität kann beispielsweise entscheiden, ob er in einem Börsentief Aktien nachkauft, eine Immobilie erwirbt oder einfach gar nichts tut – je nachdem, was die Lage erfordert. Wahlmöglichkeiten machen antifragil, weil sie Handlungsspielräume eröffnen, während starre Pläne in einer komplexen Welt oft scheitern.[721] Wichtig: Optionalität entsteht vor allem durch das Vorhandensein von Redundanzen, Diversität und Puffer – all das gibt Ihnen Handlungsoptionen, wenn die Zukunft anders verläuft als prognostiziert. Vermeiden Sie also die Optimierungsfalle, in der im Namen der Effizienz sämtliche Puffer abgebaut werden. Ein System, das bis aufs Messer optimiert ist (Just-in-Time und Just-enough in jeder Hinsicht), mag in ruhigen Zeiten besser performen, doch es hat keine Elastizität, wenn das Unerwartete eintritt. Antifragile Finanzen dagegen halten immer ein Ass im Ärmel.[722]

Zusammenfassung

Redundanz, Dezentralität, Asymmetrie und Optionalität arbeiten Hand in Hand, um ein privat finanzielles System zu schaffen, das Schocks absorbieren und nutzen kann. Diese Prinzipien sind unsere Leitplanken beim Aufbau konkreter antifragiler Bausteine, die wir im nächsten Abschnitt vorstellen.

Bausteine einer finanziellen Antifragilität

Während die genannten Prinzipien das Denken in antifragilen Strukturen vorgeben, stellt sich nun die Frage: Wie lässt sich das praktisch in einem Anlageportfolio und Lebensentwurf umsetzen? Im Folgenden beleuchten wir zentrale Bausteine, die Sie als Privatanleger für mehr finanzielle Antifragilität nutzen können. Diese Komponenten sorgen entweder für Robustheit (Schutz vor schlimmen Verlusten) oder für Antifragilität (Profitieren von Unordnung) – und im Idealfall für beides.

Physisches Gold – der goldene Anker

Gold gilt seit Jahrtausenden als ultimative Krisenwährung und Wertaufbewahrungsmittel. In Phasen systemischer Unsicherheit – ob Kriege, Währungskrisen oder Finanzcrashs – strömen Anlagegelder traditionell in Gold, was dessen Preis nach oben treibt.[723] Gold ist keine verbriefte Forderung, sondern ein reales Asset, das keinen Ausfall kennt und von keiner zentralen Instanz abhängig ist. Taleb würde Gold als robust bezeichnen, denn das Edelmetall erleidet durch Volatilität keinen bleibenden Schaden – es »rostet nicht, verdirbt nicht« und bleibt wertvoll, auch wenn Papiergeld kollabiert.[724] So wurde Gold in der Vergangenheit zum sicheren Hafen, wenn andere Anlageklassen implodierten.[725] Alan Greenspan, der frühere US-Notenbankchef, bemerkte einmal: »Gold represents the ultimate form of payment in the world.«[726] Entsprechend verwundert es nicht, dass Gold in einem antifragilen Portfolio eine Ankerrolle spielt: Es bietet Versicherung gegen extreme Szenarien (Währungsreform, Hyperinflation, Bankenkrise) und erhöht die Robustheit des Gesamtvermögens. Allerdings betont Taleb, dass Gold zwar vor schlimmen Verlusten schützt, aber von sich aus kein explosives Wachstum generiert – es ist stabil, aber nicht von selbst antifragil in dem Sinne, dass es durch Unordnung massiv an Wert gewinnt.[727] In einigen Krisen zeigte Gold durchaus antifragile Züge – als etwa im Zuge der Finanzkrise 2008 der Goldpreis stark stieg, weil das Vertrauen ins Finanzsystem erschüttert war.[728] Doch generell ist Gold eher ein stabiler Wertbewahrer als ein Renditetreiber. Das macht nichts – im Rahmen der Barbell-Strategie nimmt Gold die gewichtige sichere Seite ein. Wichtig für Privatanleger: Setzen Sie auf physisches Gold in Form von Münzen oder Barren, das Sie außerhalb des Bankensystems lagern können. Nur physisches Gold geht nicht mit einem Gegenpartei- oder Emittentenrisiko einher, da es nicht vom Versprechen eines Schuldners abhängt.[729] Damit ist Gold eine verlässliche Kaufkraftreserve, die auch dann noch liquide ist, wenn elektronische Konten eingefroren oder Finanzinstitutionen insolvent sind.

Physisches Silber – taktisches Krisenmetall mit Kick

Silber bildet zusammen mit Gold das Duo der monetären Edelmetalle, unterscheidet sich aber in einigen Eigenschaften, die es für eine antifragile Strategie besonders interessant machen. Silber hat zum einen eine lange Geschichte als Währung und Wertmetall – man denke an Silbermünzen, vom Denarius der Römer bis zur Deutschen Reichsmark, die teilweise durch Silber gedeckt war.[730] In Zeiten von Vertrauensverlust in Papiergeld neigt Silber – ähnlich wie Gold – dazu, an Kaufkraft zu gewinnen. Besitzer von Gold und Silber waren in vergangenen Währungszusammenbrüchen oft die Gewinner, weil die Preise der Edelmetalle im neuen Geld rapide stiegen und Vermögen so gerettet wurde.[731] Zum anderen besitzt Silber eine starke industrielle Komponente: Über die Hälfte der jährlichen Silbernachfrage kommt aus Industrieanwendungen (Elektronik, Solarenergie, Medizin et cetera). Diese Doppelnatur als Geld- und Industriemetall verleiht Silber eine spannende Asymmetrie: Es kann zum einen als Inflations- und Krisenversicherung dienen, ähnlich wie Gold – zum anderen aber auch von konjunkturellen oder technologischen Entwicklungen profitieren, welche die industrielle Nachfrage antreiben. Praktisch gesehen erlebt Silber häufig stärkere Preisschwankungen als Gold. In Hausse-Phasen schießt Silber oft prozentual weitaus stärker nach oben, in Baisse-Phasen korrigiert es aber auch heftiger. Für den antifragilen Investor ist diese Volatilität keine Schwäche, sondern eine Chance: Silber hat im Vergleich zu Gold ein kleineres Marktvolumen und eine geringere Wertdichte, was bedeutet, dass bereits moderate Kapitalzuflüsse (oder -abflüsse) große Preisbewegungen auslösen können. In einer echten Vertrauenskrise – wenn also viele Anleger zugleich nach »harter« Kaufkraft suchen – kann Silber aufgrund von Nachschubengpässen und seinem engen Markt durchaus explosiv im Wert steigen.[732] Ein aktuelles Beispiel: Die Gold-Silber-Ratio (das Preisverhältnis zwischen 1 Unze Gold und 1 Unze Silber) stieg zeitweise auf über 80:1, ein historisch hohes Niveau.[733] Als diese Ratio sich normalisierte, brachte dies Silberanlegern überproportionale Gewinne. Silber ist so etwas wie der dynamischere kleine Bruder des Goldes – in ruhigen Zeiten vielleicht etwas launisch und volatil, doch in Ausnahmesituationen mit dem Potenzial für außergewöhnliche Sprünge.

Für eine antifragile Aufstellung ist physisches Silber ein essenzieller Baustein. Es funktioniert als taktisches Krisenmetall und ergänzt Gold im Barbell-Ansatz in zweifacher Hinsicht: Erstens ermöglicht Silber kleinteiligere Transaktionen. In einem Szenario, in dem man ein Edelmetall direkt einsetzen muss (zum Beispiel Tauschhandel in einer Währungskrise), sind kleine Silbermünzen praktikabler als große Goldbarren – Silber dient so als Kleingeld der Krisenvorsorge (eine Silberunze ist erschwinglich und teilbar, während eine Unze Gold bereits einen größeren Wert darstellt).[734] Zudem bietet Silber aufgrund seiner höheren Volatilität das gewünschte Aufwärtspotenzial der riskanteren Portfolioseite, obwohl es gleichzeitig ein realer Vermögenswert ohne Emittentenrisiko ist. Im Barbell-Portfolio könnte man also Gold als schweren, stabilen Block auf der Sicherheitsseite halten und Silber als etwas gewagteren Part hinzufügen, der aber immer noch zu den Sachwerten zählt. Tatsächlich sprechen einige Analysten davon, Silber besitze antifragile Eigenschaften in einem »weaponized« Finanzsystem – also einem Finanzsystem, das zunehmend als geopolitisches Machtinstrument eingesetzt wird (etwa durch Sanktionen, eingefrorene Devisenreserven oder den Entzug von Zahlungsverkehrssystemen). Wenn durch solche politischen Eingriffe, kombiniert mit Inflation oder Staatsausfällen, Chaos entsteht, könnte Silber aufgrund knapper physischer Bestände überproportional profitieren – sprich: Je größer das Chaos, desto stärker die relative Aufwertung von Silber.[735] Allerdings muss man als Anleger mit der rauen Fahrt leben können: Silberpreise schwanken teils täglich um mehrere Prozent. Antifragil heißt hier also nicht, dass der Silberpreis immer nur steigt – sondern dass es langfristig eine Teilabsicherung gegen Systemstress bietet und kurzfristig sogar unerwartet hohe Gewinne abwerfen kann, wenn extreme Ereignisse eintreten. Die physische Haltung – also tatsächliche Silberbarren oder Münzen zu besitzen – garantiert dabei, dass man im Ernstfall wirklich über das Metall verfügt und nicht von einem Finanzprodukt abhängig ist. Genau wie Gold kann Silber nicht beliebig vermehrt werden und ist damit im Gegensatz zu Papiergeld vor Inflation geschützt.[736] Seine Werthaltigkeit hängt von realen Angebot-Nachfrage-Strukturen ab, nicht vom Versprechen einer Regierung oder Bank. Damit qualifiziert sich Silber als Schlüsselelement eines antifragilen Finanzaufbaus: Es verbindet Werterhalt und Krisenschutz mit optionaler Upside.

Liquiditätsreserve (Cash) – Optionen statt Zwänge

Neben den Edelmetallen, die einen Schutz vor monetären Extremereignissen darstellen, ist Liquidität in Form von Bargeld oder kurzfristigen Mitteln ein weiterer unverzichtbarer Baustein. Eine Cash-Reserve mag in Boomzeiten wie »totes Kapital« wirken – schließlich wirft sie kaum Rendite ab, und mit Pech nagt gar die

Inflation an ihrem Wert. Doch aus der Perspektive der Antifragilität verschafft Liquidität etwas enorm Wertvolles: Optionen und Beweglichkeit. Wer über ausreichende liquide Mittel verfügt, kann im Krisenfall ruhig bleiben und hat Handlungsfreiheit, anstatt panisch Vermögenswerte verkaufen zu müssen. Cash ist Redundanz in Reinform: ein Sicherheitskissen, das Ihnen als Anleger zugleich Mut und Chancen gibt. Stellen Sie sich zwei Anleger vor: Der eine ist voll investiert und nutzt sogar Kredithebel, um jede Renditechance auszureizen – er wirkt effizient, ist aber hochfragil, weil bereits ein kleiner Margin Call ihn zu Notverkäufen zwingen kann. Der andere hält bewusst 10 bis 20 Prozent seines Portfolios als Cash zurück, erreicht dadurch vielleicht etwas weniger Performance in guten Zeiten, doch wenn die Kurse fallen, kann er entspannt zuschauen oder sogar gezielt Nachkäufe tätigen. Wie Taleb erläutert, ist Redundanz nicht defensiv, sondern »mehr wie eine Investition als eine Versicherung« – gerade weil ein Anleger mit überschüssigen Reserven proaktiv agieren kann.[737] Eine Cash-Reserve erlaubt es Ihnen beispielsweise, bei einem Immobiliencrash günstig Eigentum zu erwerben oder in einer Rezession in ein eigenes Unternehmen zu investieren, während andere klamm sind. Wichtig ist, die Liquidität so zu halten, dass sie im Krisenfall sofort verfügbar ist: also als Bargeld, Tagesgeld oder in sicheren kurzlaufenden Anlagen und nicht in komplexen Strukturen. Natürlich sollten Sie die Liquiditätsreserve nicht in derselben Währung halten, deren Vertrauensverlust Sie eigentlich absichern wollen – eine Mischung aus verschiedenen Währungen oder auch ein Teil in physischem Bargeld kann sinnvoll sein.[738] Zwar verliert Bargeld schleichend an Wert, doch in akuten Deflations- oder Schockphasen (wie im März 2020) ist Cash King – alle wollen liquide Mittel, niemand bekommt Kredite.[739] Antifragilität bedeutet, liquide zu sein, wenn andere austrocknen. Die Cash-Reserve ist damit der Stoßdämpfer Ihres Finanzsystems und zugleich der Treibstofftank, um bei günstiger Gelegenheit Gas geben zu können.

Unternehmertum und Beteiligungen – »Skin in the Game«

Ein oft übersehener, aber wichtiger Pfeiler antifragiler Finanzen ist Unternehmertum beziehungsweise sind unternehmerische Beteiligungen. Wer die Möglichkeit hat, sollte erwägen, sich neben dem Angestelltenverhältnis auch unternehmerisch zu betätigen – sei es durch Gründung eines eigenen kleinen Unternehmens, durch freiberufliche Tätigkeiten oder durch Beteiligungen an Unternehmen (zum Beispiel als Investor in Start-ups oder über Aktien). Warum fördert Unternehmertum Antifragilität? Zunächst einmal schafft es dezentralisierte Einkommensströme. Statt monokausal vom Gehalt eines einzelnen Arbeitgebers abzuhängen, können Unternehmer mehrere Kunden oder Produkte haben. Fällt eine Einnahmequelle weg, bleibt eine andere bestehen. Unternehmer zu sein bedeutet auch, auf direkte Weise »Skin in the Game« zu haben – man spürt Marktveränderungen unmittelbar und kann flexibel reagieren.[740] Während große Konzerne oft träge sind, können kleine Unternehmer in Krisen ihr Geschäftsmodell schneller anpassen, Nischen besetzen oder Kostenstrukturen ändern.[741] Geschichte und Gegenwart zeigen, dass nach Wirtschaftskrisen oft eine Gründerwelle folgt: Viele erfolgreiche Firmen wurden in Rezessionen geboren, weil die Bedürfnisse sich veränderten und Gründer neue Lösungen anboten.[742] Dieser kreative Aspekt des Unternehmertums ist antifragil, denn er nutzt die Lücken, die das Chaos reißt. Für den Privatanleger muss es nicht gleich eine eigene Vollzeitfirma sein: Schon nebenberufliches Unternehmertum – ein kleiner Online-Handel, Beratungsdienst, die Vermietung von Ferienwohnungen, die Beteiligung an einem Franchise – kann Einkommensströme diversifizieren und Erfahrungen bringen. Auch das Halten von Aktien bedeutender Unternehmen ist letztlich eine Form der unternehmerischen Beteiligung (man ist Miteigentümer) und bietet Teilhabe an realen Sachwerten wie Fabriken, Patenten, Produkten.[743] Allerdings sind börsennotierte Aktien in Krisen wieder dem Finanzmarktsystem unterworfen, während ein eigener Betrieb oder Private-Equity-Beteiligungen direkter greifbar sind. Nicht jeder Mensch ist zum Unternehmer geboren, aber antifragil zu denken, heißt, offen zu sein für Chancen, die eine Selbständigkeit bietet – sei es haupt- oder sei es nebenberuflich –, anstatt allein auf die scheinbare Sicherheit einer Festanstellung zu vertrauen. Letztere kann in einer Krise sehr fragil sein (Entlassungswellen, Gehaltskürzungen), wohingegen jemand mit Unternehmergeist vielleicht gerade in der Krise neue Nachfrage befriedigt und gestärkt daraus hervorgeht. Unternehmertum lehrt auch den Umgang mit Ungewissheit und das iterative Verbessern – es ist per se ein Training in Antifragilität, das auch auf andere Lebensbereiche abstrahlt.[744]

Sachwerte und Eigentum – greifbare Sicherheit

Eigentum im Sinne von greifbaren Sachwerten – zum Beispiel Immobilien, Land, produktive Güter – gilt seit jeher als Schutz gegen Geldentwertung und als Mittel zur Krisenvorsorge. Der Grundgedanke: Sachwerte behalten einen inneren Wert, selbst wenn Papiergeld an Wert verliert.[745] Ein Haus können Sie bewirtschaften oder vermieten, ein Stück Land kann Erträge (Obst, Gemüse, Holz) abwerfen, eine Maschine kann Produkte herstellen. Sachwerte sind damit realwirtschaftlich verankert. Vor allem Immobilien werden oft als »Inflationsschutz« bezeichnet, da Mieten und Preise sich langfristig an höhere Lebenskosten anpassen und ein Haus nicht einfach durch Gelddrucken vermehrt werden kann. Allerdings darf man nicht vergessen, dass Immobilien zwar robust gegenüber Inflation sind, aber nicht völlig antifragil: Sie reagieren empfindlich auf Zinsänderungen und sind wenig mobil (man kann ein Haus nicht woandershin retten, und staatliche Eingriffe wie Zwangshypotheken sind möglich).[746] Dennoch ist eigengenutztes Wohneigentum ein Aspekt finanzieller Antifragilität, weil es seine Eigentümer als Bewohner vom Vermieter unabhängig macht – in Krisen nicht ausziehen müssen, ist ein großer Vorteil. Eigentum statt Leihen lautet generell eine Devise: Wer Dinge besitzt (Werkzeuge, Fahrzeuge, Vorräte), ist weniger fragil, wenn Lieferketten brechen oder Kreditkonditionen sich verschlechtern.[747] Darüber hinaus bieten Sachwerte wie Ackerland, Wald oder Edelsteine alternative Wertspeicher, die abseits des Finanzsystems existieren.[748] Hier gilt wiederum das Prinzip der Dezentralität: Verteile die Sachwerte, lege nicht alles ins Eigenheim. Vielleicht ein bisschen Gold und Silber (wie oben beschrieben), ein bisschen Wald, vielleicht eine Beteiligung an einer Solaranlage – so sorgen Sie auch innerhalb der realen Assets für Streuung. Sachwerte haben in der Regel geringe Liquidität, was bedeutet, sie sind nicht blitzschnell zu Geld zu machen; dafür sind sie aber auch weniger volatil und oft weniger spekulativ, sondern eher träge, aber langlebig. Ein Apfelbaum braucht Jahre zum Wachsen, aber er wird dann zuverlässig Früchte tragen – egal, ob der DAX gerade hoch oder tief steht. Diese Art von Planbarkeit, gepaart mit realer Nützlichkeit, gibt Sachwert-Eigentümern in stürmischen Zeiten psychologischen Halt: Man sieht und nutzt das eigene Vermögen, anstatt nur Zahlen auf dem Konto zu verfolgen. Antifragilität bedeutet hier: Lieber ein nicht perfektes Dach über dem Kopf als ein perfektes Derivat im Depot.[749] Natürlich soll man damit nicht sämtliche Geldanlagen ersetzen, aber Sachwerte bilden ein wichtiges Fundament, auf dem man stehen kann, während im unmittelbaren eigenen Umfeld abstrakte Werte ins Wanken geraten.

Soziales Kapital: Netzwerk und Skills

Neben finanziellen und sachlichen Werten spielt auch immaterielles Kapital eine Rolle beim Erreichen von Antifragilität – insbesondere ein stabiles persönliches Netzwerk und vielseitige eigene Fähigkeiten. Krisen zeigen immer wieder: Gemeinschaft macht stark. Ein belastbares soziales Netzwerk aus Familie, Freunden, Kollegen und Gleichgesinnten kann in schwierigen Zeiten Unterstützung und Ressourcen bieten, die man mit keinem Geld der Welt kaufen kann. Menschen mit einem guten sozialen Rückhalt kommen erwiesenermaßen besser durch Lebenskrisen. In finanzieller Hinsicht bedeutet Netzwerkorientierung zum Beispiel, im Notfall auf Rat, Darlehen, Mitunternehmer oder schlicht Ermutigung aus dem eigenen Umfeld zurückgreifen zu können. Hilfe auf Gegenseitigkeit ist hier das Stichwort – man unterstützt sich gegenseitig und teilt Informationen. So ein Netzwerk muss gepflegt werden, bevor die Krise eintritt. Wer in guten Zeiten anderen hilft und sein »Beziehungskonto« auffüllt, kann in schlechten Zeiten auf Guthaben zurückgreifen.[750] Für Anleger kann das Netzwerk auch ein Zugang zu Chancen bedeuten: etwa ein Insider-Tipp für eine lukrative Beteiligung, die Mitarbeit in einer Investmentgemeinschaft oder schlicht das Lernen aus den Fehlern und Erfolgen anderer. In der antifragilen Strategie sollte man also bewusst in soziales Kapital investieren – durch Networking, Hilfsbereitschaft, Austausch. Ein einzelner Mensch mag fragil sein, doch ein vernetzter Mensch profitiert auch von der kollektiven Stärke vieler anderer.[751]

Ebenso wichtig sind persönliche Fähigkeiten und Kenntnisse (Skills). Sie sind das Humankapital, das einem weder genommen werden kann, noch der Inflation unterliegt. In sich selbst zu investieren, ist langfristig die beste Investition, betont etwa der Starinvestor Warren Buffett.[752] Fähigkeiten – ob Handwerk, Sprachkenntnisse, IT-Kenntnisse, Gärtnern oder medizinisches Wissen – machen Sie unabhängiger von äußeren Umständen. Jemand, der sich zu helfen weiß und Mehrwert schaffen kann, wird eher Wege finden, auch finanziell wieder auf die Beine zu kommen, selbst wenn er mal alles verliert. In puncto Antifragilität sind Skills so etwas wie eingebaute Wahlmöglichkeiten: Je mehr Sie können, desto mehr Türen öffnen sich potenziell im Falle eines Falles. Stellen Sie sich vor, Ihre bisherige Branche bricht weg – wer dann flexibel genug ist, in einem anderen Bereich Arbeit zu finden oder selbst etwas auf die Beine zu stellen, der wird aus der Krise vielleicht sogar stärker hervorgehen. Auch hier zeigt sich Antifragilität: Es geht nicht nur ums Absichern, sondern ums Verbessern unter Stress. Jede neue Fertigkeit, die Sie erlernen, ist wie ein zusätzliches Werkzeug im Krisen-Werkzeugkasten. Und wie bei einem Werkzeug gilt: Im Schrank liegend kostet es vielleicht etwas Platz (und gegebenenfalls Geld zur Anschaffung), aber in dem Moment, in dem ein Problem auftaucht, das genau dieses Werkzeug erfordert, sind Sie der Lage gewachsen – während andere verzweifeln. Bildung, Ausbildung, Weiterbildung sind daher integrale Bausteine für antifragile Finanzen.[753] Denn Ihre Qualifikationen und Ihr Wissen ermöglichen es Ihnen auch, nach einem finanziellen Rückschlag wieder Einkommen zu generieren. Sie tragen sich selbst als wertvollstes Kapital immer mit, gleichgültig, in welche Richtung sich die äußeren Umstände entwickeln. Im Kontext dieses Buches, *Vom Silberboom profitieren*, könnte man sagen: Investieren Sie nicht nur in Silber, sondern investieren Sie auch in Ihr eigenes »Können«. Polieren Sie es auf, sei es in Sachen Finanzbildung, handwerkliche Selbstversorgung oder Geschäftsaufbau. So werden Sie selbst ein Stück weit antifragil.

Silber in einem Barbell-Ansatz fürs ganze Portfolio – Antifragilität in Aktion

Zum Abschluss dieses Kapitels richten wir den Fokus noch einmal gezielt auf Silber und dessen Rolle in einer antifragilen Finanzstrategie, insbesondere im Rahmen der von Taleb empfohlenen Barbell-Strategie. Sie haben Silber bereits als Krisenmetall mit besonderem Kick kennengelernt. Warum aber verdient es im Kontext eines antifragilen Portfolios besondere Beachtung?

Stellen wir uns die Barbell (Hantel) vor: Auf der einen Seite Sicherheit (Reserven, stabile Werte), auf der anderen Seite Wagnis (riskante Chancen). Gold, Bargeld, vielleicht kurzlaufende Staatsanleihen in soliden Währungen gehören auf die sichere Seite der Hantel. Sie sollen das Schlimmste verhüten – das heißt, den Anleger vor permanentem Kapitalverlust schützen, selbst wenn es drunter und drüber geht. Die andere Seite der Hantel könnten zum Beispiel Risikoinvestments wie Aktien, Venture Capital, Kryptowerte oder Optionen sein – Anlagen also, die uns im Erfolgsfall mit sehr hohen Gewinnen belohnen, deren Verluste bei Misserfolg aber verschmerzbar sind. Wo ordnet sich nun Silber ein? Silber nimmt hier eine hybride Stellung ein, die es so wertvoll macht: Es hat einerseits die Eigenschaften eines sicheren Sachwerts (kein Ausfallrisiko, Inflationsschutz, seit Jahrtausenden als Zahlungsmittel akzeptiert), andererseits aber die Dynamik eines riskanteren Assets (starke Preisausschläge, Spekulationspotenzial, industrielle Abhängigkeit).[754] Mit Silber erhält man somit zweierlei Nutzen: Es verstärkt die sichere Seite, weil es – wie Gold – ein realer Wert ist, aber es peppt zugleich die chancenreiche Seite auf, weil es im Vergleich zu Gold deutlich höhere relative Gewinnchancen in bestimmten Szenarien bietet.[755] Kurz gesagt: Silber ist die perfekte Ergänzung zu Gold im Barbell-Ansatz. Gold sorgt für Stabilität, Silber fügt Optionalität hinzu.

Ein praktischer antifragiler Portfolioansatz könnte so aussehen: 70 Prozent sehr sichere Anlagen (Gold, Cash, solide kurzfristige Anleihen, eventuell eine Immobilie beziehungsweise ein Eigenheim), 20 Prozent moderate Anlagen (qualitativ hochwertige Aktien, Beteiligungen – je nach Risikoneigung könnten Sie diesen Bestandteil eventuell weglassen, um die reine Barbell zu fahren) und 10 Prozent sehr riskante, asymmetrische Wetten (zum Beispiel Optionen, Start-up-Beteiligungen, spekulative Minenaktien et cetera).[756] Silber könnten Sie nun entweder in dem 70-prozentigen Sicherheitsanteil mitführen, aber dort vielleicht nur gewichtet mit 10 bis 15 Prozent innerhalb dieses Segments. Oder sie könnten – je nach Perspektive – Silber auch teilweise dem chancenreichen Teil zurechnen. Diese Flexibilität zeigt schon, dass Silber ein Sonderfall ist. Viele Krisenvorsorger legen Wert auf beide Edelmetalle: Gold als unbeweglicher Anker, Silber als beweglicher Joker.[757] In einem antifragilen silberbetonten Portfolio könnte man zum Beispiel sagen: Gold deckt den langfristigen Werterhalt und die Absicherung extremer Tail-Risiken ab (Währungsreform et cetera), während Silber genutzt wird, um taktisch von mittelfristigen Krisen und Aufschwüngen zu profitieren.[758] Etwa: Wenn man eine Bankenkrise kommen sieht, könnte man gezielt Silber aufstocken, da es oft stark steigt, sobald die Angst vor Bankruns oder Inflation die Runde macht. Umgekehrt könnte man in Phasen überschäumender Konjunktur etwas Silber zu Geld machen und ins eigene Unternehmen investieren, weil Silber dann eventuell schwächelt (wenn wenig Angst und eine hohe industrielle Nachfrage vorherrscht, kann Silber auch mal seitwärts laufen).

Wichtig ist es, Silber nicht isoliert zu betrachten, sondern im Zusammenspiel mit den anderen Bausteinen. Seine größte Stärke in der Antifragilitäts-Strategie entfaltet es dann, wenn es genau die Lücke füllt, die Gold und Cash auf der einen und riskante Investments auf der anderen Seite lassen: Es ist die Brücke zwischen Sicherheit und Chance. Silber ist liquider und »härter« als die meisten riskanten Wetten (es wird weltweit gehandelt und nie völlig wertlos sein), aber in Extremphasen deutlich renditeträchtiger als Gold.[759] So gesehen erhöht Silber, um es mit Talebs Worten zu sagen, die Konkavität Ihres Portfolios – also die Eigenschaft, auf negative Ereignisse viel weniger stark zu reagieren als auf positive.[760] Schlimmstenfalls fällt Silber in einer deflationären Krise etwas im Preis (während zum Beispiel Ihre Aktien viel stärker fallen würden); bestenfalls steigt Silber in einer inflationären oder panischen Krise drastisch an (während Gold vielleicht »nur« moderat steigt).[761] Mit Silber holen Sie sich also einen antifragilen Baustein ins Depot, der zwar robust genug ist, um als Absicherung zu dienen, aber im Chaos noch eine Schippe drauflegt und Kraft ausübt, anstatt Ihr Portfolio nur passiv zu schützen.

Fazit

Abschließend lässt sich festhalten: Finanzielle Antifragilität zu erreichen, erfordert ein Umdenken weg von starren Modellen und hin zu einem ganzheitlichen, flexiblen Ansatz. Es geht darum, Ihr finanzielles Leben so aufzustellen, dass Sie nicht nur Stürme überstehen, sondern an ihnen wachsen. Die hier vorgestellten Prinzipien – Redundanz, Dezentralität, asymmetrische Wetten, Optionalität – und die zugehörigen Bausteine – Gold, Silber, Cash, Unternehmertum, Sachwerte, ein soziales Netzwerk und Skills – sollen Ihnen dabei als Inspiration und Leitfaden dienen. Silber spielt in diesem Konzert eine besonders spannende Rolle: als graues Metall mit glänzenden Aussichten im Spiel der Antifragilität. Nutzen Sie die Chancen des Silberbooms, aber tun Sie es klug, eingebettet in eine robuste Strategie, die auf Dauer mehr liefert als kurzfristige Spekulationsgewinne. Gestalten Sie Ihr Portfolio so, dass es sich weiterentwickeln kann: anpassungsfähig gegenüber Veränderungen, widerstandsfähig in Krisen – und so strukturiert, dass Sie als Anleger aus Erfahrungen lernen und Ihr Vorgehen laufend verbessern. Dann werden Sie tatsächlich vom Silberboom profitieren – heute und in Zukunft, komme was wolle.

AUSBLICK

Silber 2030 und darüber hinaus

Silber hat sich über Jahrtausende immer wieder neu erfunden – vom Zahlungsmittel antiker Reiche über die Währungsbasis der Frühen Neuzeit bis hin zum High-Tech-Rohstoff der Gegenwart. Heute steht das Metall erneut an einer Schwelle: zwischen alter monetärer Tradition und neuer strategischer Bedeutung für die Energiewende.

Energiewende und Technologie

Die Internationale Energieagentur (IEA) erwartet, dass sich die weltweite Solarkapazität bis 2030 mehr als verdoppelt.[762] Damit steigt der Bedarf an Silberpasten, ohne die Solarmodule nicht funktionieren. Auch neue Anwendungen – Perowskit-Zellen, 5G-Infrastruktur, KI-Rechenzentren oder medizinische Technologien – sichern dem Metall eine Zukunft im Zentrum technologischer Innovation.[763]

Makroökonomie und Geopolitik

Parallel dazu wächst die Fragilität des globalen Finanzsystems: hohe Schuldenstände, Inflationsrisiken, Zweifel an der Unabhängigkeit der Zentralbanken.[764] In einer Welt, in der geopolitische Spannungen Handelsrouten blockieren und Rohstoffe zunehmend »weaponized« werden, suchen Investoren wie Staaten nach realen Sicherheiten. Gold bleibt der Klassiker, doch Silber gewinnt als »Gold des kleinen Mannes« und als strategischer Rohstoff doppelte Bedeutung.[765]

Knappes Angebot

Das Silver Institute weist seit Jahren auf strukturelle Defizite hin: 2022 und 2023 überstieg die Nachfrage das Angebot um über 200 Millionen Unzen, 2024 setzte sich diese Tendenz fort.[766] Neue Großminen sind rar, die Reichweite bekannter Reserven liegt bei lediglich zwei Jahrzehnten.[767] Recycling kann kurzfristig nur einen Teil der Lücke schließen. Damit ist Silber zunehmend ein knappes Asset – für Anleger wie für Industrie.

Aktuelle Dynamik

Wie stark die Themen ineinandergreifen, zeigte sich jüngst: Zum ersten Mal seit 2011 stieg Silber wieder über die Marke von 40 US-Dollar je Unze, während Gold sich seinem Allzeithoch näherte. Laut Yahoo Finance – legte Silber seit Jahresbeginn um rund 40 Prozent zu. Mehrere charttechnische Widerstände wurden durchbrochen, was zusätzliche Kaufdynamik auslöste. Verstärkt wurde der Aufwärtstrend durch die Erwartung sinkender US-Leitzinsen, die das Interesse an nicht verzinslichen Edelmetallen wie Silber weiter befeuerte.[768] Gleichzeitig prüft das U.S. Innenministerium (Department of the Interior) in seiner Entwurfsfassung der »2025 List of Critical Minerals«, Silber in die Liste der kritischen Mineralien aufzunehmen – ein Schritt, der seine wachsende Bedeutung als strategische Ressource für die Energiewende und Hightech-Industrie unterstreicht.[769]

Fazit: Antifragilität in Metallform

Silber bleibt ein Sonderfall. Es vereint die Robustheit eines Sachwertes mit der Dynamik eines spekulativen Assets. In einer Welt voller Ungewissheiten ist genau diese Ambivalenz seine Stärke. Wer ein antifragiles Portfolio aufbauen will, kommt an Silber nicht vorbei: Es schützt in Krisen und bietet Chancen im Aufschwung.

Oder, um Talebs Logik zu folgen: Lieber ein Metall, das Chaos in Kraft verwandelt, als ein Papierwert, der im Sturm zerreißt.

Schlusswort

Silber war der Ausgangspunkt dieses Buches – und ist vielleicht auch ein neuer Ausgangspunkt für Ihre finanzielle Denkweise. Doch wie Sie inzwischen erkannt haben, geht es hier um weit mehr als nur ein Metall. Es geht um ein Systemdenken. Um Eigenverantwortung. Und um die Fähigkeit, in einer komplexen und zunehmend fragilen Welt klug zu handeln.

Wir haben Silber in seiner historischen, monetären und industriellen Dimension betrachtet. Wir haben aufgezeigt, wie es sich in Krisen bewährt hat, wie es sich in einem strategischen Portfolio einfügt und welche Rolle es im Rahmen moderner Konzepte wie der Barbell-Strategie oder der Drei-Speichen-Regel spielt. Wir haben psychologische Muster entlarvt, antizyklisches Verhalten beleuchtet und klare Strategien zur Vermögenssicherung vorgestellt. Und wir haben aufgezeigt: Wer Entwicklungen früh erkennt, vorbereitet ist und selbst denkt, der profitiert – vom nächsten Boom ebenso wie von der nächsten Krise.

Dieses Buch sollte keine Heilsversprechen geben. Wer Ihnen einfache Wahrheiten oder schnelle Gewinne verspricht, gehört nicht zu denen, die Ihre Freiheit stärken wollen. Freiheit beginnt mit dem Verständnis von Strukturen – und mit der Bereitschaft, sich unabhängig von vorgegebenen Narrativen eine eigene Meinung zu bilden. Das ist unbequem, aber notwendig.

Silber ist kein Allheilmittel. Aber es ist ein konkreter, greifbarer Baustein für diejenigen, die ihr finanzielles Leben robust und antifragil aufstellen wollen. Es ist ein Symbol für Eigenverantwortung, für Substanz statt Schein, für langfristige Haltung statt kurzfristiger Spielerei. In Kombination mit Wissen, Liquidität, Fähigkeiten und Eigentum bildet Silber ein solides Fundament in einer Welt, die sich schneller verändert, als viele begreifen.

Dieses Buch endet hier. Ihre Reise beginnt jetzt. Machen Sie jeden Schritt bewusst, informiert und eigenständig. Halten Sie Abstand zu Lärm, zu Hype, zu Abhängigkeit. Und bewahren Sie den Mut, inmitten der Unruhe der Märkte in Ruhe zu agieren – mit einem kühlen Kopf, einem klaren Blick und echtem Wert in der Hand.

Denn wer das Prinzip der Antifragilität verstanden hat, investiert nicht nur in Silber – er investiert in Freiheit.

Glossar

Antifragilität
Ein Konzept von Nassim Nicholas Taleb: Antifragile Systeme werden durch Schocks, Volatilität und Stress besser statt schlechter. Im Gegensatz zu robusten Systemen, die nur überleben, profitieren antifragile von Unordnung.

Asset-Allokation
Die strategische Aufteilung eines Vermögens auf verschiedene Anlageklassen (zum Beispiel Aktien, Anleihen, Edelmetalle), um Risiko und Rendite auszubalancieren.

Barbell-Strategie (Hantel-Strategie)
Ein Anlagekonzept nach Nassim Nicholas Taleb: Der Großteil des Vermögens wird sehr konservativ (zum Beispiel in Cash oder Gold) gehalten, ein kleiner Teil sehr spekulativ (zum Beispiel in Optionen oder Silberminen), dazwischen möglichst wenig.

Barren (Silberbarren)
Geprägte oder gegossene Blöcke aus Feinsilber, meist mit Angabe von Gewicht und Reinheitsgrad (zum Beispiel 999/1000). Sie gelten als klassisches Anlageprodukt und sind oft günstiger als Münzen.

Bullion
Sammelbegriff für Edelmetalle in Anlageform (Barren oder Münzen), deren Wert ausschließlich vom Materialgehalt abhängt – ohne Sammler- oder Nennwertaufschläge.

Cost-Average-Effekt (Durchschnittskosteneffekt)
Anlagestrategie, bei der regelmäßig für den gleichen Betrag gekauft wird. Sie führt zu einem im Durchschnitt günstigen Mischpreis und reduziert das Risiko eines unvorteilhaften Einstiegszeitpunkts.

Diversifikation
Risiko-Verteilung durch Aufteilung des Vermögens auf verschiedene Anlageformen, Märkte oder Regionen. Ziel ist es, das Gesamtrisiko zu senken, ohne auf Rendite zu verzichten.

ETC (Exchange Traded Commodity)
Börsengehandelter Rohstoff. Ein Zertifikat, das an einer Wertpapierbörse geordert werden und im Depot gelagert werden kann. Spezielle Silber-ETCs repräsentieren einen bestimmten Silber-Anteil und sind ganz oder teilweise physisch besichert.

ETF (Exchange Traded Fund)
Börsengehandelter Fonds, der zumeist einen Index abbildet. Es gibt auch Silber-ETFs. Sie ähneln Silber-ETCs (siehe oben), bilden aber im Unterschied zu diesen Sondervermögen. In der EU sind Silber-ETFs nicht zum Vertrieb zugelassen, da Fonds und ETFs laut den geltenden UCITS-Kriterien nicht nur in ein Asset investieren dürfen.

Explorer (Silber-Explorer)
Ein Rohstoffunternehmen, das keine eigene Minen betreibt, sondern sich auf die Suche und Bewertung neuer (Silber-)Vorkommen spezialisiert. Explorer sind sehr spekulativ und abhängig von Finanzierung und Fundglück.

Feinunze (Troy Ounce)
Standardgewichtseinheit für Edelmetalle, entspricht circa 31,1035 Gramm. Alle internationalen Silberpreise werden in US-Dollar je Feinunze angegeben.

Futures
Standardisierte Terminkontrakte, bei denen Käufer und Verkäufer sich auf einen Preis für eine bestimmte Menge Silber zu einem zukünftigen Zeitpunkt einigen. Sie dienen zur Absicherung oder Spekulation. Futures werden an Terminbörsen gehandelt.

Good Delivery
Standard der London Bullion Market Association (LBMA) für Barren, die für den professionellen Handel zugelassen sind. Good-Delivery-Barren erfüllen bestimmte Anforderungen an Gewicht, Reinheit und Herkunft.

Herdentrieb (Bandwagon-Effekt)
Psychologisches Phänomen, bei dem sich Anleger unreflektiert dem Verhalten der Masse anschließen – zum Beispiel euphorisch kaufen oder panisch verkaufen, wenn alle anderen Marktteilnehmer es tun.

Junior Miner
Ein kleineres Bergbauunternehmen, das entweder gerade erst in Produktion geht oder nur über eine begrenzte Zahl an operativen Minen verfügt. Junior Miner gelten als wachstumsstark, aber hochriskant.

Liquidity Crunch (Liquiditätsengpass)
Eine Marktsituation, in der kaum Käufer vorhanden sind oder Marktteilnehmer schnell Bargeld benötigen. Dies kann zu starken Preisbewegungen oder Kursstürzen führen – selbst bei sicheren Anlagen wie Silber.

Margin Call
Aufforderung eines Brokers an den Anleger, bei spekulativen Trades mit Kredithebel die Sicherheiten aufzustocken, wenn Verluste zu groß werden. Wird der Margin Call nicht erfüllt, kann die Position zwangsweise geschlossen werden.

Marktzyklus
Wiederkehrende Phasen von Aufschwung (Hausse), Sättigung, Abschwung (Baisse) und Bodenbildung an den Märkten. Silber unterliegt teils sehr langen, stark schwankenden Zyklen.

Optionen
Finanzinstrumente, die dem Käufer das Recht geben (ihn aber nicht verpflichten), ein Asset zu einem bestimmten Preis (bis) zu einem bestimmten Zeitpunkt zu kaufen (Call) oder zu verkaufen (Put). Optionen ermöglichen asymmetrische Chancen.

Optionalität

Die Fähigkeit, zwischen verschiedenen Handlungsmöglichkeiten zu wählen – ein Kernprinzip der Antifragilität. Optionalität entsteht durch Puffer, Liquidität und Diversifikation.

Rebalancing

Regelmäßiges Zurücksetzen der Vermögensaufteilung auf eine Zielstruktur. So wird automatisch teuer verkauft (zum Beispiel nach Kursgewinnen) und günstig nachgekauft – unabhängig vom Bauchgefühl.

Resilienz

Die Fähigkeit eines Systems, Störungen zu überstehen und sich davon zu erholen. Resilienz bedeutet Widerstandsfähigkeit – im Unterschied zur Antifragilität, der Fähigkeit, durch Störungen sogar gestärkt zu werden.

Silver Thursday

Historisches Ereignis vom 27. März 1980, als der Silberpreis aufgrund regulatorischer Eingriffe und Überhitzung abrupt abstürzte. Ausgelöst durch die gescheiterte Strategie der Hunt-Brüder, durch massive Silberkäufe Engpässe zu schaffen und den Preis nach oben zu treiben.

Spotpreis

Der aktuelle Marktpreis für sofort lieferbares Silber. Dient als Referenz für Barren, Münzen, ETCs oder Futures – Schwankungen beeinflussen alle Silberanlagen.

Verlustaversion
Verhaltensökonomisches Prinzip, wonach Menschen Verluste emotional stärker gewichten als gleich große Gewinne. Sie führt dazu, dass Anleger Verluste aussitzen oder zu früh verkaufen.

Volatilität
Maß für die Schwankungsintensität eines Preises. Hohe Volatilität bedeutet große Preisbewegungen – bei Silber typisch, sowohl aufwärts wie abwärts.

Weiterführende Literatur und Studien

1. Silber als Anlageklasse und Marktanalyse

- Oxford Economics (2021): The Relevance of Silver in a Global Multi-Asset Portfolio
  → Umfangreiche Analyse zur Rolle von Silber in diversifizierten Portfolios, inkl. historischer Performance, Korrelationen und optimaler Allokation.
  [Quelle: The Silver Institute / Oxford Economics]

- The Silver Institute (jährlich): World Silver Survey (aktuellste Ausgabe: 2024)
  → Der weltweit umfassendste Bericht über Angebot, Nachfrage, Investmenttrends, ETF-Bestände und industrielle Nutzung.
  [Herausgeber: The Silver Institute in Zusammenarbeit mit Metals Focus]

- CPM Group (2023): Silver Yearbook
  → Marktprognosen und historische Datenreihen zu Preisentwicklung, Investmentverhalten, Lagerbeständen und Produktionskosten.

2. Psychologie, Anlegerverhalten und Timing

- Barber und Odean (2000): Trading is Hazardous to Your Wealth
  → Klassische Studie über das Überhandeln privater Anleger, psychologische Fehler und deren Auswirkungen auf Rendite.
  [Journal of Finance]

- Kahneman und Tversky (1979): Prospect Theory: An Analysis of Decision under Risk
  → Grundlegende Arbeit zur Verlustaversion und zu kognitiven Verzerrungen im Umgang mit Risiko.
  [Econometrica, Vol. 47, No. 2]

- Morningstar (2020): Mind the Gap
  → Untersuchung zur Differenz zwischen Fondsrenditen und realisierten Anleger-Renditen durch schlechtes Timing.
  [Morningstar Research]

3. Strategische Vermögensaufteilung (Barbell, Drei-Speichen, Antifragilität)

- Taleb, Nassim Nicholas (2012): Antifragilität – Anleitung für eine Welt, die wir nicht verstehen
  → Grundlagentext zum Verständnis asymmetrischer Risiken, Optionalität und der Barbell-Strategie.
  [Original: Antifragile – Things That Gain from Disorder]

- PIMCO (2015): Beyond 60/40: The Case for a Barbell Portfolio
  → Analyse moderner Asset-Allokation unter Risikoaspekten – Barbell-Ansätze im Vergleich zu traditionellen Mischportfolios.

- Jewish Encyclopedia / Talmud Bavli (Bava Metzia 42a):
  → Ursprung der Drei-Speichen-Regel (Aufteilung in Drittel: Land, Handel, Liquidität) – mit Bezug auf jüdisch-babylonische Wirtschaftsdenker.

4. Historische Marktverwerfungen und Krisenreaktionen

- IMF Working Paper (2015): Financial Repression and Its Implications
  → Historische Beispiele für staatliche Eingriffe in Kapitalmärkte zur Schuldenreduzierung (zum Beispiel Zwangshypotheken, Goldverbot 1933 USA etc.).

- Bloomberg Intelligence (2021): Silver's Industrial Demand and The Green Revolution
  → Untersuchung zum steigenden strategischen Bedarf von Silber durch Solar, E-Mobilität und Digitalisierung.

- Federal Reserve Bank of St. Louis (FRED):
  → Preis-, Zins- und Inflationsdatenreihen mit Bezug zu Edelmetallen. Wertvoll für Leser, die historische Entwicklungen nachvollziehen wollen.

Anmerkungen

1 https://www.silverbullion.com.sg/Articles/Detail/History-of-Silver-As-Money-From-Ancient-to-Modern-Times/11776.
2 https://www.metmuseum.org/essays/silver-in-ancient-egypt
3 https://www.metmuseum.org/essays/silver-in-ancient-egypt
4 https://cepr.org/voxeu/columns/reasons-lydian-electrum-coins-and-succeeding-greek-silver-coins-antiquity
5 https://greekreporter.com/2025/05/11/mines-laurion-athens-western-civilization/
6 https://www.nature.com/articles/s41598-018-28990-x
7 https://www.britannica.com/money/coin/Charlemagne-and-the-Carolingian-coinages
8 https://learn.apmex.com/answers/what-is-a-french-denier/
9 https://onlinelibrary.wiley.com/doi/full/10.1002/gea.22002
10 https://www.moneymuseum.com/en/coins?id=237
11 https://www.atlasobscura.com/places/potosi-silver-mines
12 https://coinsweekly.com/how-the-8-reales-became-a-world-currency/
13 https://www.atlantafed.org/economy-matters/banking-and-finance/clash-of-the-coins/coin-09_spanish-milled-dollar.aspx
14 »One historian noting that silver ›went round the world and made the world go round‹.«
15 https://www.cambridge.org/core/books/abs/cambridge-world-history/silver-in-a-global-context-14001800/74727CFF03B9FB4BFF5D701F1AA01A0F
16 La Abad – The Global Impact of American Precious Metals, EHES Working Paper No. 179 (2020), https://www.econstor.eu/bitstream/10419/247109/1/ehes-wp179.pdf
17 https://www.economics.utoronto.ca/munro5/PRICERV2.htm
18 https://www.thesilvermountain.nl/en/silver/the-history-of-silver
19 https://referenceworks.brill.com/display/entries/EDNO/COM-275092.xml?language=en
20 Institut für Politik und Ökonomie Berlin – Vom Goldstandard zur Geldkrise (Working Paper 163), https://www.ipe-berlin.org/fileadmin/institut-ipe/Dokumente/Working_Papers/ipe_working_paper_163.pdf
21 London School of Economics – The Rise and Decline of the Global Silver Standard (Irigoin, 2020), https://eprints.lse.ac.uk/119883/1/The_rise_and_decline_of_the_global_silver_standard_LSE_002_.pdf
22 https://brockhaus.de/ecs/enzy/article/free-silver-bewegung

23 https://www.britannica.com/event/Free-Silver-Movement
24 https://www.bpb.de/themen/wirtschaft/geldpolitik/199727/greshamsches-gesetz/?global=true&global-format-main=all&global-year=all&cc-license=all
25 https://teachingamericanhistory.org/document/the-cross-of-gold-address/
26 »The Silver Standard in Pre-War China: A Blessing or a Curse?« (Jing Hu, Masterarbeit 2013), https://lup.lub.lu.se/luur/download?func=downloadFile&recordOId=3912013&fileOId=3912795
27 https://www.usmint.gov/learn/history/historical-legislation/coinage-act-of-1965
28 https://www.bundesbank.de/de/aufgaben/muenzen/muenzen-von-der-umlaufmuenze-zur-sammlermuenze-618044
29 https://www.chemie.de/lexikon/Silber.html
30 https://www.spektrum.de/lexikon/chemie/starkgas/8683
31 https://www.leifiphysik.de/elektrizitaetslehre/leiter-und-nichtleiter/grundwissen/leitfaehigkeit-von-metallen
32 https://www.chemie.de/lexikon/Silber.html
33 https://www.spektrum.de/lexikon/chemie/silber/8683
34 https://www.mineralienatlas.de/lexikon/index.php/Silber %28Mineral%29
35 https://www.chemie.de/lexikon/Silber.html
36 https://www.spektrum.de/lexikon/chemie/silber/8683
37 https://www.chemie.de/lexikon/Silber.html
38 https://www.spektrum.de/lexikon/chemie/silber/8683
39 https://www.chemie.de/lexikon/Silber.html
40 https://www.spektrum.de/lexikon/chemie/silber/8683
41 https://www.apotheken-umschau.de/gesund-bleiben/
42 https://www.elektronikpraxis.de/warum-silber-in-der-elektronik-unverzichtbar-ist-a-1017081/
43 https://www.ise.fraunhofer.de/de/presse-und-medien/news/2020/silberverbrauch-in-der-photovoltaik.html
44 https://www.edelmetallkunde.de/edelmetalle/silber/sterlingsilber-925/
45 https://www.bfr.bund.de/de/presseinformation/2019/13/silber_in_medizinprodukten__bfr_stellt_aktuelle_bewertung_vor-241620.html
46 https://www.fotolexikon.ch/silberhalogenid/
47 https://www.mpia.de/de/forschung/optische-beschichtungen-fuer-teleskope
48 https://www.chemgapedia.de/vsengine/vlu/vsc/de/ch/13/catalysis/eduk/silber_als_katalysator.vlu.html
49 https://www.spektrum.de/lexikon/chemie/silber/8683
50 https://www.chemie.de/lexikon/Silber.html
51 https://www.edelmetallkunde.de/edelmetalle/silber/
52 https://www.bam.de/Content/DE/Themen/Restaurierung/Kulturguterhalt/Silber/silber.html
53 https://www.umweltbundesamt.de/themen/rohstoff-silber-vorkommen-nutzung-recycling

54 https://www.dhm.de/lemo/lexikon/denar/
55 https://www.dhm.de/lemo/lexikon/denar/
56 https://www.nationalgeographic.de/geschichte-und-kultur/2020/02/wie-das-roemische-geldwesen-den-handel-im-imperium-praegte
57 https://www.dhm.de/lemo/lexikon/denar/
58 https://www.kulturwissenschaften.uni-muenchen.de/numismatik/roemisches_muenzwesen/index.html
59 https://www.uni-heidelberg.de/fakultaeten/philosophie/zaw/klarch/institut/numismatik/roemisches_muenzwesen.html
60 https://www.kulturwissenschaften.uni-muenchen.de/numismatik/roemisches_muenzwesen/index.html
61 https://www.bundesbank.de/de/aufgaben/themen/geschichte-des-geldes-vom-pfennig-zur-mark-667462
62 https://www.bundesbank.de/de/aufgaben/themen/geschichte-des-geldes-vom-pfennig-zur-mark-667462
63 https://whc.unesco.org/en/list/1478/
64 https://natmus.dk/historisk-viden/danmarks-oldtid/vikingetiden/handel-og-rejser/hacksilber/
65 https://www.bundesbank.de/de/aufgaben/themen/geschichte-des-geldes-vom-pfennig-zur-mark-667462
66 https://americanhistory.si.edu/collections/search/object/nmah_1362315
67 https://whc.unesco.org/en/list/420/
68 https://pubs.usgs.gov/of/2004/1381/
69 https://coinsweekly.com/how-the-8-reales-became-a-world-currency/
70 https://www.atlantafed.org/economy-matters/banking-and-finance/clash-of-the-coins/coin-09_spanish-milled-dollar.aspx
71 https://numismatics.org/pocketchange/spanish-milled-dollar/
72 https://www.deutsche-bank.de/ms/results-finanzwissen-fuer-unternehmen/international/04-2022-inflationen-der-geschichte.html
73 https://www.bundesbank.de/de/aufgaben/themen/der-goldstandard-und-seine-geschichte-619894
74 https://www.bundesbank.de/de/aufgaben/themen/geschichte-des-geldes-vom-pfennig-zur-mark-667462
75 https://hls-dhs-dss.ch/de/articles/015486/2013-06-26/
76 https://www.loc.gov/item/uscode1873/
77 https://brockhaus.de/ecs/enzy/article/free-silver-bewegung
78 https://teachingamericanhistory.org/document/the-cross-of-gold-address/
79 https://www.usmint.gov/learn/history/historical-legislation/gold-standard-act-of-1900
80 https://rbi.org.in/scripts/PublicationsView.aspx?id=10494
81 https://lup.lub.lu.se/student-papers/record/3912013/file/3912795.pdf
82 https://www.snb.ch/de/iabout/history/id/history

83 https://www.usmint.gov/learn/history/historical-legislation/coinage-act-of-1965
84 https://www.usmint.gov/learn/coin-and-medal-programs/half-dollar
85 https://pubs.usgs.gov/periodicals/mcs2024/mcs2024-silver.pdf
86 https://www.silverinstitute.org/silver-supply-demand/
87 https://www.silverinstitute.org/silver-supply-demand/
88 https://www.silverinstitute.org/silver-supply-demand/
89 https://eprints.lse.ac.uk/119883/1/The_rise_and_decline_of_the_global_silver_standard_LSE_002_.pdf
90 https://www.silverinstitute.org/silver-supply-demand/
91 https://pubs.usgs.gov/periodicals/mcs2024/mcs2024-silver.pdf
92 https://www.silverinstitute.org/silver-supply-demand/
93 https://www.silverinstitute.org/silver-supply-demand/
94 https://www.silverinstitute.org/silver-supply-demand/
95 https://www.silverinstitute.org/silver-supply-demand/
96 https://www.silverinstitute.org/silver-supply-demand/
97 https://www.silverinstitute.org/silver-supply-demand/
98 https://www.silverinstitute.org/silver-supply-demand/
99 https://www.silverinstitute.org/silver-supply-demand/
100 https://www.silverinstitute.org/silver-supply-demand/
101 https://www.statmuse.com/money/ask/silver-price-per-ounce-december-2023
102 https://moneyweek.com/investments/commodities/gold-silver-ratio
103 https://www.bundesbank.de/de/aufgaben/themen/der-goldstandard-und-seine-geschichte-619894
104 https://www.bundesbank.de/de/aufgaben/themen/geschichte-des-geldes-vom-pfennig-zur-mark-667462
105 https://www.bundesbank.de/de/aufgaben/themen/der-goldstandard-und-seine-geschichte-619894
106 https://www.imf.org/en/Statistics/IMFWHS
107 https://www.bis.org/statistics/resstats.htm
108 https://www.imf.org/en/About/Factsheets/Sheets/2016/08/01/14/51/Special-Drawing-Right-SDR
109 https://www.ishares.com/us/products/239855/ishares-silver-trust
110 https://www.silverinstitute.org/silver-supply-demand/
111 https://www.silverinstitute.org/silver-supply-demand/
112 https://www.cftc.gov/Learn/HistoryoftheCFTC/history_cftc1980s.html
113 https://www.cftc.gov/Learn/HistoryoftheCFTC/history_cftc1980s.html
114 https://www.silverinstitute.org/silver-investment-demand-report-2023/
115 https://www.silverinstitute.org/silver-supply-demand/
116 https://www.bundesbank.de/de/aufgaben/themen/der-goldstandard-und-seine-geschichte-619894

117 https://www.bundesbank.de/de/aufgaben/themen/geschichte-des-geldes-vom-pfennig-zur-mark-667462
118 https://www.imf.org/en/Statistics/IMFWHS
119 https://pubs.usgs.gov/periodicals/mcs2024/mcs2024-silver.pdf
120 https://www.lbma.org.uk/prices-and-data/precious-metal-prices#silver
121 https://www.silverinstitute.org/silver-supply-demand/
122 https://www.silverinstitute.org/silver-supply-demand/
123 https://www.statmuse.com/money/ask/silver-price-per-ounce-monthly-2024
124 https://www.lbma.org.uk/prices-and-data/precious-metal-prices#/table
125 https://www.silverinstitute.org/silver-supply-demand/
126 https://www.cftc.gov/Learn/HistoryoftheCFTC/history_cftc1980s.html
127 https://www.silverinstitute.org/silver-supply-demand/
128 https://www.silverinstitute.org/silver-supply-demand/
129 https://www.silverinstitute.org/silver-supply-demand/
130 https://www.silverinstitute.org/silver-supply-demand/
131 https://www.silverinstitute.org/silver-supply-demand/
132 https://www.silverinstitute.org/silver-supply-demand/
133 https://www.silverinstitute.org/silver-supply-demand/
134 https://www.lbma.org.uk/prices-and-data/precious-metal-prices#silver
135 https://www.bpb.de/themen/wirtschaft/energiepolitik/rohstoffpreise-und-maerkte/
136 https://www.silverinstitute.org/silver-supply-demand/
137 https://www.silverinstitute.org/silver-supply-demand/
138 https://www.lbma.org.uk/prices-and-data/precious-metal-prices#silver
139 https://www.cftc.gov/Learn/HistoryoftheCFTC/history_cftc1980s.html
140 https://www.silverinstitute.org/silver-supply-demand/
141 https://www.lbma.org.uk/prices-and-data/precious-metal-prices#silver
142 https://www.silverinstitute.org/silver-supply-demand/
143 https://www.silverinstitute.org/silver-supply-demand/
144 https://www.cftc.gov/MarketReports/CommitmentsofTraders/HistoricalViewable/index.htm
145 https://www.lbma.org.uk/prices-and-data/london-vault-holdings#silver
146 https://silverinstitute.org/global-silver-market-forecast-to-remain-in-a-sizeable-deficit-in-2025/
147 https://www.silverinstitute.org/silver-supply-demand/
148 https://www.silverinstitute.org/silver-supply-demand/
149 https://thedocs.worldbank.org/en/doc/1b388949805c9a0ae3736bdacb32ea94-0050012025/original/CMO-April-2025.pdf
150 https://www.bls.gov/data/inflation_calculator.htm
151 https://www.silverinstitute.org/silver-supply-demand/
152 https://www.tradingview.com/symbols/XAGUSD/

153 https://www.loc.gov/item/uscode1792/
154 https://www.macrotrends.net/1441/gold-to-silver-ratio-historical-chart
155 https://www.macrotrends.net/1441/gold-to-silver-ratio-historical-chart
156 https://www.silverinstitute.org/silver-supply-demand/
157 https://www.macrotrends.net/1441/gold-to-silver-ratio-historical-chart
158 https://www.silverinstitute.org/silver-supply-demand/
159 https://www.silverinstitute.org/silver-supply-demand/
160 https://www.iea.org/reports/the-role-of-critical-minerals-in-clean-energy-transitions
161 https://www.silverinstitute.org/silvers-growing-role-in-the-automotive-industry/
162 https://www.silverinstitute.org/silver-supply-demand/
163 https://www.silverinstitute.org/silver-in-medicine-and-water-purification/
164 https://www.silverinstitute.org/silver-supply-demand/
165 https://www.silverinstitute.org/silver-supply-demand/
166 https://www.silverinstitute.org/silver-supply-demand/
167 https://www.silverinstitute.org/silver-supply-demand/
168 https://www.silverinstitute.org/silver-supply-demand/
169 https://www.silverinstitute.org/silver-supply-demand/
170 https://www.silverinstitute.org/silver-supply-demand/
171 https://www.umweltbundesamt.de/themen/rohstoff-silber-vorkommen-nutzung-recycling
172 https://www.silverinstitute.org/silver-supply-demand/
173 https://www.silverinstitute.org/silver-supply-demand/
174 https://www.silverinstitute.org/silver-supply-demand/
175 https://silverinstitute.org/global-silver-market-forecast-to-remain-in-a-sizeable-deficit-in-2025/
176 https://www.lbma.org.uk/prices-and-data/london-vault-holdings#silver
177 https://www.lbma.org.uk/prices-and-data/london-vault-holdings#silver
178 https://www.reuters.com/business/reddit-traders-trigger-silver-squeeze-frenzy-2021-02-01/
179 https://pubs.usgs.gov/periodicals/mcs2024/mcs2024-silver.pdf
180 https://www.silverinstitute.org/silver-supply-demand/
181 https://www.reuters.com/article/us-usa-trade-mexico-impact-idUSKCN1T52I4
182 https://www.whitehouse.gov/fact-sheets/2025/02/fact-sheet-president-donald-j-trump-imposes-tariffs-on-imports-from-canada-mexico-and-china/
183 https://www.imf.org/en/Blogs/Articles/2023/05/15/the-return-of-resource-nationalism
184 https://thedocs.worldbank.org/en/doc/8c3a5efb8d9c3b22c4a12b2b8d38f9f3-0050012024/original/CMO-April-2024.pdf
185 https://www.silverinstitute.org/silver-supply-demand/
186 https://www.silverinstitute.org/silver-supply-demand/

187 https://www.silverinstitute.org/silver-supply-demand/
188 https://www.iea.org/reports/the-role-of-critical-minerals-in-clean-energy-transitions
189 https://www.imf.org/en/Publications/WEO/Issues/2023/04/11/world-economic-outlook-april-2023
190 https://www.imf.org/en/Publications/WEO/Issues/2023/04/11/world-economic-outlook-april-2023
191 https://www.lbma.org.uk/prices-and-data/precious-metal-prices#silver
192 https://www.silverinstitute.org/silver-supply-demand/
193 https://www.silverinstitute.org/silver-supply-demand/
194 https://www.silverinstitute.org/silver-supply-demand/
195 https://www.silverinstitute.org/silver-supply-demand/
196 https://www.ishares.com/us/products/239855/ishares-silver-trust
197 https://www.silverinstitute.org/silver-supply-demand/
198 https://www.silverinstitute.org/silver-supply-demand/
199 https://www.reuters.com/business/reddit-traders-trigger-silver-squeeze-frenzy-2021-02-01/
200 https://www.silverinstitute.org/silver-supply-demand/
201 https://www.silverinstitute.org/silver-supply-demand/
202 https://www.silverinstitute.org/silver-supply-demand/
203 https://www.bundesbank.de/de/aufgaben/themen/geschichte-des-geldes-vom-pfennig-zur-mark-667462
204 https://www.bundesbank.de/de/aufgaben/themen/der-goldstandard-und-seine-geschichte-619894
205 https://www.chemie.de/lexikon/Silber.html
206 https://www.usmint.gov/learn/history/historical-legislation/coinage-act-of-1965
207 https://www.silverinstitute.org/silver-supply-demand/
208 https://www.cftc.gov/Learn/HistoryoftheCFTC/history_cftc1980s.html
209 https://www.lbma.org.uk/prices-and-data/precious-metal-prices#silver
210 https://www.silverinstitute.org/silver-supply-demand/
211 https://www.silverinstitute.org/silver-supply-demand/
212 https://www.silverinstitute.org/silver-supply-demand/
213 https://www.silverinstitute.org/silver-supply-demand/
214 https://le.utah.gov/~2011/bills/static/HB0317.html
215 https://le.utah.gov/~2011/bills/static/HB0317.html
216 https://www.imf.org/en/Publications/WP/Issues/2022/10/14/Inflation-and-Exchange-Rate-Instability-in-Emerging-Economies-524805
217 https://www.silverinstitute.org/silver-supply-demand/
218 https://www.silverinstitute.org/silver-supply-demand/
219 https://www.umweltbundesamt.de/themen/rohstoff-silber-vorkommen-nutzung-recycling
220 https://www.silverinstitute.org/silver-supply-demand/

221 https://www.silverinstitute.org/silver-supply-demand/
222 https://www.ise.fraunhofer.de/de/presse-und-medien/news/2020/silberverbrauch-in-der-photovoltaik.html
223 https://www.silverinstitute.org/silver-supply-demand/
224 https://www.silverinstitute.org/silvers-growing-role-in-the-automotive-industry/
225 https://www.silverinstitute.org/silver-supply-demand/
226 https://pubs.usgs.gov/periodicals/mcs2024/mcs2024-silver.pdf
227 https://www.silverinstitute.org/silver-supply-demand/
228 https://www.ise.fraunhofer.de/de/presse-und-medien/news/2020/silberverbrauch-in-der-photovoltaik.html
229 https://www.umweltbundesamt.de/themen/rohstoff-silber-vorkommen-nutzung-recycling
230 https://www.silverinstitute.org/silvers-growing-role-in-the-automotive-industry/
231 https://www.silverinstitute.org/silvers-growing-role-in-the-automotive-industry/
232 https://www.kba.de/DE/Statistik/Fahrzeuge/Bestand/Umwelt/umwelt_node.html
233 https://www.iea.org/reports/global-ev-outlook-2024
234 https://www.silverinstitute.org/silvers-growing-role-in-the-automotive-industry/
235 https://www.ise.fraunhofer.de/de/presse-und-medien/news/2020/silberverbrauch-in-der-photovoltaik.html
236 https://www.ise.fraunhofer.de/de/presse-und-medien/news/2020/silberverbrauch-in-der-photovoltaik.html
237 https://www.silverinstitute.org/silver-supply-demand/
238 https://www.iea.org/reports/world-energy-outlook-2023
239 https://www.ise.fraunhofer.de/de/presse-und-medien/news/2020/silberverbrauch-in-der-photovoltaik.html
240 https://www.elektronikpraxis.de/warum-silber-in-der-elektronik-unverzichtbar-ist-a-1017081/
241 https://www.silverinstitute.org/silver-in-electronics/
242 https://www.umweltbundesamt.de/themen/rohstoff-silber-vorkommen-nutzung-recycling
243 https://www.silverinstitute.org/silvers-role-in-5g-and-data-centers/
244 https://www.silverinstitute.org/silvers-role-in-5g-and-data-centers/
245 https://www.umweltbundesamt.de/themen/produktion-konsum/verbraucherprodukte/nutzungsdauer-obsoleszenz-elektro-elektronikgeraete
246 https://www.silverinstitute.org/silver-supply-demand/
247 https://www.lbma.org.uk/prices-and-data/london-vault-holdings#silver
248 https://www.silverinstitute.org/silver-supply-demand/
249 https://www.umweltbundesamt.de/themen/rohstoff-silber-vorkommen-nutzung-recycling
250 https://pubs.usgs.gov/periodicals/mcs2024/mcs2024-silver.pdf
251 https://www.ise.fraunhofer.de/de/presse-und-medien/news/2020/silberverbrauch-in-der-photovoltaik.html

252 https://www.ise.fraunhofer.de/de/presse-und-medien/news/2021/kupfer-als-ersatz-fuer-silber-in-solarzellen.html
253 https://www.ise.fraunhofer.de/de/presse-und-medien/news/2021/kupfer-als-ersatz-fuer-silber-in-solarzellen.html
254 https://www.umweltbundesamt.de/themen/rohstoff-silber-vorkommen-nutzung-recycling
255 https://www.chemie.de/lexikon/Silber-Zink-Batterie.html
256 https://www.mpia.de/de/forschung/optische-beschichtungen-fuer-teleskope
257 https://www.umweltbundesamt.de/themen/abfall-ressourcen/elektro-und-elektronikaltgeraete
258 https://www.ise.fraunhofer.de/de/presse-und-medien/news/2022/recycling-von-solarzellen-und-rueckgewinnung-von-silber.html
259 https://www.umweltbundesamt.de/themen/abfall-ressourcen/ressourcenschonung/strategien-fuer-eine-nachhaltige-rohstoffwirtschaft
260 https://www.ise.fraunhofer.de/de/presse-und-medien/news/2020/silberverbrauch-in-der-photovoltaik.html
261 https://www.ise.fraunhofer.de/de/forschungsfelder/photovoltaik/solarzellen-und-technologien.html
262 https://www.silverinstitute.org/silvers-growing-role-in-the-automotive-industry/
263 https://www.usgs.gov/centers/national-minerals-information-center
264 https://pubs.usgs.gov/periodicals/mcs2024/mcs2024-silver.pdf
265 https://www.heraeus.com/de/group/about_heraeus/edelmetalle_und_qualitaet.html
266 https://www.umicore.de/de/geschaeftseinheiten/precious-metals-management/edelmetallbarren/
267 https://www.lbma.org.uk/good-delivery/silver
268 https://www.silverinstitute.org/silver-investment-demand-report-2023/
269 https://www.usmint.gov/coins/coin-medal-programs/american-eagle/american-silver-eagle
270 https://www.usmint.gov/coins/coin-medal-programs/american-eagle/american-silver-eagle
271 https://www.muenzeoesterreich.at/produkte/wiener-philharmoniker-silber
272 https://www.mint.ca/en/shop/bullion/silver-bullion/silver-maple-leaf-bullion-coin
273 https://www.silverinstitute.org/silver-investment-demand-report-2023/
274 https://www.silverinstitute.org/silver-investment-demand-report-2023/
275 https://www.lbma.org.uk/good-delivery/silver
276 https://www.umicore.de/de/geschaeftseinheiten/precious-metals-management/edelmetallbarren/
277 https://www.silverinstitute.org/silver-investment-demand-report-2023/
278 https://www.silverinstitute.org/silver-investment-demand-report-2023/
279 https://www.umicore.de/de/geschaeftseinheiten/precious-metals-management/edelmetallbarren/
280 https://www.silverinstitute.org/silver-investment-demand-report-2023/

281 https://www.mint.ca/en/shop/bullion/security-features
282 https://www.heraeus.com/de/group/products_and_solutions/edelmetallbarren.html
283 https://www.perthmint.com/shop/bullion/australian-lunar-series-iii/
284 https://www.silverinstitute.org/silver-investment-demand-report-2023/
285 https://en.chngc.net/CategoryPage/CategoryPage?category=SilverPandaCoins
286 https://www.silverinstitute.org/silver-investment-demand-report-2023/
287 https://www.muenze-deutschland.de/produkte/cook-islands-muenzbarren/
288 https://www.bundesfinanzministerium.de/Content/DE/Standardartikel/Themen/Steuern/Internationales_Steuerrecht/umsatzsteuer-bei-edelmetallen.html
289 https://www.gesetze-im-internet.de/ustg_1980/__25a.html
290 https://www.gesetze-im-internet.de/ustg_1980/__25a.html
291 https://www.orsuisse.ch/zollfreilagerung-fuer-edelmetallhaendler/
292 https://www.gesetze-im-internet.de/estg/__23.html
293 https://www.bundesfinanzministerium.de/Content/DE/Standardartikel/Themen/Steuern/Weitere_Steuerthemen/abgeltungsteuer.html
294 https://www.gesetze-im-internet.de/estg/__23.html
295 https://www.gesetze-im-internet.de/tmg/__5.html
296 https://www.bsi.bund.de/DE/Themen/Verbraucherinnen-und-Verbraucher/Einrichtung-und-Nutzung/Kommunikation-im-Internet/ssl-tls/ssl-tls_node.html
297 https://www.muenzenverband.de/mitgliederverzeichnis/
298 https://www.gold.de/forum/
299 https://www.muenzenverband.de/
300 https://www.gold.de/silberpreise/
301 https://www.verbraucherzentrale.de/wissen/digitale-welt/onlineshopping/unrealistische-preise-und-fake-shops-erkennen-13696
302 https://www.muenzenverband.de/sicherer-edelmetallkauf/
303 https://www.lbma.org.uk/good-delivery/silver
304 https://www.verbraucherzentrale.de/wissen/digitale-welt/onlineshopping/woran-sie-serioese-onlineshops-erkennen-13696
305 https://www.bka.de/DE/Presse/Listenseite_Pressemitteilungen/2023/Presse2023/231201_FakeShops.html
306 https://www.gold.de/fakeshop-blacklist/
307 https://www.polizei-beratung.de/themen-und-tipps/einbruch/
308 https://vds.de/de/leistungen/zertifikate/zertifikate-tresore-und-geldschraenke
309 https://www.verbraucherzentrale.de/wissen/geld-versicherungen/vorsorgeversicherung/bankschliessfach-sicherheit-fuer-wertsachen-13687
310 https://www.bbk.bund.de/DE/Themen/Vorsorge/vorsorge_node.html
311 https://www.bundesfinanzministerium.de/Content/DE/Standardartikel/Themen/Steuern/Weitere_Steuerthemen/erbschaftsteuer.html
312 https://www.gold.de/zollfreilager/
313 https://www.orsuisse.ch/zollfreilagerung-fuer-edelmetallhaendler/
314 https://www.silverinstitute.org/silver-investment-demand-report-2023/

315 https://www.lbma.org.uk/good-delivery/silver
316 https://www.silverinstitute.org/silver-investment-demand-report-2023/
317 https://www.muenzenverband.de/sicherer-edelmetallkauf/
318 https://www.muenzenverband.de/sicherer-edelmetallkauf/
319 https://www.muenzenverband.de/sicherer-edelmetallkauf/
320 https://www.silverinstitute.org/silver-supply-demand/
321 https://www.bundesbank.de/de/aufgaben/themen/geldanlage-in-edelmetallen-chancen-und-risiken-890888
322 https://www.verbraucherzentrale.de/wissen/geld-versicherungen/sparen-und-anlegen/cost-average-effekt-regelmaessig-investieren-und-kursschwankungen-ausgleichen-13042
323 https://www.muenzenverband.de/sicherer-edelmetallkauf/
324 https://www.gold.de/silberpreise/
325 https://www.lbma.org.uk/good-delivery/silver
326 https://www.silverinstitute.org/silver-investment-demand-report-2023/
327 https://www.perthmint.com/shop/collector-coins/silver-coins/
328 https://en.chngc.net/CategoryPage/CategoryPage?category=SilverPandaCoins
329 https://www.perthmint.com/shop/bullion/australian-kookaburra-silver-bullion-coin
330 https://www.usmint.gov/learn/history/historical-legislation/historic-us-coinage
331 https://www.umweltbundesamt.de/themen/rohstoff-silber-vorkommen-nutzung-recycling
332 https://www.umicore.de/de/geschaeftseinheiten/recycling/
333 https://www.muenzenverband.de/sicherer-edelmetallkauf/
334 https://www.esma.europa.eu/policy-activities/funds/ucits
335 https://www.bafin.de/DE/Verbraucher/Geldanlage/Wertpapiere/ETFs_ETCs_ETNs/etcs_node.html
336 https://etf.dws.com/de-de/DEU/ETF/DE000A1E0HS6-Xtrackers-Physical-Silver-ETC
337 https://www.wisdomtree.eu/en-ch/products/etps/commodities/precious-metals/core-physical-silver
338 https://www.swisscanto.com/de/privatkunden/anlegen/edelmetallfonds.html
339 https://www.bafin.de/DE/Verbraucher/Geldanlage/Wertpapiere/ETFs_ETCs_ETNs/etcs_node.html
340 https://www.bundesfinanzhof.de/de/entscheidung/entscheidungen-online/detail/STRE202050216/
341 https://www.gesetze-im-internet.de/estg/__23.html
342 https://www.ishares.com/us/products/239855/ishares-silver-trust
343 https://www.bundesfinanzministerium.de/Content/DE/Standardartikel/Themen/Steuern/Weitere_Steuerthemen/abgeltungsteuer.html
344 https://www.bafin.de/DE/Verbraucher/Geldanlage/Wertpapiere/ETFs_ETCs_ETNs/etns_node.html

345 https://www.bafin.de/DE/Verbraucher/Geldanlage/Wertpapiere/Zertifikate/zertifikate_node.html
346 https://www.bafin.de/DE/Verbraucher/Geldanlage/Wertpapiere/Zertifikate/zertifikate_node.html
347 https://www.cftc.gov/Learn/Advisories-and-Articles/UnderstandingOptions.html
348 https://www.bafin.de/DE/Verbraucher/Geldanlage/Wertpapiere/Optionsscheine/optionsscheine_node.html
349 https://www.cmegroup.com/markets/metals/precious/silver.contractSpecification.html
350 https://www.bafin.de/DE/Verbraucher/Geldanlage/Wertpapiere/CFDs/cfds_node.html
351 https://www.bafin.de/DE/Verbraucher/Geldanlage/Wertpapiere/CFDs/cfds_node.html
352 https://www.bafin.de/DE/Verbraucher/Geldanlage/Wertpapiere/Hebelprodukte/hebelprodukte_node.html
353 https://www.bafin.de/DE/Verbraucher/Geldanlage/Wertpapiere/ETFs_ETCs_ETNs/etcs_node.html
354 https://www.deutsche-boerse.com/dbg-de/handel/marktmodell/market-maker
355 https://www.bafin.de/DE/Verbraucher/Geldanlage/Wertpapiere/ETFs_ETCs_ETNs/etcs_node.html
356 https://www.verbraucherzentrale.de/wissen/geld-versicherungen/sparen-und-anlegen/edelmetalle-kaufen-worauf-sie-achten-sollten-13247
357 https://www.bundesfinanzministerium.de/Content/DE/Standardartikel/Themen/Steuern/Internationales_Steuerrecht/umsatzsteuer-bei-edelmetallen.html
358 https://www.bafin.de/DE/Verbraucher/Geldanlage/Wertpapiere/ETFs_ETCs_ETNs/etcs_node.html
359 https://www.bafin.de/DE/Verbraucher/Geldanlage/Wertpapiere/Hebelprodukte/hebelprodukte_node.html
360 https://www.bafin.de/DE/Verbraucher/Geldanlage/Wertpapiere/Hebelprodukte/hebelprodukte_node.html
361 https://www.bundesbank.de/de/aufgaben/themen/geldanlage-in-edelmetallen-chancen-und-risiken-890888
362 https://www.silverinstitute.org/silver-investment-demand-report-2023/
363 https://www.bafin.de/DE/Verbraucher/Geldanlage/Wertpapiere/ETFs_ETCs_ETNs/etcs_node.html
364 https://www.bundesfinanzhof.de/de/entscheidung/entscheidungen-online/detail/STRE202050216/
365 https://www.wisdomtree.eu/en-ch/products/etps/commodities/precious-metals/core-physical-silver
366 https://www.bafin.de/DE/Verbraucher/Geldanlage/Wertpapiere/Hebelprodukte/hebelprodukte_node.html
367 https://www.cftc.gov/Learn/Advisories-and-Articles/UnderstandingOptions.html

368 https://www.bafin.de/DE/Verbraucher/Geldanlage/Wertpapiere/ETFs_ETCs_ETNs/etcs_node.html

369 https://www.bafin.de/DE/Verbraucher/Geldanlage/Wertpapiere/ETFs_ETCs_ETNs/etns_node.html

370 https://www.bafin.de/DE/Verbraucher/Geldanlage/Wertpapiere/ETFs_ETCs_ETNs/etcs_node.html

371 https://www.penguinrandomhouse.com/books/176226/the-black-swan-second-edition-by-nassim-nicholas-taleb/

372 https://www.bafin.de/DE/Verbraucher/Geldanlage/Wertpapiere/CFDs/cfds_node.html

373 https://www.esma.europa.eu/press-news/esma-news/esma-renews-restrictions-cfds-retail-clients-eu

374 https://www.cmegroup.com/education/courses/understanding-trading-fundamentals/price-limits-and-circuit-breakers.html

375 https://www.bundesbank.de/de/aufgaben/themen/wechselkurs-und-rohstoffpreise-856594

376 https://www.bafin.de/DE/Verbraucher/Geldanlage/Wertpapiere/ETFs_ETCs_ETNs/etcs_node.html

377 https://www.penguinrandomhouse.com/books/176226/the-black-swan-second-edition-by-nassim-nicholas-taleb/

378 Nassim Nicholas Taleb – Antifragilität: Anleitung für eine Welt, die wir nicht verstehen (Antifragile, 2012)

379 https://www.bundesfinanzministerium.de/Content/DE/Standardartikel/Themen/Steuern/Weitere_Steuerthemen/abgeltungsteuer.html

380 https://www.bundesfinanzministerium.de/Content/DE/Standardartikel/Themen/Steuern/Internationales_Steuerrecht/umsatzsteuer-bei-edelmetallen.html

381 Nassim Nicholas Taleb – The Black Swan: The Impact of the Highly Improbable (Random House, 2007)

382 Nassim Nicholas Taleb – Antifragilität: Anleitung für eine Welt, die wir nicht verstehen (Antifragile, 2012)

383 Nassim Nicholas Taleb – The Black Swan: The Impact of the Highly Improbable (Random House, 2007)

384 Nassim Nicholas Taleb – Antifragilität: Anleitung für eine Welt, die wir nicht verstehen (Antifragile, 2012)

385 https://www.govinfo.gov/app/details/GPO-FCIC

386 Nassim Nicholas Taleb – Antifragilität: Anleitung für eine Welt, die wir nicht verstehen (Antifragile, 2012)

387 Nassim Nicholas Taleb – Skin in the Game: Hidden Asymmetries in Daily Life (2018)

388 Nassim Nicholas Taleb – Interview mit der Financial Times: »Gold is a hedge against human stupidity« (Financial Times, 2010)

389 Nassim Nicholas Taleb – Antifragilität: Anleitung für eine Welt, die wir nicht verstehen (Antifragile, 2012)

390 https://www.gesetze-im-internet.de/estg/__23.html
391 https://www.bundesfinanzhof.de/de/entscheidung/entscheidungen-online/detail/STRE202050216/
392 https://www.bundesfinanzhof.de/de/entscheidung/entscheidungen-online/detail/STRE202050216/
393 https://www.bundesfinanzministerium.de/Content/DE/Standardartikel/Themen/Steuern/Weitere_Steuerthemen/abgeltungsteuer.html
394 https://www.bundesfinanzministerium.de/Content/DE/Standardartikel/Themen/Steuern/Internationales_Steuerrecht/umsatzsteuer-bei-edelmetallen.html
395 https://www.bundesfinanzministerium.de/Content/DE/Standardartikel/Themen/Steuern/Internationales_Steuerrecht/umsatzsteuer-bei-edelmetallen.html
396 https://taxation-customs.ec.europa.eu/customs-4/individuals_en
397 https://www.bundesfinanzministerium.de/Content/DE/Standardartikel/Themen/Steuern/Weitere_Steuerthemen/abgeltungsteuer.html
398 Bundesministerium der Finanzen – Sparer-Pauschbetrag (§ 20 Abs. 9 EStG)
399 https://www.bundesfinanzhof.de/de/entscheidung/entscheidungen-online/detail/STRE202050216/
400 https://www.bafin.de/DE/Verbraucher/Geldanlage/Wertpapiere/Hebelprodukte/hebelprodukte_node.html
401 https://www.bafin.de/DE/Verbraucher/Geldanlage/Wertpapiere/KomplexeProdukte/komplexeprodukte_node.html
402 https://www.silverinstitute.org/silver-investment-demand-report-2023/
403 https://www.wisdomtree.eu/en-ch/products/etps/commodities/precious-metals/core-physical-silver
404 https://www.bundesbank.de/de/aufgaben/themen/geldanlage-in-edelmetallen-chancen-und-risiken-890888
405 Nassim Nicholas Taleb – Antifragilität: Anleitung für eine Welt, die wir nicht verstehen (Antifragile, 2012)
406 https://www.bundesbank.de/de/aufgaben/themen/diversifikation-und-anlagegrundsaetze-890889
407 https://www.bundesbank.de/de/aufgaben/themen/geldanlage-und-diversifikation-890889
408 https://www.verbraucherzentrale.de/wissen/geld-versicherungen/sparen-und-anlegen/edelmetalle-kaufen-worauf-sie-achten-sollten-13247
409 https://www.bafin.de/DE/Verbraucher/Geldanlage/Wertpapiere/Optionsscheine/optionsscheine_node.html
410 https://www.bundesfinanzhof.de/de/entscheidung/entscheidungen-online/detail/STRE202050216/
411 https://www.bundesfinanzministerium.de/
412 https://www.bafin.de/DE/Verbraucher/Geldanlage/Strategien/strategien_node.html
413 https://www.lbma.org.uk/prices-and-data

414 https://www.reuters.com/business/finance/robinhood-other-brokers-restrict-trading-2021-01-28/
415 https://www.bundesbank.de/de/aufgaben/themen/geldanlage-in-edelmetallen-chancen-und-risiken-890888
416 https://www.silverinstitute.org/silver-supply-demand/
417 https://www.silverinstitute.org/silver-supply-demand/
418 https://www.panamericansilver.com/operations/
419 https://www.silverinstitute.org/silver-supply-demand/
420 https://www.silverinstitute.org/silver-supply-demand/
421 https://thecse.com/en/listing-requirements/mining
422 https://www.usgs.gov/centers/national-minerals-information-center
423 https://www.mines.edu/research/
424 https://www.silverinstitute.org/silver-supply-demand/
425 https://www.usgs.gov/centers/national-minerals-information-center
426 https://thecse.com/en/listing-requirements/mining
427 https://www.spglobal.com/marketintelligence/en/news-insights/research/world-exploration-trends-2022
428 https://www.silverinstitute.org/silver-supply-demand/
429 https://www.usgs.gov/special-topics/minerals/life-cycle-of-a-mine
430 https://www.silverinstitute.org/silver-supply-demand/
431 https://www.silverinstitute.org/silver-supply-demand/
432 https://www.silverinstitute.org/silver-supply-demand/
433 https://www.silverinstitute.org/silver-supply-demand/
434 https://www.silverinstitute.org/silver-supply-demand/
435 https://www.worldbank.org/en/topic/extractiveindustries/publication/resource-nationalism-in-mining
436 https://www.reuters.com/article/us-tahoe-resources-guatemala-idUSKBN19R2N1
437 https://www.panamericansilver.com/operations/guatemala/escobal/
438 https://www.imf.org/en/Blogs/Articles/2023/05/15/the-return-of-resource-nationalism
439 https://www.silverinstitute.org/silver-supply-demand/
440 https://www.sec.gov/oiea/investor-alerts-and-bulletins/ib_dilution
441 Nassim Nicholas Taleb – Antifragilität: Anleitung für eine Welt, die wir nicht verstehen (Antifragile, 2012)
442 https://www.silverinstitute.org/silver-supply-demand/
443 https://www.reuters.com/article/us-chile-codelco-landslide-idUSKBN1X92C2
444 https://www.panamericansilver.com/investors/financial-reports-and-filings/
445 https://www.reuters.com/article/us-vale-sa-dam-collapse-idUSKCN1PJ1LH
446 https://www.silverinstitute.org/silver-supply-demand/
447 https://www.lbma.org.uk/prices-and-data/precious-metal-prices#silver
448 https://www.nyse.com/quote/index/GDMNTR

449 Nassim Nicholas Taleb – Antifragilität: Anleitung für eine Welt, die wir nicht verstehen (Antifragile, 2012)
450 https://www.panamericansilver.com/investors/financial-reports-and-filings/
451 https://www.panamericansilver.com/operations/reserves-and-resources/
452 https://www.panamericansilver.com/investors/
453 https://www.firstmajestic.com/operations/default.aspx
454 https://www.firstmajestic.com/investors/financial-reports/default.aspx
455 https://www.firstmajestic.com/investors/financial-reports/default.aspx
456 https://magsilver.com/projects/juanicipio-project/
457 https://magsilver.com/company/corporate-overview/
458 https://magsilver.com/projects/overview/
459 https://www.globenewswire.com/news-release/2025/07/18/3139827/0/en/Pan-American-Silver-to-Acquire-MAG-Silver.html
460 https://silvercrestmetals.com/projects/las-chispas-operation/default.aspx
461 https://silvercrestmetals.com/news/default.aspx
462 https://silvercrestmetals.com/investors/presentations/default.aspx
463 Nassim Nicholas Taleb – Antifragilität: Anleitung für eine Welt, die wir nicht verstehen (Antifragile, 2012)
464 https://www.silverinstitute.org/silver-supply-demand/
465 Nassim Nicholas Taleb – The Black Swan: The Impact of the Highly Improbable (Random House, 2007)
466 https://www.silverinstitute.org/silver-supply-demand/
467 Nassim Nicholas Taleb – Skin in the Game: Hidden Asymmetries in Daily Life (2018)
468 https://www.securities-administrators.ca/
469 Nassim Nicholas Taleb – Antifragilität: Anleitung für eine Welt, die wir nicht verstehen (Antifragile, 2012)
470 Nassim Nicholas Taleb – Antifragilität: Anleitung für eine Welt, die wir nicht verstehen (Antifragile, 2012)
471 https://www.silverinstitute.org/silver-supply-demand/
472 https://www.silverinstitute.org/silver-supply-demand/
473 https://www.usgs.gov/centers/national-minerals-information-center
474 https://www.usgs.gov/centers/national-minerals-information-center
475 https://www.silverinstitute.org/silver-supply-demand/
476 https://www.sec.gov/
477 https://www.sec.gov/
478 https://www.silverinstitute.org/silver-supply-demand/
479 https://www.sec.gov/oiea/investor-alerts-and-bulletins/ib_dilution
480 https://www.sec.gov/
481 https://www.silverinstitute.org/silver-supply-demand/
482 https://www.silverinstitute.org/silver-supply-demand/

483 https://www.reuters.com/article/us-silver-first-majestic-idUSKBN2A11F8
484 https://www.silverinstitute.org/silver-supply-demand/
485 https://www.macrotrends.net/1441/gold-to-silver-ratio-historical-chart
486 https://www.silverinstitute.org/silver-supply-demand/
487 https://thecse.com/en/listing-requirements/mining
488 https://www.silverinstitute.org/silver-supply-demand/
489 Nassim Nicholas Taleb – Antifragilität: Anleitung für eine Welt, die wir nicht verstehen (Antifragile, 2012)
490 https://www.bafin.de/DE/Verbraucher/Geldanlage/Wertpapiere/Hebelprodukte/hebelprodukte_node.html
491 https://www.bundesbank.de/de/aufgaben/themen/geldanlage-und-diversifikation-890889
492 https://www.globalxetfs.eu/funds/global-x-silver-miners-ucits-etf/
493 https://www.bundesbank.de/de/aufgaben/themen/geldanlage-und-diversifikation-890889
494 https://www.silverinstitute.org/silver-supply-demand/
495 Nassim Nicholas Taleb – Antifragilität: Anleitung für eine Welt, die wir nicht verstehen (Antifragile, 2012)
496 https://www.bafin.de/DE/Verbraucher/Geldanlage/Wertpapiere/Optionsscheine/optionsscheine_node.html
497 https://www.silverinstitute.org/silver-supply-demand/
498 https://www.silverinstitute.org/silver-supply-demand/
499 Nassim Nicholas Taleb – Antifragilität: Anleitung für eine Welt, die wir nicht verstehen (Antifragile, 2012)
500 Nassim Nicholas Taleb – The Black Swan: The Impact of the Highly Improbable (Random House, 2007)
501 Nassim Nicholas Taleb – Antifragilität: Anleitung für eine Welt, die wir nicht verstehen (Antifragile, 2012)
502 Nassim Nicholas Taleb – The Black Swan: The Impact of the Highly Improbable (Random House, 2007)
503 Nassim Nicholas Taleb – Antifragilität: Anleitung für eine Welt, die wir nicht verstehen (Antifragile, 2012)
504 https://www.bundesbank.de/de/aufgaben/themen/geldanlage-in-edelmetallen-chancen-und-risiken-890888
505 https://www.silverinstitute.org/silver-supply-demand/
506 https://www.bundesbank.de/de/aufgaben/themen/geldanlage-in-edelmetallen-chancen-und-risiken-890888
507 https://www.verbraucherzentrale.de/wissen/geld-versicherungen/sparen-und-anlegen/edelmetalle-kaufen-worauf-sie-achten-sollten-13247
508 https://www.silverinstitute.org/silver-supply-demand/
509 https://www.silverinstitute.org/silver-supply-demand/

510 https://www.cmegroup.com/markets/metals/precious/silver.contractSpecification.html
511 Nassim Nicholas Taleb – Antifragilität: Anleitung für eine Welt, die wir nicht verstehen (Antifragile, 2012)
512 Nassim Nicholas Taleb – Skin in the Game: Hidden Asymmetries in Daily Life (2018)
513 https://www.wisdomtree.eu/en-ch/products/etps/commodities/precious-metals/physical-silver
514 Nassim Nicholas Taleb – Antifragilität: Anleitung für eine Welt, die wir nicht verstehen (Antifragile, 2012)
515 https://www.bundesbank.de/de/aufgaben/themen/geldanlage-in-edelmetallen-chancen-und-risiken-890888
516 https://www.silverinstitute.org/silver-supply-demand/
517 https://www.bundesbank.de/de/aufgaben/themen/geldanlage-und-diversifikation-890889
518 https://www.silverinstitute.org/silver-supply-demand/
519 https://www.bundesbank.de/de/aufgaben/themen/geldanlage-in-edelmetallen-chancen-und-risiken-890888
520 Nassim Nicholas Taleb – Antifragilität: Anleitung für eine Welt, die wir nicht verstehen (Antifragile, 2012)
521 https://www.bundesbank.de/de/statistiken/geld-und-kapitalmaerkte/geldmenge-und-geldsch%C3%B6pfung/inflation-und-kaufkraft-890901
522 https://www.bundesbank.de/de/aufgaben/themen/immobilienmaerkte-und-vermoegensbildung-in-deutschland-890892
523 https://www.silverinstitute.org/silver-supply-demand/
524 https://www.bundesbank.de/de/aufgaben/themen/kryptowerte-chancen-und-risiken-fuer-anleger-890940
525 https://www.silverinstitute.org/relevance-of-silver-in-a-global-multi-asset-portfolio/
526 https://www.silverinstitute.org/relevance-of-silver-in-a-global-multi-asset-portfolio/
527 https://www.silverinstitute.org/silver-supply-demand/
528 Nassim Nicholas Taleb – Antifragilität: Anleitung für eine Welt, die wir nicht verstehen (Antifragile, 2012)
529 https://www.bundesbank.de/de/aufgaben/themen/sichere-geldanlagen-tagesgeld-festgeld-und-staatsanleihen-890893
530 https://www.bundesbank.de/de/aufgaben/themen/geldanlage-in-edelmetallen-chancen-und-risiken-890888
531 https://www.verbraucherzentrale.de/wissen/geld-versicherungen/sparen-und-anlegen/edelmetalle-kaufen-worauf-sie-achten-sollten-13247
532 Nassim Nicholas Taleb – Antifragilität: Anleitung für eine Welt, die wir nicht verstehen (Antifragile, 2012)
533 https://www.silverinstitute.org/silver-supply-demand/

534 https://www.bundesbank.de/de/aufgaben/themen/kryptowerte-chancen-und-risiken-fuer-anleger-890940
535 https://www.bafin.de/DE/Verbraucher/Geldanlage/Wertpapiere/Optionsscheine/optionsscheine_node.html
536 https://www.bundesbank.de/de/aufgaben/themen/geldanlage-und-risikomanagement-890894
537 Nassim Nicholas Taleb – Antifragilität: Anleitung für eine Welt, die wir nicht verstehen (Antifragile, 2012)
538 Nassim Nicholas Taleb – Antifragilität: Anleitung für eine Welt, die wir nicht verstehen (Antifragile, 2012)
539 https://www.silverinstitute.org/silver-investment-demand-report-2023/
540 https://www.bafin.de/DE/Verbraucher/Geldanlage/Wertpapiere/ETFs_ETCs_ETNs/etcs_node.html
541 https://www.globalxetfs.eu/funds/global-x-silver-miners-ucits-etf/
542 Nassim Nicholas Taleb – Antifragilität: Anleitung für eine Welt, die wir nicht verstehen (Antifragile, 2012)
543 Nassim Nicholas Taleb – Antifragilität: Anleitung für eine Welt, die wir nicht verstehen (Antifragile, 2012)
544 https://www.silverinstitute.org/silver-supply-demand/
545 Nassim Nicholas Taleb – Antifragilität: Anleitung für eine Welt, die wir nicht verstehen (Antifragile, 2012)
546 https://www.silverinstitute.org/silver-supply-demand/
547 Nassim Nicholas Taleb – Antifragilität: Anleitung für eine Welt, die wir nicht verstehen (Antifragile, 2012)
548 https://www.silverinstitute.org/silver-supply-demand/
549 Nassim Nicholas Taleb – Antifragilität: Anleitung für eine Welt, die wir nicht verstehen (Antifragile, 2012)
550 https://www.bls.gov/cpi/tables/home.htm
551 https://www.lbma.org.uk/prices-and-data/precious-metal-prices#silver
552 https://www.cftc.gov/Learn/HistoryoftheCFTC/history_cftc1980s.html
553 https://www.cftc.gov/Learn/HistoryoftheCFTC/history_cftc1980s.html
554 Lhttps://www.lbma.org.uk/prices-and-data/precious-metal-prices#silver
555 https://www.lbma.org.uk/prices-and-data/precious-metal-prices#silver
556 https://www.bls.gov/data/inflation_calculator.htm
557 https://www.lbma.org.uk/prices-and-data/precious-metal-prices#silver
558 https://www.silverinstitute.org/silver-supply-demand/
559 https://www.lbma.org.uk/prices-and-data/precious-metal-prices#silver
560 https://www.silverinstitute.org/silver-supply-demand/
561 https://www.bls.gov/data/inflation_calculator.htm
562 https://www.jewishvirtuallibrary.org/the-babylonian-talmud
563 https://www.sefaria.org/Bava_Metzia.42a
564 https://www.sefaria.org/Bava_Metzia.42a

565 https://www.die-bibel.de/bibeln/online-bibeln/lesen/LU17/COH.11/Prediger-11
566 https://www.jewishvirtuallibrary.org/the-babylonian-talmud
567 https://www.sefaria.org/Bava_Metzia.42a
568 https://www.die-bibel.de/bibeln/online-bibeln/lesen/LU17/PRO.12/Sprueche-12
569 https://www.sefaria.org/Bava_Metzia.42a
570 https://www.die-bibel.de/bibeln/online-bibeln/lesen/LU17/GEN.13/1.-Mose-13
571 https://www.sefaria.org/Bava_Metzia.42a
572 https://www.sefaria.org/Bava_Metzia.42a
573 https://www.gold.org/about-gold/history-of-gold
574 https://biblehub.com/hebrew/3701.htm
575 https://academic.oup.com/classics
576 https://www.britishmuseum.org/collection
577 https://www.britishmuseum.org/collection
578 https://www.sefaria.org/Bava_Metzia.42a
579 https://www.sefaria.org/Bava_Metzia.42a
580 https://www.britishmuseum.org/collection
581 https://www.archaeological.org/
582 https://www.gold.org/goldhub/research
583 https://www.sefaria.org/Bava_Metzia.42a
584 https://www.archaeological.org/
585 https://www.jewishvirtuallibrary.org/jewish-expulsions-in-europe
586 https://www.gold.org/about-gold/history-of-gold
587 https://www.britishmuseum.org/collection
588 https://www.bundesbank.de/de/aufgaben/themen/geschichte-des-geldes-vom-pfennig-zur-mark-667462
589 https://www.bundesbank.de/de/aufgaben/themen/geldgeschichte-die-inflation-von-1923-890877
590 https://www.bundesbank.de/de/aufgaben/themen/geschichte-des-geldes-vom-pfennig-zur-mark-667462
591 https://www.sefaria.org/Bava_Metzia.42a
592 https://www.sefaria.org/Chidushei_Aggadot_on_Bava_Metzia.42a
593 https://www.sefaria.org/Bava_Metzia.42a
594 https://www.sefaria.org/Bava_Metzia.42a
595 Bibel – Genesis 41,29–30
596 Dass Rabbi Jitzchaks Dreiteilung überhaupt im Talmud – einem primär religiös-juristischen Werk – erwähnt wird, zeigt, dass das Judentum die Verteilung des Vermögens als Teil der verantwortungsvollen Lebensführung ansah.
597 Maimonides – Mishneh Torah, Sefer HaMadda, Hilchot De'ot 5:11
598 Maimonides – Mishneh Torah, Sefer Zeraim, Hilchot Matnot Aniyim (Gesetze der Wohltätigkeit) 10:7–14
599 Maharsha (Rabbi Shmuel Eidels) – Chidushei Aggadot zu Bava Metzia 42a

600 Maimonides – Mishneh Torah, Sefer Zeraim, Hilchot Matnot Aniyim (Gesetze der Wohltätigkeit) 10:7–14
601 https://www.sefaria.org/Chidushei_Aggadot_on_Bava_Metzia.42a
602 https://www.sefaria.org/Chidushei_Aggadot_on_Bava_Metzia.42a
603 https://www.sefaria.org/Chidushei_Aggadot_on_Bava_Metzia.42a
604 https://www.sefaria.org/Bava_Metzia.42a
605 https://www.jewishvirtuallibrary.org/encyclopaedia-judaica
606 https://www.die-bibel.de/bibeln/online-bibeln/lesen/LU17/PRO.3/Sprueche-3
607 https://www.bundesbank.de/de/aufgaben/themen/geldanlage-in-edelmetallen-chancen-und-risiken-890888
608 https://www.verbraucherzentrale.de/wissen/geld-versicherungen/sparen-und-anlegen/edelmetalle-kaufen-worauf-sie-achten-sollten-13247
609 André Kostolany – Die Kunst, über Geld nachzudenken (1999)
610 https://www.bundesbank.de/de/aufgaben/themen/geldanlage-in-edelmetallen-chancen-und-risiken-890888
611 https://www.gold.org/goldhub/research/gold-as-a-safe-haven
612 https://www.silverinstitute.org/silver-supply-demand/
613 https://www.silverinstitute.org/silver-investment-demand-report-2023/
614 https://www.bundesbank.de/de/aufgaben/themen/geldgeschichte-edelmetalle-in-kriegs-und-krisenzeiten-890880
615 https://www.bundesbank.de/de/aufgaben/themen/geldanlage-in-edelmetallen-chancen-und-risiken-890888
616 https://www.silverinstitute.org/silver-supply-demand/
617 https://www.silverinstitute.org/silver-supply-demand/
618 https://www.gold.org/goldhub/research/gold-demand-trends
619 https://www.imf.org/en/Statistics/IMFWHS
620 https://www.bis.org/statistics/resstats.htm
621 https://www.macrotrends.net/1441/gold-to-silver-ratio-historical-chart
622 https://www.bundesfinanzministerium.de/Content/DE/Standardartikel/Themen/Steuern/Internationales_Steuerrecht/umsatzsteuer-bei-edelmetallen.html
623 https://www.gold.de/zollfreilager/
624 https://www.gesetze-im-internet.de/estg/__23.html
625 https://www.bafin.de/DE/Verbraucher/Geldanlage/Wertpapiere/ETFs_ETCs_ETNs/etcs_node.html
626 https://www.lbma.org.uk/prices-and-data/precious-metal-prices#gold
627 https://www.lbma.org.uk/prices-and-data/precious-metal-prices#gold
628 https://www.verbraucherzentrale.de/wissen/geld-versicherungen/sparen-und-anlegen/gold-als-geldanlage-chancen-und-risiken-13246
629 https://www.bundesbank.de/de/aufgaben/themen/geldanlage-in-edelmetallen-chancen-und-risiken-890888
630 https://www.bundesbank.de/de/statistiken/geld-und-kapitalmaerkte/geldmenge-und-geldschoepfung/inflation-und-kaufkraft-890901

631 https://www.lbma.org.uk/prices-and-data/precious-metal-prices#gold
632 https://www.gold.org/goldhub/research/gold-as-a-strategic-asset
633 https://www.gold.org/goldhub/research/gold-and-interest-rates
634 https://www.gold.org/goldhub/research/gold-as-a-strategic-asset
635 https://www.bundesbank.de/de/aufgaben/themen/geldanlage-in-edelmetallen-chancen-und-risiken-890888
636 https://www.verbraucherzentrale.de/wissen/geld-versicherungen/sparen-und-anlegen/gold-als-geldanlage-chancen-und-risiken-13246
637 https://www.verbraucherzentrale.de/wissen/geld-versicherungen/sparen-und-anlegen/edelmetalle-kaufen-worauf-sie-achten-sollten-13247
638 https://www.gold.org/goldhub/research/gold-as-a-long-term-investment
639 https://www.gold.org/goldhub/research/gold-demand-trends
640 https://www.lbma.org.uk/prices-and-data/precious-metal-prices#gold
641 https://www.gold.org/goldhub/research/gold-as-a-strategic-asset
642 https://www.bundesbank.de/de/aufgaben/themen/geldanlage-in-edelmetallen-chancen-und-risiken-890888
643 https://www.gold.org/goldhub/research/gold-as-a-strategic-asset
644 https://www.silverinstitute.org/relevance-of-silver-in-a-global-multi-asset-portfolio/
645 https://www.verbraucherzentrale.de/wissen/geld-versicherungen/sparen-und-anlegen/cost-average-effekt-regelmaessig-investieren-und-kursschwankungen-ausgleichen-13042
646 https://www.gold.org/goldhub/research/gold-demand-trends
647 https://www.verbraucherzentrale.de/wissen/geld-versicherungen/sparen-und-anlegen/edelmetalle-kaufen-worauf-sie-achten-sollten-13247
648 https://www.bafin.de/DE/Verbraucher/Geldanlage/Wertpapiere/ETFs_ETCs_ETNs/etcs_node.html
649 https://www.gold.org/goldhub/research/gold-as-a-strategic-asset
650 https://www.silverinstitute.org/silver-supply-demand/
651 Arnold Kitzmann – Psychologie des Geldes: Emotionen, Entscheidungen, Verhalten (Springer Gabler, 2018)
652 Daniel Kahneman & Amos Tversky – Prospect Theory: An Analysis of Decision under Risk (Econometrica, 1979)
653 Daniel Kahneman – Thinking, Fast and Slow (2011)
654 Daniel Kahneman & Amos Tversky – Prospect Theory: An Analysis of Decision under Risk (Econometrica, 1979)
655 Daniel Kahneman – Thinking, Fast and Slow (2011)
656 https://www.bundesbank.de/de/aufgaben/themen/langfristige-geldanlage-warum-markttiming-selten-funktioniert-890900
657 https://www.verbraucherzentrale.de/wissen/geld-versicherungen/sparen-und-anlegen/cost-average-effekt-regelmaessig-investieren-und-kursschwankungen-ausgleichen-13042

658 https://www.verbraucherzentrale.de/wissen/geld-versicherungen/sparen-und-anlegen/sparplaene-regelmaessig-investieren-leicht-gemacht-12865

659 Warren E. Buffett – Berkshire Hathaway Shareholder Letter (1986)

660 https://www.bundesbank.de/de/aufgaben/themen/langfristige-geldanlage-warum-markttiming-selten-funktioniert-890900

661 https://www.bundesbank.de/de/aufgaben/themen/finanzmarktstabilitaet-im-zeichen-der-corona-krise-833896

662 https://www.sec.gov/news/studies/2021/staff-report-equity-options-market-struction-conditions-early-2021.pdf

663 Harry M. Markowitz – Portfolio Selection (The Journal of Finance, 1952)

664 Harry M. Markowitz – Portfolio Selection (The Journal of Finance, 1952)

665 https://www.bundesbank.de/de/aufgaben/themen/langfristige-geldanlage-warum-markttiming-selten-funktioniert-890900

666 https://www.lbma.org.uk/prices-and-data/precious-metal-prices#silver

667 https://www.lbma.org.uk/prices-and-data/precious-metal-prices#silver

668 https://www.cftc.gov/Learn/HistoryoftheCFTC/history_cftc1980s.html

669 https://www.lbma.org.uk/prices-and-data/precious-metal-prices#silver

670 The New York Times – Tiffany Ads Protest Hunt Brothers' Silver Hoarding (1979)

671 https://www.cftc.gov/Learn/HistoryoftheCFTC/history_cftc1980s.html

672 https://www.cftc.gov/Learn/HistoryoftheCFTC/history_cftc1980s.html

673 https://www.cftc.gov/LawRegulation/DoddFrankAct/index.htm

674 https://www.bundesbank.de/de/aufgaben/themen/langfristige-geldanlage-warum-markttiming-selten-funktioniert-890900

675 https://www.forbes.com/sites/forbesfinancecouncil/2021/07/08/why-taking-profits-is-crucial-to-long-term-investing-success/

676 https://www.silverinstitute.org/silver-supply-demand/

677 https://www.gold.org/goldhub/research/gold-demand-trends

678 https://www.federalreserve.gov/monetarypolicy/bst_crisisresponse.htm

679 https://www.silverinstitute.org/silver-supply-demand/

680 https://www.silverinstitute.org/silver-investment-demand-report-2023/

681 https://www.lbma.org.uk/prices-and-data/precious-metal-prices#silver

682 https://www.bls.gov/data/inflation_calculator.htm

683 https://www.silverinstitute.org/silver-supply-demand/

684 https://www.lbma.org.uk/prices-and-data/precious-metal-prices#silver

685 https://sprott.com/investment-strategies/physical-bullion-trusts/sprott-physical-silver-trust-pslv/

686 https://www.cftc.gov/

687 https://www.lbma.org.uk/prices-and-data/precious-metal-prices#silver

688 https://www.silverinstitute.org/silver-supply-demand/

689 https://www.bundesbank.de/de/aufgaben/themen/langfristige-geldanlage-warum-markttiming-selten-funktioniert-890900

690 https://www.forbes.com/sites/forbesfinancecouncil/2021/07/08/why-taking-profits-is-crucial-to-long-term-investing-success/
691 Daniel Kahneman – Thinking, Fast and Slow (2011)
692 https://www.ishares.com/us/products/239855/ishares-silver-trust
693 https://www.silverinstitute.org/silver-supply-demand/
694 https://sprott.com/investment-strategies/physical-bullion-trusts/sprott-physical-silver-trust-pslv/
695 https://www.berkshirehathaway.com/letters/1998ltr.pdf
696 https://www.silverinstitute.org/silver-supply-demand/
697 https://www.cftc.gov/MarketReports/CommitmentsofTraders/HistoricalViewable/index.htm
698 https://www.bafin.de/DE/Verbraucher/Geldanlage/Wertpapiere/ETFs_ETCs_ETNs/etcs_node.html
699 https://www.silverinstitute.org/silver-supply-demand/
700 https://www.silverinstitute.org/relevance-of-silver-in-a-global-multi-asset-portfolio/
701 https://www.bundesbank.de/de/aufgaben/themen/langfristige-geldanlage-warum-markttiming-selten-funktioniert-890900
702 https://www.bundesbank.de/de/aufgaben/themen/langfristige-geldanlage-warum-markttiming-selten-funktioniert-890900
703 https://www.silverinstitute.org/silver-supply-demand/
704 https://www.verbraucherzentrale.de/wissen/geld-versicherungen/sparen-und-anlegen/cost-average-effekt-regelmaessig-investieren-und-kursschwankungen-ausgleichen-13042
705 Harry M. Markowitz – Portfolio Selection (The Journal of Finance, 1952)
706 https://www.lbma.org.uk/prices-and-data/precious-metal-prices#silver
707 https://www.bafin.de/DE/Verbraucher/Geldanlage/Strategien/strategien_node.html
708 Nassim Nicholas Taleb – Antifragilität: Anleitung für eine Welt, die wir nicht verstehen (Antifragile, 2012)
709 Nassim Nicholas Taleb – The Black Swan: The Impact of the Highly Improbable (Random House, 2007)
710 https://www.bundesbank.de/de/aufgaben/themen/finanzmarktstabilitaet-im-zeichen-der-corona-krise-833896
711 https://www.imf.org/en/Topics/Debt/Global-Debt-Database
712 https://www.bundesbank.de/de/aufgaben/themen/rueckblick-2022-turbulentes-jahr-fuer-anleihe-und-aktienmaerkte-893420
713 https://www.bundesbank.de/de/aufgaben/themen/rueckblick-2022-turbulentes-jahr-fuer-anleihe-und-aktienmaerkte-893420
714 https://www.federalreserve.gov/econres/notes/feds-notes/
715 https://www.imf.org/en/Topics/Debt/Global-Debt-Database
716 Nassim Nicholas Taleb – Antifragilität: Anleitung für eine Welt, die wir nicht verstehen (Antifragile, 2012)

717 Nassim Nicholas Taleb – Antifragilität: Anleitung für eine Welt, die wir nicht verstehen (Antifragile, 2012)
718 https://www.gold.de/zollfreilager/
719 Nassim Nicholas Taleb – Antifragilität: Anleitung für eine Welt, die wir nicht verstehen (Antifragile, 2012)
720 Nassim Nicholas Taleb – Antifragilität: Anleitung für eine Welt, die wir nicht verstehen (Antifragile, 2012)
721 Nassim Nicholas Taleb – Antifragilität: Anleitung für eine Welt, die wir nicht verstehen (Antifragile, 2012)
722 Nassim Nicholas Taleb – Antifragilität: Anleitung für eine Welt, die wir nicht verstehen (Antifragile, 2012)
723 https://www.gold.org/goldhub/research/gold-as-a-safe-haven
724 Nassim Nicholas Taleb – Antifragilität: Anleitung für eine Welt, die wir nicht verstehen (Antifragile, 2012)
725 https://www.gold.org/goldhub/research/gold-as-a-safe-haven
726 Alan Greenspan – Gold and Economic Freedom (The Objectivist, 1966)
727 Nassim Nicholas Taleb – Antifragilität: Anleitung für eine Welt, die wir nicht verstehen (Antifragile, 2012)
728 https://www.gold.org/goldhub/research/gold-demand-trends
729 https://www.bundesbank.de/de/aufgaben/themen/geldanlage-in-edelmetallen-chancen-und-risiken-890888
730 Redish, Angela: The Evolution of the Gold Standard in England. Cambridge, 1992.
731 https://www.bundesbank.de/de/aufgaben/themen/geldgeschichte-die-inflation-von-1923-890877
732 https://www.silverinstitute.org/silver-supply-demand/
733 https://www.macrotrends.net/1441/gold-to-silver-ratio-historical-chart
734 https://www.bundesbank.de/de/aufgaben/themen/geldgeschichte-edelmetalle-in-kriegs-und-krisenzeiten-890880
735 https://www.silverinstitute.org/silver-supply-demand/
736 https://www.bundesbank.de/de/aufgaben/themen/geldanlage-in-edelmetallen-chancen-und-risiken-890888
737 Nassim Nicholas Taleb – Antifragilität: Anleitung für eine Welt, die wir nicht verstehen (Antifragile, 2012)
738 https://www.bundesbank.de/de/aufgaben/themen/sichere-geldanlagen-tagesgeld-festgeld-und-staatsanleihen-890893
739 https://www.bundesbank.de/de/aufgaben/themen/finanzmarktstabilitaet-im-zeichen-der-corona-krise-833896
740 Nassim Nicholas Taleb – Skin in the Game: Hidden Asymmetries in Daily Life (2018)
741 Nassim Nicholas Taleb – Antifragilität: Anleitung für eine Welt, die wir nicht verstehen (Antifragile, 2012)
742 https://www.nber.org/papers/

743 https://www.bundesbank.de/de/aufgaben/themen/aktien-als-sachwertanlage-chancen-und-risiken-890891
744 Nassim Nicholas Taleb – Antifragilität: Anleitung für eine Welt, die wir nicht verstehen (Antifragile, 2012)
745 https://www.bundesbank.de/de/aufgaben/themen/geldanlage-in-edelmetallen-chancen-und-risiken-890888
746 https://www.bundesbank.de/de/aufgaben/themen/immobilienmaerkte-und-vermoegensbildung-in-deutschland-890892
747 Nassim Nicholas Taleb – Antifragilität: Anleitung für eine Welt, die wir nicht verstehen (Antifragile, 2012)
748 https://www.bundesbank.de/de/aufgaben/themen/sachwerte-als-bestandteil-der-vermoegensanlage-890890
749 Nassim Nicholas Taleb – Antifragilität: Anleitung für eine Welt, die wir nicht verstehen (Antifragile, 2012)
750 https://www.adultdevelopmentstudy.org/
751 Nassim Nicholas Taleb – Antifragilität: Anleitung für eine Welt, die wir nicht verstehen (Antifragile, 2012)
752 https://www.berkshirehathaway.com/letters/2019ltr.pdf
753 Nassim Nicholas Taleb – Antifragilität: Anleitung für eine Welt, die wir nicht verstehen (Antifragile, 2012)
754 https://www.silverinstitute.org/silver-supply-demand/
755 https://www.silverinstitute.org/relevance-of-silver-in-a-global-multi-asset-portfolio/
756 Nassim Nicholas Taleb – Antifragilität: Anleitung für eine Welt, die wir nicht verstehen (Antifragile, 2012)
757 https://www.silverinstitute.org/silver-supply-demand/
758 Nassim Nicholas Taleb – Antifragilität: Anleitung für eine Welt, die wir nicht verstehen (Antifragile, 2012)
759 https://www.silverinstitute.org/silver-supply-demand/
760 Nassim Nicholas Taleb – Antifragilität: Anleitung für eine Welt, die wir nicht verstehen (Antifragile, 2012)
761 https://www.silverinstitute.org/silver-supply-demand/
762 https://www.iea.org/reports/world-energy-outlook-2023
763 https://www.silverinstitute.org/silver-supply-demand/
764 https://www.imf.org/en/Topics/Debt/Global-Debt-Database
765 https://www.silverinstitute.org/silver-supply-demand/
766 https://www.silverinstitute.org/silver-supply-demand/
767 https://pubs.usgs.gov/periodicals/mcs2024/mcs2024-silver.pdf
768 https://finance.yahoo.com/quote/SI%3DF/
769 https://www.usgs.gov/news/science-snippet/department-interior-releases-draft-2025-list-critical-minerals